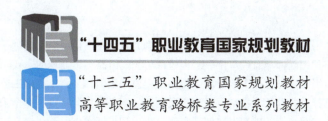

"十四五"职业教育国家规划教材

"十三五"职业教育国家规划教材

高等职业教育路桥类专业系列教材

公路工程监理

王月华　丁汉飞　编

陈红秋　主审

机械工业出版社

本书为高等职业教育路桥类专业系列教材。本书内容包括监理基本知识、监理工程师与监理单位、工程监理组织、公路工程监理的主要工作内容、组织协调与监理工地会议、公路工程监理资料、公路工程施工监理单位的选择，共七章，每章后附有自我测评。本书最大的特点是完全采用案例形式编写，从基础知识案例到案例分析再到拓展案例，逐层递进讲解或对重点知识采用不同案例分析讲解。

本书可作为道路桥梁工程技术、公路工程监理等专业的教材，也可供公路工程相关人员参考使用。

为方便教学，本书配有电子课件，凡使用本书作为教材的教师可登录机工教育服务网 www.cmpedu.com 注册下载。咨询电话：010-88379375。

图书在版编目（CIP）数据

公路工程监理/王月华，丁汉飞编．—北京：机械工业出版社，2018.10（2024.2 重印）
高等职业教育路桥类专业系列教材
ISBN 978-7-111-60977-3

Ⅰ.①公… Ⅱ.①王… ②丁… Ⅲ.①道路施工 – 施工监理 – 高等职业教育 – 教材 Ⅳ.①U415.1

中国版本图书馆 CIP 数据核字（2018）第 216046 号

机械工业出版社（北京市百万庄大街 22 号 邮政编码 100037）
策划编辑：李 莉 责任编辑：李 莉
责任校对：樊钟英 封面设计：鞠 杨
责任印制：单爱军
北京虎彩文化传播有限公司印刷
2024 年 2 月第 1 版第 10 次印刷
184mm×260mm・16.75 印张・406 千字
标准书号：ISBN 978-7-111-60977-3
定价：49.90 元

电话服务 网络服务
客服电话：010-88361066 机 工 官 网：www.cmpbook.com
　　　　　010-88379833 机 工 官 博：weibo.com/cmp1952
　　　　　010-68326294 金 书 网：www.golden-book.com
封底无防伪标均为盗版 机工教育服务网：www.cmpedu.com

关于"十四五"职业教育
国家规划教材的出版说明

为贯彻落实《中共中央关于认真学习宣传贯彻党的二十大精神的决定》《习近平新时代中国特色社会主义思想进课程教材指南》《职业院校教材管理办法》等文件精神,机械工业出版社与教材编写团队一道,认真执行思政内容进教材、进课堂、进头脑要求,尊重教育规律,遵循学科特点,对教材内容进行了更新,着力落实以下要求:

1. 提升教材铸魂育人功能,培育、践行社会主义核心价值观,教育引导学生树立共产主义远大理想和中国特色社会主义共同理想,坚定"四个自信",厚植爱国主义情怀,把爱国情、强国志、报国行自觉融入建设社会主义现代化强国、实现中华民族伟大复兴的奋斗之中。同时,弘扬中华优秀传统文化,深入开展宪法法治教育。

2. 注重科学思维方法训练和科学伦理教育,培养学生探索未知、追求真理、勇攀科学高峰的责任感和使命感;强化学生工程伦理教育,培养学生精益求精的大国工匠精神,激发学生科技报国的家国情怀和使命担当。加快构建中国特色哲学社会科学学科体系、学术体系、话语体系。帮助学生了解相关专业和行业领域的国家战略、法律法规和相关政策,引导学生深入社会实践、关注现实问题,培育学生经世济民、诚信服务、德法兼修的职业素养。

3. 教育引导学生深刻理解并自觉实践各行业的职业精神、职业规范,增强职业责任感,培养遵纪守法、爱岗敬业、无私奉献、诚实守信、公道办事、开拓创新的职业品格和行为习惯。

在此基础上,及时更新教材知识内容,体现产业发展的新技术、新工艺、新规范、新标准。加强教材数字化建设,丰富配套资源,形成可听、可视、可练、可互动的融媒体教材。

教材建设需要各方的共同努力,也欢迎相关教材使用院校的师生及时反馈意见和建议,我们将认真组织力量进行研究,在后续重印及再版时吸纳改进,不断推动高质量教材出版。

机械工业出版社

前　言

随着我国工程建设事业的发展，公路工程监理制度不断得到完善，并受到全社会的广泛关注和重视。《中华人民共和国建筑法》对实行建设工程监理制做了明确规定，使这项制度进一步走上法制化轨道，开创了监理事业的新局面。活跃在建设监理战线上的执业人员——监理工程师，在工程建设领域中发挥着越来越重要的作用。

公路工程监理专业就是培养公路工程监理行业人才的专业。公路工程监理课程作为公路工程监理专业的入门课程，也是一门必修课。通过本课程，学生可以学到工程监理的基本理论知识。本书在内容编写上采用了案例法，并执行监理行业最新规范，如《公路工程施工监理规范》（JTG G10—2016）、《公路工程标准施工监理招标文件》（2018 版）等，将工程监理的基本知识点融入到工程案例中，以期培养学生分析问题、解决问题的能力。这种编写模式也更易体现内容的新颖性、实时性与实施性。

在本书编写过程中，编者力求做到内容精炼、重点突出；有较强的针对性和实用性，便于学生掌握重点与难点；侧重解决应用问题。

为贯彻党的二十大精神，加强教材建设，推进教育数字化，编者在动态修订过程中，对全书内容进行了全面梳理，各章均增加了思维导图，优化了图片显示，丰富了相应的数字资源。

本书在编写过程中，得到了江苏华宁工程咨询有限公司许立山、郭兴伦、丁汉飞等专家的指导和大力支持，在此表示衷心的感谢。

本书所涉及工程建设领域的规范、规程、管理办法等更新较多，限于编者水平，书中难免有不妥之处，诚望广大读者批评指正。

编　者

本书微课视频清单

名　　称	二　维　码	名称	二　维　码
监理单位		组织协调与监理工地会议	
工程监理组织		工程监理资料	
工程费用监理		监理单位的选择	
合同其他事项管理			

目 录

前 言
本书微课视频清单
第一章 监理基本知识 ··· 1
  1.1 工程建设项目及管理基本知识 ·· 2
  1.2 监理基本知识 ··· 10
  1.3 公路工程质量保证体系 ·· 22
  自我测评 ·· 36

第二章 监理工程师与监理单位 ·· 39
  2.1 监理工程师 ·· 41
  2.2 公路工程监理单位 ··· 55
  自我测评 ·· 64

第三章 工程监理组织 ·· 67
  3.1 组织的基本原理 ··· 68
  3.2 公路工程项目监理机构 ·· 75
  自我测评 ·· 86

第四章 公路工程监理的主要工作内容 ·· 90
  4.1 工程质量监理 ··· 94
  自我测评 ·· 111
  4.2 施工安全监理 ··· 114
  自我测评 ·· 127
  4.3 施工环境保护监理 ··· 130
  自我测评 ·· 135
  4.4 工程进度监理 ··· 137
  自我测评 ·· 149
  4.5 工程费用监理 ··· 151
  自我测评 ·· 163
  4.6 合同事项管理 ··· 164
  自我测评 ·· 183

第五章 组织协调与监理工地会议 ·· 185
  5.1 组织协调 ··· 186
  5.2 监理工地会议 ··· 191
  自我测评 ·· 199

第六章　公路工程监理资料 ··· 202
6.1　监理计划与监理细则 ··· 203
6.2　监理资料的收集、整理、保存 ··· 212
自我测评 ·· 221

第七章　公路工程施工监理单位的选择 ··· 224
7.1　施工监理招标 ·· 225
7.2　施工监理投标 ·· 235
7.3　开标、评标和中标 ·· 242
7.4　监理合同 ·· 250
自我测评 ·· 256

参考文献 ·· 260

第一章 监理基本知识

 学习目标

了解：工程项目和工程建设项目管理的概念；工程监理的概念及公路工程施工监理体制的管理模式；实行工程监理制度的必要性；国内外工程施工监理制度的产生和发展概况；政府监督的性质和职责；项目法人的职责。

熟悉：当前我国工程建设项目管理体制的基本格局；公路工程基本建设程序的内容；与工程有关的行为主体及其相互关系；监理工程师的知识结构；公路工程质量保证体系的四个组成部分；社会监理的含义、性质和任务；企业自检的含义及施工企业自检系统的建立；全面质量管理的含义、要点、方法和特点。

掌握：公路建设项目的划分；施工监理的阶段划分与各阶段监理工作的主要内容。

 内容概要

本章以工程项目管理和工程监理制度为主线，介绍了公路建设项目的划分、公路工程基本建设程序的内容、公路工程质量保证体系及工程监理的概念、公路工程施工监理的阶段划分与各阶段监理工作的主要内容；说明了实行工程监理制度的必要性以及公路工程施工监理体制的管理模式，要求掌握公路工程施工监理有关行为主体及其相互关系。

监理基本知识

 先导案例

> 某市交通局拟对辖区内的一条 2.2km 长的四级公路进行改造，工程造价约 650 万元，全部由市财政拨款。通过公开招标挑选了一家施工单位。因监理费只有 18 万元左右，就没有对监理进行招标，而从工程科抽调了几个人进行项目管理。工程开工后，质量监督部门进行项目检查，发现没有监理机构，责令业主整改。交通局就直接选了一家信誉较好的监理单位来进行监理。
>
> 问题：
> 1. 该项目是否称得上是一个工程项目？为什么？
> 2. 交通局一开始没有选择监理单位是否符合规定？为什么？
> 3. 质量监督部门有没有权力给业主发整改通知书？
> 4. 简述本例中质量保证体系中各方的相互关系。

分析：

1. 项目是否称得上是一个工程项目，主要看它是否符合项目的特征：一次性、目标性、制约性、时限性、独特性、不确定性。同时，工程项目还具有：投资巨大、周期长；按照一个总体设计建成；在行政上实行统一管理，在经济上实行统一核算等特点。

问题 1 的内容将在下面的第 1.1 节中学习到。

2. 我国的工程监理是依靠行政手段和法律手段在全国推行的，属于强制推行的制度。因而，不仅在各级政府部门中设立了主管工程监理有关工作的专门机构，而且制定了有关法律、法规、规章制度，明确提出国家推行工程监理制度，并且明确规定了必须实行工程监理的工程范围。

问题 2 的内容将在下面的第 1.2 节中学习到。

3. 政府监督是指政府交通主管部门和其所属的质量监督机构依法对工程建设和工程建设从业单位及从业人员进行监督管理的活动，是公路工程质量保证体系中极其重要的质量监督环节之一，是政府职能部门强化对工程质量管理的具体体现。它的职责包括：监督公路建设履行国家基本建设程序、监督公路建设市场秩序、依法查处公路建设违法行为。政府监督具有强制性。

4. 公路工程质量保证体系包括：政府监督、法人管理、社会监理及企业自检。

（1）建设单位与监理单位是委托与被委托的合同关系。

（2）建设单位与承包人是发包与承包的合同关系。

（3）监理单位与承包人是监理与被监理的关系。

（4）行使政府监督职能的各级质量监督机构在整个工程建设活动中将对建设单位、承包人和监理单位实施有效的监督。

问题 3、4 的内容将在下面的第 1.3 节中学习到。

1.1　工程建设项目及管理基本知识

知识学习

工程建设项目是指按照一个总体设计进行施工，由一个或几个相互有内在联系的单项工程组成，经济上实行统一核算、行政上实行统一管理的建设实体。工程建设项目是最为常见也是最为典型的项目类型，是项目管理的重点。工程建设项目有时也简称为工程项目。

建设项目管理是以建设项目为对象，以实现建设项目投资、工期和质量等目标为目的，对建设项目进行高效率的计划、组织、协调、控制和实现系统的、有限的循环管理的过程。工程建设项目管理常简称为工程项目管理。

建设项目的管理者应由参与建设活动的各方，即项目法人、设计单位和承包人等组成。

【例1】工程建设项目、工程建设项目管理。

某市根据本市经济长远规划及布局，编制了本市公路网规划。2005 年开始，拟对路网规划中的龙山镇至三畚镇的龙三公路进行建设，于是编制了该公路的项目建议书。项目建议书获得批准后，即进行工程可行性研究。在可行性研究报告中包括了建设项目对环境的影响的评价、建设方案等内容。可行性研究报告经上级主管部门批准后，市交通局成立了××市龙三公路工程建设指挥部，作为该公路项目的项目法人，整个项目按项目法人责任制实行项目管理。

问题：
1. 试述工程应具备哪些特征才能称为工程建设项目？龙三公路建设是工程项目吗？
2. 工程项目管理的基本目标是什么？
3. 当前我国工程建设项目管理体制的基本格局是什么？
4. 什么是建设程序？公路工程基本建设程序包括哪些阶段？

答案：

1. 一个工程项目可以是一个单项工程，也可以是一个系统的群体工程，但是只有具备以下条件的工程才能称为工程项目。

（1）工程要有明确的建设目的和投资理由。

（2）工程要有明确的建设任务量，即要有确定的建设范围、具体内容及质量目标。

（3）工程的投资条件要明确，即总的投资量及其资金来源，各年度的投资量等要明确。

（4）工程的进度目标要明确，即要有确定的项目实施阶段的总进度目标、分进度目标和项目实施时间。

（5）工程各组成部分之间要有明确的组织联系，应是一个系统。

（6）项目的实施具有一次性特征。

建设项目一般可以进一步划分为单项工程、单位工程、分部工程和分项工程。

龙三公路建设符合工程项目的特征，属于工程项目。

2. 工程项目管理的基本目标

项目目标是指一个项目为了达到预期成果所必须完成的各项指标的数量标准。由于项目管理的核心任务是项目的目标控制，因此，工程项目管理是以工程项目目标控制为核心的管理活动。

工程项目管理的目标是按照规定的标准（质量、使用功能等），在限定的资源（如资金、劳动力、设备材料）条件下，以尽可能快的进度、尽可能低的费用（成本或投资）圆满完成项目任务。

工程项目目标很多，但最核心的是质量目标、进度目标和费用目标，常称之为工程项目管理的三大目标。

3. 当前我国工程建设项目管理体制的基本格局

改革开放以来，通过推行项目法人责任制、招标投标制、工程监理制、合同管理制等改革举措，形成了以国家宏观监督调控为指导，项目法人责任制为核心，招标投标制和工程监理制为服务体系，合同管理制为手段的工程建设项目管理体制基本格局。出现了以项目法人为主体的工程招标发包体系，以设计、施工和材料设备供应单位为主体的投标承包体系，以及工程监理单位为主体的中介技术咨询服务体系的市场三元主体。三者之间以经济为纽带，以合同为依据，相互监督，相互制约，形成了工程建设项目管理体制的新模式。

（1）项目法人责任制。项目法人是建设项目的投资者，项目投资风险的承担者，贷款建设项目的负债者，项目建设与运行的决策者，项目投产或使用效益的受益者，建成项目资产的所有者。

实行项目法人责任制，是适应社会主义市场经济发展，转换项目建设与经营体制，实现我国建设管理模式与国际接轨，在项目建设与经营全过程中应用现代企业制度进行管理的一项具有战略意义的重大举措。

实行项目法人责任制是推行工程建设管理体制改革的关键，是我国建设市场繁荣发展的基础，是全面实行工程招标投标制和工程监理制的必要条件。

（2）招标投标制。招标投标制是市场经济体制下买卖双方的一种主要的竞争性交易方式。我国在工程建设领域推行招标投标制，是为了适应社会主义市场经济的需要；在建设领域引进竞争机制，形成公开、公正、公平的市场交易方式；优选承包单位，促使设计、施工、材料设备生产供应等企业不断提高技术和管理水平；保证建设项目质量和工期等目标实现，提高投资效益。

（3）工程监理制。工程监理制是我国工程建设领域中项目管理体制的重大改革举措之一，是一种科学的管理制度。工程监理制是我国建设项目组织管理的新模式，它是专门从事工程建设管理服务的工程监理单位，受项目法人的委托，对工程建设实施的管理。

工程监理制是与项目法人责任制、招标投标制相配套的一项建设管理的科学制度。它的推行，使我国的工程建设项目管理体制由传统的自筹、自建、自管的小生产管理模式，开始向社会化、专业化、现代化的管理模式转变。

（4）合同管理制。工程建设项目的勘察、设计、施工、监理以及与工程建设有关的重要设备、材料的采购，必须依法签订合同。合同是约束和规范合同双方行为的重要依据和手段。

合同管理制的实行，更加有利于建设市场的规范和发展。合同管理制是实行招标投标制和工程监理制的必然要求，也是我国建设行业与国际市场接轨的需要。

4. 建设程序的概念

公路工程基本建设程序，是指公路工程建设项目从设想、选择、评估、决策、设计、施工到竣工验收、投入使用的整个建设过程中，各项工作必须遵循的先后次序的法则。它反映了项目建设所固有的客观规律和经济规律，体现了现行建设管理体制的特点，是建设项目科学决策和顺利进行的重要保证。

建设程序反映了建设工作客观的规律性，由国家有关主管部门制定、颁布。严格遵循和坚持按建设程序办事是建设项目科学决策和顺利进行以及提高基本建设经济效果的重要保证，也是每一位建设工作者的职责。

工程建设项目虽然具有一次性的特点，但它们都客观地遵循着一个共同的规律，所以作为建设工作者的重要组成部分——监理工程师，应该严格遵守工程建设项目的内在规律。工程监理制度的基本内容之一就是明确科学的建设程序，并在工程建设中遵守并监督实施这一程序。

公路工程基本建设程序如下。

（1）根据公路路网规划，进行预可行性研究，编制项目建议书。

（2）根据批准的项目建议书，进行工程可行性研究，编制工程可行性研究报告。

（3）根据批准的工程可行性研究报告，编制初步设计文件。

（4）根据批准的初步设计文件，编制施工图设计文件。

（5）根据批准的施工图设计文件，编制项目招标文件。

（6）根据批准的项目招标文件、资格预审结果和公路建设计划，组织项目招标投标。

（7）根据国家有关规定，进行征地拆迁等施工前准备工作，并向交通主管部门申报施工许可。

（8）根据批准的项目施工许可，组织项目实施。

（9）项目完工后，编制竣工图表、工程决算和竣工财务决算，办理项目交、竣工验收。

（10）竣工验收合格后，组织项目后评价。

以上这些阶段相互衔接，循序渐进，有严格的先后顺序，不能任意颠倒，也不能随意省略。

公路工程基本建设程序的具体内容包括如下几个阶段。

（1）规划和项目建议书阶段。根据国民经济长远规划及布局编制公路网规划，进行预可行性研究，编制项目建议书。

项目建议书是要求建设某一具体工程项目的建议文件，是基本建设程序中的第一个阶段，是投资决策前对拟建项目的轮廓设想。项目建议书的主要作用是对拟建项目进行初步说明，论述拟建项目建设的必要性、条件的可行性和获利的可能性，供有关部门选择并确定是否进行下一步的工作。项目建议书批准后，才可进行可行性研究阶段的工作，但项目建议书并不表明项目非上不可，不是项目的最终决策。

项目建议书编制一般由项目投资方委托有相应资质的设计单位或咨询机构承担，并按国家现行规定权限向主管部门申报审批。项目建议书被批准后，即可组建项目法人筹备机构。

（2）工程可行性研究阶段。项目建议书一经批准，即可着手进行工程可行性研究，在进行全面技术经济预测、计算、分析论证和多种方案比较的基础上，对项目在技术上是否可行和经济上是否合理进行科学的分析和论证。承担工程可行性研究工作的单位应是经过资格审定的规划、设计和工程咨询单位。

工程可行性研究报告是确定建设项目、编制设计文件的重要依据，要求其必须有相当的深度和准确性。工程可行性研究报告批准后，一般不得随意修改和变更。

经批准的工程可行性研究报告，是项目决策和进行初步设计的依据。工程可行性研究报告由项目法人筹备机构组织编制。项目工程可行性研究报告批准后，应正式成立项目法人，并按项目法人责任制实行项目管理。

（3）设计阶段。设计是对拟建工程的实施在技术上和经济上所进行的全面而详尽的安排，是基本建设计划的具体化，是组织施工的依据。工程可行性研究报告经批准的建设项目，应通过招标投标择优选择设计单位，按照批准的工程可行性研究报告的内容和要求进行设计，编制设计文件。

按照我国现行规定，公路基本建设项目一般进行两阶段设计，即初步设计和施工图设计。对于技术上复杂而又缺乏设计经验的项目或建设项目中的个别路段、特殊大桥、互通式立体交叉、隧道等，必要时可进行三阶段设计，即初步设计、技术设计和施工图设计。

施工图设计文件在交付施工前，须经项目法人或由项目法人委托有相应工程咨询或者设计资质的单位审查，并由项目法人按照项目管理隶属关系将施工图设计文件报交通主管部门审批。

设计工作必须由具有相应资质等级的勘察设计单位来完成。

（4）开工准备阶段。建设项目必须有经过批准的初步设计和总概算，并经计划部门综合平衡，在资金、材料和施工力量有保证后，才能列入年度基本建设计划。年度基本建设计划是确定年度基本建设任务，进行建设拨款的依据。

当建设项目施工图设计文件经过审批后，满足法定条件时，即可编制项目招标文件，组织项目招标投标。项目法人通过项目施工监理招标投标择优选定项目监理单位，签订监理合同后；再组织施工招标投标，优选承包人，签订施工合同。

为了确保项目施工的顺利进行，项目在主体工程开工之前，必须进行施工准备工作，主要包括：征地、拆迁和场地平整；完成施工用水、电、通道等工程；组织设备、材料订货；必需的生产、生活临时工程的建设；办理报建手续、办理施工许可等。

准备工作基本就绪后，业主按审批权限，向主管部门提出项目开工报告，经批准后，才能正式开工。

（5）组织施工阶段。在具备开工条件，并经主管部门批准后，方可开工建设，组织实施。项目开工时间是指建设项目设计文件中规定的任何一项永久性工程第一次正式破土开槽开始实施的日期；不需要开槽的工程，以建筑物组成的正式打桩作为正式开工；需要进行大量土石方工程的，以开始进行土石方工程作为正式开工。工程地质勘察、平整土地、旧有建筑物的拆除、临时建筑、施工用临时道路和水、电等施工，不算正式开工。

业主要充分发挥建设管理的主导作用，积极创造良好的施工条件和外部环境；监理单位要充分行使合同赋予的权力，对施工进度、费用、质量、安全、环保等实施有效的监督管理，调解各方争议，确保工程施工顺利进行；承包人要严格按施工合同规定精心地组织施工，合理使用施工资源，对施工工期、质量、成本、安全与环保等实行全面控制，以达到按合同要求全面完成施工任务的目的。

（6）竣工验收阶段。公路工程按合同约定的各项内容已完成，符合验收条件后，即可进行验收。

竣工验收是工程建设过程的最后一环，是全面考核基本建设成果、检验设计和工程质量的重要步骤。

所有公路工程在完工后投入使用前都必须通过竣工验收。工程竣工验收前，业主要组织设计、监理、施工等单位进行交工验收。交工验收合格后，业主应按交通运输部规定的要求及时完成项目交工验收报告，并向交通主管部门备案。交通主管部门在15天内未对备案的项目交工报告提出异议，业主可开放交通进入试运营期。通车试运营2年后，符合竣工验收条件时，业主应按照项目管理权限及时向交通主管部门申请竣工验收。对于符合验收条件的，应自收到申请文件之日起3个月内组织竣工验收。竣工验收通过的工程，由业主按规定向公路管理机构、接管养护单位办理资产移交手续后，正式投入通车运营。

（7）后评价阶段。建设项目后评价是工程项目竣工投产、生产运营一段时间（一般两年）后，再对项目的立项决策、设计施工、竣工投产、生产运营等全过程进行系统评价的一种技术经济活动，是固定资产投资管理的一项重要内容，也是固定资产投资管理的最后一个环节。

项目后评价一般按三层次组织实施,即项目法人的自我评价、项目行业的评价、计划部门(或主要投资方)的评价。

建设程序对各建设行为主体和监督管理主体在每个阶段应当做什么、如何做、何时做、由谁做等一系列问题都给出明确规定。建设程序为工程建设行为提出了规范化的要求,为工程监理提出了具体的任务和服务内容。建设程序具体而明确地确定了监理单位在项目建设中的重要地位。工程监理单位和监理人员应当根据建设程序的有关规定并针对各阶段的工作内容实施监理。

【例2】公路建设项目的划分。

某市拟建一条二环快速干道,一期先开工二环快速干道的东段,建成后立即投入运行,以解决市区交通拥堵的状况。

东二环快速干道全长7.02km,划分为两个施工标段进行招投标。一标段起自原老北二环路与世纪大道交叉口(K0+000),向南在K1+380以高架桥连续跨越省道、高速公路后,在K2+180下穿铁路,K2+740处出口,进入地面道路后一直到达终点洛阳大道(K3+600)。一标段全长3.6km,建安费约2.8亿元。二标段自洛阳大道起,向南280m后,穿过翠屏山隧道(隧道长1.72km)接1.2km的高架桥,然后与309国道相交,以平交方式结束(K7+020)。二标段全长3.42km,建安费约3.3亿元。

桥梁的下部结构为:1.2m的钻孔灌注桩,3.5×3.5×1.4(单位:m)的承台,40号钢筋混凝土立柱。上部结构为预应力钢筋混凝土现浇连续箱梁。桥面为10cm混凝土铺装层、9cm的沥青面层(两层)。路面结构为:沥青面层(三层)+水泥稳定基层+水泥稳定底基层。

路基为石方路基。

道路两侧各设20m宽的绿化风光带。

问题:

1. 根据规定,应对公路建设项目划分成哪几部分?试对其内容做具体说明。
2. 如对翠屏山隧道进行项目划分,应属于哪部分?为什么?

答案:

1. 公路建设项目的划分

公路建设项目,就其实物形态而言,都是由许多部分组成的。为了使工程建设各有关部门(包括建设、设计、施工、管理、计划、统计、财务等)对工程建设统一口径,必须对建设项目的组成划分做出统一规定。公路工程建设项目可依次划分为:建设项目、单项工程、单位工程、分部工程和分项工程。

(1)建设项目。建设项目又称基本建设项目,一般是指有总体设计,经济上实行独立核算,行政上具有独立组织形式,能独立发挥生产功能或满足生活需要的建设任务,如交通基础设施中的一条公路,一座独立大、中型桥梁或一座独立隧道等均为一个建设项目。

(2)单项工程。单项工程又称为工程项目,它是建设项目的组成部分,是具有独立的设计文件,在竣工后能独立发挥设计规定的生产能力和效益的工程。单项工程划分的标准,根据工程专业性质的不同而不完全一样。

公路建设的单项工程一般指独立的桥梁工程、隧道工程，这些工程一般包括与已有公路的接线，建成后可以独立发挥交通功能。但一条路线中的桥梁或隧道，在整个路线未修通前，并不能发挥交通功能，也就不能作为一个单项工程。

(3) 单位工程。单位工程是单项工程的组成部分。它是指在建设项目中，根据签订的合同，具有独立施工条件的工程。

单位工程是单项工程中具有单独设计、可以独立组织施工，并可单独作为成本计算对象的部分。单位工程一般不能独立发挥生产能力（或效益）。

公路建设项目一条公路中一段路线（或一个合同段）作为一个单项工程，则该单项工程范围内的路基工程（每10km或每合同段）、路面工程（每10km或每合同段）、交通安全设施（每20km或每合同段）、桥梁（每座或每合同段）、隧道（每座或每合同段）都可作为单位工程。

(4) 分部工程。分部工程是单位工程的组成部分。它是指在单位工程中，按结构部位、路段长度、施工特点或施工任务划分的若干个工程。在公路建设工程中，分部工程的确定，是在工程项目界定的范围内，以工程部位、工程结构和施工工艺为依据，并考虑在工程实施过程中便于进行工程结算和经济核算的方便。

根据《公路工程质量检验评定标准》（JTG F80/1—2017）规定，分部工程的划分如下：

单位工程中的路基工程可划分为路基土石方工程（1~3km路段）、排水工程（1~3km路段）、小桥及符合小桥标准的通道、人行天桥、渡槽（每座）、涵洞通道（1~3km路段）、防护支挡工程（1~3km路段）和大型挡土墙、组合式挡土墙（每处）等分部工程。

(5) 分项工程。分项工程是分部工程的组成部分。它是指在分部工程中，按照不同的施工方法、材料、工序及路段长度等来划分的若干个工程。

分项工程是工程定额的基本计量单位，故也称为工程定额子目或工程细目。如分部工程中的路基土石方工程可划分为土方路基、石方路基、软土路基、土工合成材料处治层等分项工程。

2. 翠屏山隧道属于单位工程。因为它具有单位工程的性质：具有单独设计、可以独立组织施工，并可单独作为成本计算对象的部分。单位工程一般不能独立发挥生产能力（或效益），很明显，该隧道不能独立发挥作用。

 案例分析

【案例1】工程建设项目管理、基本建设程序。
通过对工程建设项目及管理的基本知识的学习，某监理人员有以下看法。
1. 推行工程监理制是推行工程建设管理体制改革的关键，是我国工程建设领域中项目管理体制的重大改革举措。
2. 在公路工程项目建设中，项目法人始终处于主要负责者的地位。
3. 编制工程可行性研究报告是公路工程建设程序中不可缺少的环节。
4. 新上项目在可行性研究报告被批准后，应及时组建项目法人筹备机构。
问题：
试对该监理的看法进行评价，并说明原因。

答案：

1. 错误。我国项目管理体制的基本格局是：以国家宏观监督调控为指导，项目法人责任制为核心，招标投标制和工程监理制为服务体系，合同管理制为手段。项目法人是建设项目的投资者，项目投资风险的承担者，贷款建设项目的负债者，项目建设与运行的决策者，项目投产或使用效益的受益者，建成项目资产的所有者。可见，推行项目法人责任制才是推行工程建设管理体制改革的关键。

改革开放以来，我国在工程建设领域推出了一系列改革新举措，它包括项目法人责任制、招标投标制、工程监理制、合同管理制等改革举措。工程监理制仅是我国工程建设领域中项目管理体制的重大改革举措之一。

2. 正确。项目法人的主要职责包括对项目的策划、资金筹措、建设实施等重大关键事项实行全过程负责。可见，在公路工程项目建设中，项目法人始终处于主要负责者的地位。

3. 正确。一项公路工程从计划修建到竣工交付使用，要经过许多环节和阶段。这些环节和阶段都是有机地联系在一起的，有着内在的规律性和必然的先后顺序。建设程序就反映了工程项目内在的规律性和必然的先后顺序，进行工程可行性研究，编制工程可行性研究报告正是公路工程建设规律性的反映，是公路工程建设中不可缺少的一个环节。

4. 错误。

（1）工程可行性研究报告是由项目法人筹备机构组织编制的，因此，可行性研究报告被批准后不可能再去组建项目法人筹备机构。正确的程序应该是：新上项目在工程可行性研究报告被批准后，应正式成立项目法人。

（2）在项目法人筹备机构组建之前，只有项目投资方。项目投资方委托有相应资质的设计单位或咨询机构编制项目建议书，对拟建项目进行初步说明，论述拟建项目建设的必要性、条件的可行性和获利的可能性，向主管部门申报审批。项目建议书被批准后，投资方才开始组建项目法人筹备机构。

正确的程序应该是：新上项目在项目建议书被批准后，应及时组建项目法人筹备机构。

【案例2】 公路建设项目的划分。

某一级公路工程项目全长24km，项目内容包括：24km的主线公路，有两座跨线桥，一个大型互通。

问题：

1. 跨线桥属于单项工程还是单位工程？为什么？
2. 跨线桥工程可进一步划分为哪几部分？

答案：

1. 跨线桥属于单位工程。单位工程是单项工程中单独设计、可以独立组织施工，并可单独作为成本计算对象的部分。单位工程一般不能独立发挥生产能力（或效益）。跨线桥不仅具有单独设计、可以独立组织施工，并可单独作为成本计算对象的部分，而且建成后的跨线桥一般都是与整个过程一起验收，同时交付使用，并不能独立发挥作用。

2. 跨线桥单位工程可进一步划分为分部工程和分项工程。

拓展案例

工程建设程序。
不属于我国公路工程建设程序内容的是（　　）。
A. 工程可行性研究阶段　　B. 设计阶段　　C. 招标投标阶段
D. 组织施工阶段　　　　　E. 交工验收阶段

分析：
属于我国公路工程建设程序内容的是：规划和项目建议书阶段、工程可行性研究阶段、设计阶段、开工准备阶段、组织施工阶段、竣工验收阶段和后评价阶段共7个阶段。
招标投标阶段属于开工准备阶段中的一小部分。
交工验收阶段属于组织施工阶段中的一小部分。
答案：CE

 案例总结

当前，我国工程建设项目通过推行项目法人责任制、招标投标制、工程监理制、合同管理制等管理体制，形成了以国家宏观监督调控为指导，项目法人责任制为核心，招标投标制和工程监理制为服务体系，合同管理制为手段的工程建设项目管理体制基本格局。

公路工程基本建设程序的内容包括规划和项目建议书、工程可行性研究、设计、开工准备、组织施工、竣工验收和后评价共7个阶段。

重点掌握公路工程建设项目的划分：建设项目、单项工程、单位工程、分部工程和分项工程。学生课外可结合本节内容和公路工程的项目划分的规定，对某一标段项目进行单位工程、分部工程和分项工程的划分。

1.2　监理基本知识

 知识学习

所谓工程监理，是指具有相应资质的监理单位受工程项目建设单位的委托，依据国家有关工程建设的法律法规、经建设主管部门批准的工程项目建设文件、工程建设监理合同及其他工程建设合同，对工程建设实施的专业化监督管理。

按照交通部的有关规定，目前公路工程监理仅在施工阶段实施，因而我国的公路工程监理实质上是指公路工程施工监理。它是指具有相应资质的监理单位，按国家有关规定受项目业主的委托，依据监理合同，对工程施工质量、安全、环境保护、进度、费用等方面实施的监督和管理活动。

公路工程施工监理活动的实现，应当有明确的执行者，即监理单位派出的监理组织；应当有明确的行为准则，即监理的工作依据，如监理合同；应当有明确的被监理行为和被监理的"行为主体"，即监理的对象，如建设单位的工程项目；应当有明确的监理目标和行之有效的监理方法和手段,如质量目标,这是开展监理活动的基本条件。

工程监理不同于一般性的监督管理,它是一项目标性很明确的具体行为,是一个以严密的制度构成的具有显著特征的综合管理行为。

【例1】 当前,我国工程建设项目管理中普遍推行了工程监理制,完成了传统工程项目管理模式向社会化、专业化、现代化的管理模式转变。

问题:
1. 试对工程监理内涵的几个方面进行说明。
2. 现阶段工程监理的特点有哪些?

答案:
1. 工程监理的内涵

(1) 工程监理是针对项目建设实施的监督管理。无论是项目业主、设计单位、施工单位、材料设备供应单位,还是监理单位,其工程建设的行为载体都是工程项目。工程监理活动是围绕着工程项目的建设来展开的,离开了工程项目,就谈不上监理活动。监理单位代表业主的利益,依据法律法规、合同文件、科学技术、现代方法和手段,对工程项目的建设进行程序化管理。

一个建设项目就是指一项固定资产投资项目,既可能是基本建设项目(新建、扩建等扩大再生产的建设项目),也可能是技术改造项目。建设项目的实现是指投入一定量的资金,经过决策、实施等一系列程序,在一定的约束条件下形成固定资产的一次性过程。

建设项目有别于施工项目、设计项目,工程监理主要是针对建设项目的要求开展的,工程监理行业是直接为建设项目提供管理服务的行业,监理单位是建设项目管理服务的主体,它不是建设项目管理主体,也不是施工项目和设计项目管理的主体和服务主体。

(2) 工程监理的行为主体是监理单位。工程监理的行为主体是明确的,只能是监理单位。监理单位是具有社会化、专业化特点的专门从事工程监理技术服务活动的组织。监理单位受业主的委托,履行合同中规定的职权,对工程施工质量、安全、环保、进度、费用等方面实施监督和管理。

(3) 工程监理的实施需要业主委托和授权。工程监理的实施需要业主委托和授权,这是由工程监理的特点所决定的,也是工程监理制度所规定的。监理单位实施的工程监理不是强制性的,而是基于业主的委托和授权,这种委托与政府对工程建设的强制性监督有本质区别。业主委托和授权的方式决定了在实施工程监理的项目中,业主与监理的关系是委托与被委托、授权与被授权的关系;决定了业主与监理是一种合同关系,是需求与供给关系,是一种委托与服务的关系。

(4) 工程监理是有明确依据的工程建设行为。工程监理实施的依据主要有:国家和交通主管部门颁发的法律、法规、规章和有关政策;国家有关部门颁发的技术规范、技术标准;政府主管部门批准的工程项目建设文件;监理合同;施工合同;工程设计文件和图纸等。应当特别说明的是,各类工程建设合同,包括监理合同是工程监理的最直接的依据。

(5) 工程监理在现阶段主要发生在施工阶段。鉴于我国目前工程监理工作在建设工程投资决策阶段和设计阶段尚未形成系统和成熟的经验,需要通过实践进一步研究探索。按照交通运输部的有关规定，现阶段工程监理主要发生在项目建设的施工阶段。

（6）工程监理是微观性质的监督管理活动。政府从宏观上对工程建设进行管理，通过强制性的立法、执法来规范建设市场。工程监理活动属于微观层次，是针对一个具体的工程项目展开的，是紧紧围绕着工程建设项目的各项投资活动和生产活动进行的全过程、全方位的监督管理，注重具体工程建设项目的实际效益。

2. 现阶段工程监理的特点

（1）服务对象具有单一性。我国的工程监理制度规定，工程监理单位只接受业主的委托，即只为业主服务，它代表业主对承包人的建设行为进行监督管理。它不能接受承包人的委托来对业主进行监控。从这个意义上，可以认为我国的工程监理就是为业主服务的项目管理。

（2）属于强制推行的制度。我国的工程监理是作为对计划经济条件下所形成的工程建设管理体制改革的一项新制度提出的，是依靠行政手段和法律手段在全国推行的。因而，不仅在各级政府部门中设立了主管工程监理有关工作的专门机构，而且制定了有关法律、法规、规章制度，明确提出国家推行工程监理制度，并且明确规定了必须实行工程监理的工程范围。

（3）具有监督功能。我国的工程监理单位与建设单位是被委托与委托关系，与承包人无任何经济关系，但根据建设单位授权，有权对承包人履约行为进行监督，对承包人施工过程和施工工序进行监督、检查和验收。因此，工程监理具有监督功能。

（4）实行市场准入双重控制。我国对工程监理的市场准入采取了单位资质和人员资格的双重控制，即要求监理单位要具有相应的监理资质等级，专业监理工程师以上的监理人员要取得监理工程师资格证书。应当说，这种市场准入的双重控制对于保证我国工程监理队伍的基本素质，规范我国工程监理市场起到了积极的作用。

【例2】工程监理制度的产生和发展。

工程监理制度在国外具有悠久的历史。工程监理制度作为建设领域的一项科学管理制度，起源于产业革命发生以前的16世纪的欧洲。它的产生和发展与商品经济的发展、建设领域的专业化分工、社会化大生产相伴随，并日趋完善。

16世纪以前的欧洲，建筑师就是总营造师，他受雇于业主，负责设计、购买材料、雇佣工匠，并组织、管理工程的施工。

进入16世纪以后，欧洲出现了华丽的花型建筑，立面设计比较讲究，社会上对建筑技术的要求越来越高，因而设计与施工分离。建筑师队伍出现了专业分工，一部分建筑师联合起来专门从事设计；一部分专门负责施工；还有一部分建筑师便专门向社会传授技艺，为业主提供建筑咨询或接受业主的聘请，专门监督、管理施工，这就是监理行业的萌芽。但这时的监理业务仅仅局限于施工过程中的质量监督和代替业主计算工程量、验方。

18世纪60年代的英国产业革命，大大促进了整个欧洲工业化的发展进程，社会上大兴土木带来了建筑业的空前繁荣，建筑技术日趋复杂，工程建设规模不断扩大，质量要求也越来越高，相应地要求采取一种高效率而又精确的工作方式和建立一种新的雇佣关系，来达到工程建设高质量的要求。业主也越来越感觉到，单靠自己来监督、管理工程建设已力不从心，监理服务的必要性逐步为人们所认识。

第一章 监理基本知识

19世纪初，随着建设领域商品经济关系的日益复杂，为了维护各方经济利益并加快工程进度，明确业主、设计者、施工者之间的责任界限，英国政府于1830年以法律手段推出了总合同制度（Lump Sum System of Constructing），要求每个建设项目由一个承包商进行总包。总包制度的实施，导致了招标投标交易方式的出现，也促进了工程监理制度的发展。此时，工程监理的业务内容得到进一步扩充，其主要任务是帮助业主计算标底，协助招标，控制费用、进度、质量，进行合同管理以及项目的组织和协调等。

第二次世界大战以后，欧美各国在恢复建设中加快了向现代化发展的速度。自20世纪50年代末和60年代初，由于科学技术的发展、工业和国防建设以及人民生活水平不断提高的要求，需要建设许多大型、巨型工程，如航天工程、大型水利工程、高速公路、水电站、核电站和新型城市开发等。这些工程投资多、风险高、规模大、技术复杂，无论是投资者还是承包商，都难以承担由于投资不当或管理不善而造成的损失。竞争激烈的社会环境、巨大的项目风险迫使业主更加重视项目建设的科学管理。业主为减少投资风险，节约工程费用，需要聘请有经验的咨询监理人员，对工程建设前期的可行性进行研究论证，帮助其进行决策分析。这样工程监理的业务范围由项目实施阶段向前延伸至项目决策阶段，工程监理工作便贯穿于建设活动的全过程。

20世纪70年代以后，欧、美、日等工业发达国家的工程监理制度向法制化、规范化发展。美国的《统一建筑管理法规》、日本的《建筑师法》及《建筑基准法》等，都对工程监理的内容、方法以及从事监理的社会组织作了详尽的规定。工程监理制度正逐步成为工程建设管理组织体系的重要组成部分。在西方国家工程建设中形成了业主、承包商和监理工程师三足鼎立的基本格局。

20世纪80年代以来，工程监理制度在国际上有了很大的发展。一些发展中国家也开始效仿发达国家的做法，结合本国实际，建立或引进监理机构，对工程项目建设实施监理。世界银行和亚洲开发银行等国际金融组织，也都把实行工程监理作为提供贷款的必备条件之一，工程监理已成为国际惯例和工程建设必循的制度。在此阶段，我国的世界银行贷款项目也开始实行了监理制度。

问题：
1. 背景资料介绍了国外工程监理制度的产生和发展，试说明国外的工程监理主要模式有哪些？并对其内容作简要说明。
2. 简述我国公路工程监理制度的发展过程。
3. 国际上监理的法规体系一般由哪几个部分组成？
4. 你认为与工程监理相关的学科主要包含哪几个方面？
5. 你认为监理工程师的知识结构主要应有哪几方面？除了要有理论知识，作为一个监理工程师，还有什么特别的要求？

分析：
1. 国外的工程监理主要模式

（1）QS（Quantity Surveying）。这是英联邦国家的名称，直译为数量估计，从事QS工作的人员称为估计员，QS的工作内容虽然日渐丰富，但是英联邦国家一直沿用这个名称。

QS的国际组织是英国皇家特许测量师学会（RICS），分会有加拿大、新加坡、澳大利亚等测量师学会（协会）。英联邦国家对 QS 的审核是十分严格的，首先要脱产学习三年半或业余学习五年（1 天/周 + 1 夜/周），取得 QS 学士学位，接着要在 RICS 认可的项目上实习三年，熟悉 QS 的全部业务，然后通过 RICS 考试，考试时间为两天，并要解决项目 QS 服务的几个实际问题，合格后才能取得 RICS 颁发的证书。

（2）CM（Constriction Management）。CM 是美国的一种体系，直译为建筑工程管理。

1968 年在美国新纽约州立大学研究关于设计和施工的加速和改进控制时，汤姆逊等人提出了一份研究报告：快速途径的建筑工程管理。该报告中提出了 CM 模式。

CM 实际上是一种边设计和边施工的模式。采用 CM 模式，就是从项目开始阶段就雇佣具有施工经验的咨询人员参与到项目实施过程中来，以便为设计专业人员提供施工方面的建议并随后负责管理施工过程。这种安排的目的是将工程项目作为一个完整的过程来对待，在决策时能够同时考虑设计与施工的因素，力争使项目在最短时间内，以最经济的成本和满足要求的质量完成并交付使用。

（3）PM（Project Management）。PM 是项目管理的简称，是第二次大战以后，20 世纪 50 年代末、60 年代初逐步在美国、德国、法国、日本等国广泛应用的项目管理方法。它是指咨询工程师受业主、设计单位、承包人的委托，为其提供项目组织协调、费用控制、进度控制、质量控制、合同管理、信息管理等服务。我国的工程监理是根据 PM 的基本理论，结合我国的具体情况提出的。

2. 我国公路工程监理制度的发展

改革开放以来，我国基本建设管理体制改革的重大举措之一，就是实行了工程监理制度。经过几十年来的试点先行、稳步提高和全面推行三个阶段，工程监理制度从无到有、从探索实践到完善提高，对提高工程质量、建设管理水平和投资效益等方面发挥了重要作用。我国的公路工程监理制度是参照国际惯例，并结合我国国情而建立起来的。公路工程监理制度在我国的产生和发展大致经历了以下三个阶段。

（1）试点先行阶段（1986—1990 年）。为了适应我国改革开放形势的发展，推动公路工程建设领域改革开放的进一步深化，交通运输部于 1986 年和 1987 年率先在利用世界银行贷款建设的西安—三原一级公路和京津塘高速公路上开展了工程监理的试点，接着又在全国各地的许多项目上推行监理试点。为了保证试点工作有章可循，交通运输部在总结全国各地监理试点经验和教训的基础上，于 1989 年 4 月发布了《公路工程施工监理暂行办法》等规范性文件，并于 1989 年 10 月组建了交通运输部工程建设监理总站，以更好地指导公路工程监理有序地开展。交通运输部多次邀请国外专家来华讲学，派出有关人员出国考察，举办工程监理研讨班，理清了工程监理的思路。同时，还委托有关高等院校举办监理业务培训班，培养了一大批公路工程监理人员，承担起了工程监理的重大任务，为工程监理的稳步提高奠定了坚实的基础。

（2）稳步提高阶段（1991—1994 年）。经过 4 年多的监理试点工作，积累了大量的经验，取得了很大成绩，我国公路工程监理行业已初步形成，公路工程监理进入了稳步提高阶段。在此期间，全国范围内大部分国道和高等级公路实行了工程监理。同时，交通运输部就公路工程监理的实施先后发布了《公路工程施工监理办法》《公路、水运工程监理工程师注册办法》《公路、水运工程监理单位监理资格审批暂行规定》等一系列规范性文件，并有计划地对公路工程监理人员进行培训，共举办监理业务培训班 60 多期，接受培训的人员达 5000 多人。1992

年我国开始在工程建设领域推行项目业主负责制，这样我国公路建设项目开始形成了以业主、监理工程师、承包人三位一体的新型建设管理体制和三元建设市场主体。

（3）全面推行阶段（1995年以后）。经过多年的监理实践，全国各地形成了许多成熟的做法，积累了大量的经验。交通运输部又先后发布了一系列部门规章和规范性文件，初步形成了我国公路工程监理法规体系，开始在制度上建立起一种比较科学的制约机制。经过不断努力，在全国范围内全面推行监理制度的条件已经成熟。1995年4月交通运输部颁布了公路工程监理行业标准《公路工程施工监理规范》，这标志着我国公路工程监理已进入了全面推行阶段。1997年交通运输部为适应公路工程监理事业发展的需要，又制定并推广使用了《公路工程施工监理合同范本》，提高了监理服务委托合同签订的质量，促进了公路工程监理工作制度化、规范化和科学化建设。1997年，全国人大先后通过的《中华人民共和国公路法》和《建筑法》均载入了工程监理的内容，使工程监理制度在公路工程建设管理体制中的重要地位得到了国家法律的保障。

目前，在建公路工程项目绝大多数实行了工程监理，重点公路项目全部实行了监理，工程监理制度在工程建设中发挥着越来越重要的作用，已受到社会的广泛关注和普遍认可。

3. 以法律及有关技术规范为依据是工程监理的一个显著特点。健全的法规体系是监理制度的一项重要内容。国际上监理的法规体系一般由以下几个部分组成。

（1）国家法律。工程监理活动必须遵守工程所在国或地区的各种法律。

（2）行业行政法规。行业行政法规目的在于规范监理者与被监理者的行为，在这类法规中，一般包括监理执行组织及监理工程师资质、审查办法、监理者的义务和权利、监理范围和收费标准等。这些法规的大部分内容是强制性的，必须严格遵守。

（3）技术规范和标准。这是工程监理过程中进行监督、检查的技术依据。技术法规的制定是由政府有关部门来完成的，或由协会、团体颁布，全行业公认。它的执行有强制性和非强制性之分，有些国家和地区规定，对政府工程是强制性执行，对私人工程是鼓励性执行，但私人业主和投保的保险公司往往要求必须按此施工和监理。

（4）合同文件。这是工程监理工作直接和重要的依据，是业主和中标的承包商就具体工程建设事项，依照有关法规协商签订的契约，主要有合同协议书、合同条件、图纸和技术说明书等，其中包括了行政法规和技术规范的一些条款和内容。合同一旦生效，就具有法律的约束力，监理工作必须以此为标准进行，并最终使工程建设达到合同文件的要求。一些国家和地区都有自己的合同书标准格式，国际建筑市场中也有国际通用的土木工程施工合同条件，称为FIDIC合同条件。

4. 与工程监理相关的学科主要包含以下四个方面：

（1）投资学。它是工程项目决策咨询工作的理论依据。

（2）技术经济学。技术经济学是研究生产技术的经济规律，使生产技术更有效地服务和推动生产力发展的科学。它是一门技术科学和经济科学相结合的边缘学科，是自然科学和社会科学的交叉学科。公路工程中的技术经济学主要是研究在项目实施过程中，如何排除干扰，深入地进行技术经济分析，尽可能确保投资目标的实现。

（3）组织论。组织论研究一个系统的组织结构和工作流程组织。

系统组织结构包括以下内容。

① 组织结构模式，主要反映哪个部门可以指挥、命令哪个部门，哪个人可以指挥、命

令哪个人，反映的是一套命令系统、指挥系统。

② 一个系统里的任务分工，如某大型工程施工高峰期施工人员多达数千人，谁负责费用控制讲不清，谁负责进度控制也讲不清，费用、进度失控由谁负责还是讲不清，错误人人有份，实际上就人人无份了，工程项目的目标控制要落实分工。

③ 管理职能分工，管理包括提出问题、规划、决策、执行、检查五个职能，在项目实施过程中，必须对职能分工。

工作流程组织是指先做什么，后做什么，它包括物质流程组织和信息流程组织。物质流程组织，如施工中的施工工序、工厂的生产流程等；信息流程组织，指监理工作中产生的大量信息的传递途径，如费用控制流程、进度控制流程等。

（4）工程监理学。工程监理学是研究工程建设在实施阶段组织与管理规律的科学。其中，工程项目管理学是国际上有关工程项目管理的一门学科。不言而喻，它依赖于所在国的政治、经济体制，监理的方针、政策、法规，监理的环境和条件等情况。把工程项目管理学的基本理论同我国的情况相结合，即形成了我国的工程监理学。

以上四门学科中，与工程项目决策咨询服务有关的学科，主要是投资学和技术经济学；与工程项目实施监理服务有关的学科，主要是组织论和工程监理学。

5. 监理工程师的知识结构

国际上监理工程师通常由经济工程师担任，经济工程师既懂技术，又懂管理，融技术知识、经济知识于一体。很多国家经济工程师是通过双学位培养的，学技术后再学两年经济与管理课程。

监理工程师的知识结构主要包括四个方面，即经济、技术、管理、法律。

经济主要是指技术经济知识。监理工程师应能进行技术方案的经济比较，应掌握可行性研究的方法、概预算的编制与审核等。技术主要是指路基、路面、桥梁结构、隧道、机电、试验检测等专业工程技术。管理主要是指项目管理，项目管理是一门学科，监理工程师要掌握现代化管理的方法和手段，如网络计划技术，费用、进度、质量的控制方法，计算机辅助管理技术等。法律主要是指与工程监理有关的法律、法规和各项规章等。

作为一个监理工程师，仅有理论知识还不够，还必须要有实践经验，或者有多年的设计经验，或者有丰富的施工经验，或者有做过经济工作、管理工作的经历，有较强的工作能力。

【例3】实行监理制度的必要性、监理制度管理模式。

长期以来，我国工程项目建设管理一直采用业主自管和工程指挥部管理的传统模式。前者是一种典型的一家一户、封闭的小生产管理模式；后者则政企不分、责权不一。传统模式的弊端是：在工程建设过程中不注重费用盈亏核算；为保进度而不顾投资的多少和对质量造成的冲击；工程质量的好坏，往往取决于领导的质量意识，当工期、产量与质量要求发生矛盾时，往往牺牲质量；只有一次教训，没有二次经验，不利于积累管理经验，不利于形成专业化的建设项目管理队伍；机构庞大、人浮于事、效率低下。这种缺乏专业化、社会化的建设项目管理体制给工程建设带来的不良后果是，工程项目建设始终处于低水平管理状态，工程建设项目投资、进度、质量失控的现象普遍存在。随着我国社会主义市场经济体制的建立和完善，新的建设项目管理体制取代原来不合理的旧体制，已成为历史的必然。

改革开放以来,我国在基本建设领域推出了一系列的改革新举措,通过推行项目法人责任制、招标投标制、工程监理制和合同管理制四项制度,形成了以项目法人为主体的工程招标发包体系,以设计、承包人为主体的投标承包体系,以工程监理单位为主体的咨询服务体系的市场三元行为主体新格局。

问题:
1. 概述实行公路工程施工监理制度的必要性。
2. 简述公路工程施工监理制度的优点。
3. 概述公路工程施工监理制度的管理模式。

答案:

1. 实行公路工程监理制度必要性

(1) 实行工程监理制度是工程建设管理体制改革的需要。长期以来,我国传统工程建设管理体制一直沿用业主自筹、自建、自管和工程指挥部负责的工程建设管理模式,这种缺乏专业化、社会化的建设项目管理体制给工程建设带来的不良后果是,工程项目建设始终处于低水平管理状态,工程建设项目投资、进度、质量严重失控。因此,改革传统的建设项目管理体制,建立一种新型的、适应市场经济发展的建设项目管理体制成为必然趋势。

(2) 实行工程监理制度是深化工程建设领域改革的需要。虽然早在20世纪80年代初,我国基本建设就引进了竞争机制,投资开始有偿使用,建设任务逐步实行招标承包制,工程建设监督已转向政府专业质量监督与企业的自检相结合,但是政府的专业质量监督无法对建设工程不间断、全方位地进行监督管理,建设市场还不规范,约束机制尚不完善。如招标投标工作中,存在规避招标、假招标和工程转包现象,各种关系工程、人情工程、政绩工程和地方保护工程等,导致施工偷工减料,投资失控,质量下降,给工程安全留下隐患。因此,仅有竞争机制,没有约束机制,这种改革是不完善、不匹配的,改革的深化呼唤着工程监理制的诞生。

(3) 实行工程监理制度是提高工程建设项目管理水平的需要。专业化的工程监理单位,可以在工程建设的实践中不断积累经验,提高建设项目管理水平,并发挥专长,有效地控制工程的进度、质量和投资,公正地管理合同,使工程建设的目标得以最优的实现。

推行工程监理制度,业主可以大大减少人员编制,并充分发挥自己的优势,协调解决好工程建设的外部关系和关键问题。

实行工程监理制度,有利于形成高水平的,以技术、管理水平和服务质量为竞争基础的大批管理中介服务实体;有利于培养大批高水平的项目管理人才;有利于为业主提供高质量的技术、管理服务。

(4) 实行工程监理制度是规范建设市场、发展社会主义市场经济的需要。

(5) 实行工程监理制度是扩大对外开放和与国际接轨的需要。

随着改革开放的深入发展,我国的项目建设与国际交往日益增多,外商投资和使用国际金融组织贷款建设的项目越来越多。这些项目的建设,投资者或贷款方都要求实行国际上通行的工程监理制度,世界银行、亚洲开发银行等国际金融组织都把实行工程监理制度作为提供贷款的必要条件之一。因此,我国的建设市场要与国际建设市场接轨,重要的一点是我们应该熟悉和掌握国际上通行的工程监理制度，培养工程监理队伍。

实行工程监理制是我国建设领域抓住机遇、迎接挑战的重要举措之一。我国加入 WTO 后，国外资金、国际高水平的承包商和工程咨询机构将大量进入我国建设市场，这是我国学习国际先进经验，培养国内工程监理队伍的良好契机。同时，随着我国加入 WTO 和建设市场的逐步开放，我国工程监理市场将面临激烈的竞争。只有大力发展我国工程监理制度，培养高水平的具有市场竞争能力和抗风险能力的监理队伍，才能使我国的工程监理业适应国际工程建设的形势，不仅在国内占领市场，而且将参与国际工程建设竞争。

（6）实行工程监理制度，有利于我国建设领域中介服务业的发展。随着我国社会主义市场经济的深入发展，各种经济主体独立地在市场中竞争发展，逐步出现了专业化分工、社会性的中介服务组织，如会计事务所、资产评估公司、工程咨询公司等也随之得到大力发展。

工程监理是工程建设领域重要的中介服务业之一。实行工程监理制，有利于形成高水平的，以技术、管理水平和服务质量为竞争基础的大批项目管理中介服务实体；有利于培养大批高水平的项目管理人才；有利于为项目法人提供高质量的技术、管理服务。工程监理的不断发展，将促进我国的社会性协会组织（如工程咨询协会、交通建设监理协会等）的进一步发展和完善，为我国项目建设提供规范化的、高质量的技术与管理服务；还将有助于促进项目咨询与评估、资质认证、争议评审与调解等社会性协会组织的发展。

2. 公路工程施工监理制度的优点

施工监理这种新的管理模式与传统管理模式相比较，具有以下优点。

（1）工程建设参与各方的权利、义务和责任更为合理、明确，有利于建设各方克服随意性，增强合同意识，有利于规范各方的建设行为。

（2）突破了传统的小生产管理方式的局限，有利于积累经验，促进建设项目管理向专业化、社会化方式转变，大大提高了管理水平。

（3）突出了监理单位的监督管理和组织协调作用，有利于减少和解决施工合同双方的纠纷，促使工程建设活动顺畅进行。

（4）赋予监理工程师工程财务支付的签认和否决权，利用经济手段控制工程施工活动，有利于确保工程质量、安全、进度、费用等目标的实现，从而实现工程投资效益最大化。

（5）促使工程建设参与各方观念、职能、行为机制发生根本性的变化，在制度上建立起一种比较科学的约束机制，工程管理由单独依靠行政手段向依法依合同管理转变，从而保护了各方的合法利益。

3. 公路工程施工监理制度的管理模式

公路工程施工监理制度是公路建设管理体制改革的重要内容，是我国公路建设项目组织管理的新模式。所谓施工监理制度就是指将施工监理作为公路建设管理制度确定下来，在公路建设领域推行的一项科学管理制度，是用科学方法对公路建设项目施工进行监督和管理的一种管理体系。

我国的公路工程施工监理制度，是以国际通用的 FIDIC 施工合同条件为基础，以业主为主导、监理单位为核心、承包人为主力、合同为依据、经济为纽带；三方行为主体相互监督、相互制约的管理模式。

公路工程施工监理不是单纯的技术管理，而是集技术、管理、经济、法律为一体的综合的管理行为，并以合同法律关系的形式确定了业主、监理单位、承包人在工程项目施工过程中的权利、义务和责任。这种新体制和新模式的实质，就是树立监理工程师在工程施工管理中的核心地位，运用业主委托所赋予的权力，对工程质量、安全、环保、进度、费用实施全面监理，以使工程建设的目标最合理地实现。

【例4】与工程监理有关的行为主体及各方的关系。
多项选择题：在工程项目施工过程中，与工程监理有关的行为主体有（　　）：
A. 建设单位　　　　B. 工程质量监督站　　　C. 设计院
D. 施工单位　　　　E. 监理单位

分析：
1. 与工程监理有关的行为主体

业主：有时也称为建设单位、项目法人，它是指某个工程项目的投资者或资金筹集者，并在工程建设的前期及实施阶段对工程建设的费用、进度、质量等重大问题有决策权的组织。业主一般就是建设项目的产权所有人，与工程建设项目有着密切的利害关系，在工程建设中拥有确定建设工程规模、标准、功能，以及选择施工、监理单位等重大问题的权力。

承包人：有时也称为施工企业、施工单位、承建单位、承包商，它是指通过投标或其他方式取得某项工程的施工权，材料、设备的制造及供应权，并与业主签订合同，承担工程施工费用，承担进度、质量、安全、环保责任的经济组织。

监理单位：有时也称为监理企业，它是指取得法人资格，并取得交通主管部门颁发的公路施工监理资质证书的，依法从事工程监理业务的经济组织。

2. 工程监理中行为主体间的相互关系

（1）业主与监理单位的关系。业主与监理单位应签订监理合同，二者是委托与被委托的合同关系，应做到各负其责，独立工作，相互尊重，密切合作。业主不得随意干涉监理工作，否则为侵权违约；监理单位必须保持公正，不得和承包人有经济联系，更不得串通承包人侵犯业主利益，否则业主将用合同或法律手段，追究监理单位的经济和法律责任。

（2）业主与承包人的关系。业主与承包人应签订施工合同，二者是发包与承包的合同关系。业主将工程发包给承包人，承包人按合同约定完成工程，双方必须按合同履行所有的承诺，违约者要承担相应的违约责任。

（3）监理单位与承包人的关系。监理单位与承包人不签订任何合同，二者是监理与被监理的关系，这个关系在业主与承包人签订的施工合同中予以明确。监理单位代表业主对承包人的建设行为进行监理，但也要维护承包人的合法权益；承包人应按施工合同的规定接受监理单位的监督和管理。若监理人员的行为不公正，承包人有权向有关部门申诉。

需要特别强调指出的是，作为行使政府监督职能的各级质量监督机构在整个工程建设活动中将对业主、承包人和监理单位实施有效的监督。四方之间的关系如图1-1所示。

答案：ADE

公路工程监理

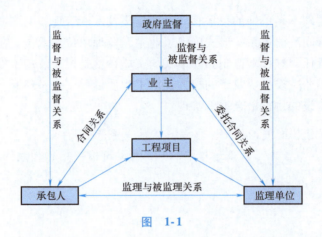

图 1-1

 案例分析

【案例1】公路工程项目建设程序、工程监理的内涵及特点。

某一级公路工程建设项目，经过公路基本建设程序的规划和项目建议书阶段、工程可行性研究阶段后，进入了项目实施阶段。通过公开招标挑选了一家监理单位，并签订了监理委托合同。业主认为，委托关系就是雇佣关系，监理必须维护业主的利益，而且要求监理工程师要具有经济、技术、管理和法律方面的知识结构。

问题：

1. 公路基本建设程序的实施阶段包括哪些阶段？对监理单位进行招标属于哪个阶段？
2. 下列关于工程监理的阐述中正确的有（　　）。
A. 工程监理的服务对象具有单一性
B. 工程监理属于强制推行的制度
C. 工程监理是宏观的管理活动
D. 工程监理具有监督功能
E. 工程监理市场准入只对监理人员资格采取控制
3. 业主的观点是否正确，为什么？
4. 公路工程监理实施的前提是（　　）。
A. 监理单位代表建设单位对施工单位的施工行为进行监督管理
B. 监理单位应公正地履行监理职责
C. 需要建设单位的委托与授权
D. 监理单位必须具有甲级资质

答案：

1. 公路基本建设程序包括7个阶段：规划和项目建议书阶段、工程可行性研究阶段、设计阶段、开工准备阶段、组织施工阶段、竣工验收阶段和后评价阶段。前两阶段为决策阶段，从设计阶段到竣工验收阶段都属于实施阶段。

对监理单位进行招标属于开工准备阶段。

2. 考核对工程监理特点的熟悉程度，工程监理的特点：①工程监理的服务对象具有单一性。工程监理单位只接受建设单位的委托，即只为建设单位服务。②工程监理属于强制推行的制度，是依靠行政手段和法律手段在全国推行的。③工程监理具有监督功能，根据建设单位授权，工程监理有权对承包人履约行为进行监督，对承包人施工过程和施工工序进行监督、检查和验收。④工程监理实行市场准入的双重控制，即对单位资质和人员资格的双重控制。从宏观上对工程建设进行管理是政府的行为，工程监理活动属于微观层次。因此答案为 A、B、D。

3. 建设单位和监理单位是委托和被委托的合同关系，不是雇佣关系。监理的公正性要求监理在维护业主利益的同时，不能损害承包人的合法权益。

监理工程师的知识结构主要包括四个方面，即经济、技术、管理、法律。作为一个监理工程师，仅有理论知识还不够，还必须要有实践经验，或者有多年的设计经验，或者有丰富的施工经验，或者有做过经济工作、管理工作的经历，有较强的工作能力。

4. 实施工程监理的前提条件是必须首先得到建设单位委托和授权，才拥有代表建设单位对施工单位实施监理的责权。因此答案为 C。

【案例2】某一公路工程项目由多家监理单位分别承担监理业务，作为一名总监理工程师，应当负责（　　）。
A. 建设单位代表分配的各项工作
B. 整个建设工程的监理工作
C. 所承担的那部分工程的指挥工作
D. 监理合同范围内受委托的监理工作

分析：

A. 在工程项目建设中，监理单位是直接参与工程建设的"三方当事人"之一，它与项目业主、承包商之间具有平等、横向的关系。监理单位是独立的一方。我国的有关法规明确指出，监理单位应按照独立、自主的原则开展工程监理工作，独立性是监理单位开展工程监理的重要原则。如果按照建设单位代表的分配来开展监理工作就违背了监理的独立性原则。

B. 从题目背景可以明显看出，不可能由某一位总监理工程师来负责整个建设工程的监理工作。

C. 建设单位也不可能将工程建设的指挥权授予总监理工程师。

D. 按照有关监理法规的规定，总监理工程师行使监理合同赋予监理单位的权限，全面负责受委托的监理工作。

答案： D

拓展案例

【案例】国外工程监理知识。
下列说法正确的是（　　）。
A. 国外工程监理的主要模式有 QS、CM、BOT
B. 我国的工程监理是根据 PM 的基本理论，结合我国的具体情况提出的
C. 国际上通用的土木工程施工合同条件是 FIDIC 条款
D. 国际上，工程咨询公司最基本、最广泛的业务是为承包商服务

答案： BC

案例总结

目前，我国公路工程监理仅指公路工程的施工监理。监理单位依据监理合同，对工程施工质量、安全、环境保护、进度、费用、合同其他事项管理、信息管理和组织协调等方面实施的监督和管理活动。

说明了实行工程监理制度的必要性以及公路工程施工监理体制的管理模式，通过上述例题、案例的分析，要求学生掌握公路工程施工监理有关行为主体及其相互关系。

1.3 公路工程质量保证体系

  知识学习

改革开放以来，工程建设活动发生了一系列重大的变化，这些变化使原有高度集中的计划经济体制下的工程建设管理模式越来越不适应社会主义市场经济发展的要求。在这种转换的过程中，由于新旧体制的并存、摩擦和碰撞，工程建设中存在着不少问题，突出的一个问题就是工程质量下降，施工企业自评自检水分很大。这些都迫切需要建立和健全新的管理体制，特别是工程质量方面，在完善企业内部质量检查体系的同时，要建立严格的外部监督体系。

为了适应我国公路工程建设管理体制改革的需要，提高工程质量管理水平，保护国家及社会公共利益，交通运输部在总结我国过去公路建设历史经验的基础上，根据公路建设的特点，科学地制定了公路工程的"政府监督、法人管理、社会监理、企业自检"的质量保证体系。

> 【例1】公路工程质量保证体系。
> 根据公路建设的特点，交通运输部制定了公路工程的"政府监督、法人管理、社会监理、企业自检"的质量保证体系。
> 问题：试对公路工程质量保证体系的各个构成部分的内容进行说明。

分析：

1. 政府监督

（1）政府监督的含义。作为国家机器的政府机构对社会公共事务承担着监督和管理的职责。政府的属性决定了它的社会职能，公路工程建筑产品是公益性的基础设施，它属于社会公益产品，其质量和国民经济的发展、广大人民的根本利益有着直接的关系。政府对公路工程建设实行监督管理，是政府社会职能的体现和要求。

因此，政府监督是指政府交通主管部门和其所属的质量监督机构依法对工程建设和工程建设从业单位及从业人员进行监督管理的活动。政府监督是公路工程质量保证体系中极其重要的质量监督环节之一，是政府职能部门强化对工程质量管理的具体体现。显然在质量保证体系中，政府监督处于龙头主导地位，强化政府监督的作用，可以使质量保证体系有序而高效地运作。

(2) 政府监督的性质

1) 强制性。政府的管理行为象征着国家机构的运转，而国家机构的管理职能是通过国家法律获得的。因此，政府机构实施的监督管理行为，对于被监督者来说，只能是强制性的、必须接受的。政府机构与工程的建设、设计、施工、监理等单位不是平等主体关系，而是监督与被监督的关系。政府监督的强制性体现在管辖范围内的所有建设工程，无论其投资主体如何，都必须无条件地接受政府监督机构的监督管理。

2) 执法性。政府监督主要依据国家法律、法规、方针、政策和国家及交通运输部颁布的技术规范、标准进行监督，并严格遵照法定的监督程序行使监督、检查、许可、纠正、强制执行等权力。监督人员每一个具体的监督行为都有充分的法律依据，带有明显的执法性。因此，政府监督是一种行政执法行为，显著区别于通常的行政领导和行政指挥等一般性的行政管理行为。

3) 全面性。政府监督是针对整个工程建设活动的，而不是对某一个工程项目，就管理空间来说，覆盖了全社会；就一个工程项目的建设过程来说，则贯穿于工程建设的全过程。

4) 宏观性。政府监督侧重于宏观的社会效益，其着眼点主要是保证工程建设行为的规范性，维护国家和社会公众的利益和工程建设各参与者的合法权益。对一项具体的工程建设来说，政府监督不同于监理工程师的直接、连续、不间断的监理。

(3) 政府监督的依据

1) 国家有关公路工程建设的方针、政策、法律、法规和规章。

2) 政府批准的工程建设计划、规划、设计文件。

3) 国家和交通运输部等有关部委颁发的有关技术标准、规范和规程等。

(4) 公路建设政府监督的职责

1) 监督国家有关公路建设工作方针、政策和法律、法规、规章及强制性技术标准的执行。

2) 监督公路建设履行国家基本建设程序。

3) 监督公路建设市场秩序。

4) 监督公路工程质量和工程安全。

5) 监督公路建设资金的使用。

6) 依法查处公路建设违法行为。

(5) 公路工程质量政府监督的职责

1) 监督检查从业单位是否具有依法取得的相应等级的资质证书，从业人员是否按照国家规定经考试合格，取得上岗资格。

2) 监督检查建设、勘察、设计单位、施工和监理单位质量保证体系的针对性、严密性和运行的有效性，以及各单位质量保证体系之间的协调性和一致性。

3) 监督检查勘察、设计文件是否符合国家规定的技术标准和规范要求，设计文件是否达到国家规定的编制要求。

4) 监督检查施工、监理，以及设备、材料供应单位，是否严格按照有关质量标准和技术规范进行施工、监理以及供应设备、材料。

5) 监督检查监理单位的质量管理和现场质量控制情况，对公路工程关键部位和隐蔽工程的旁站情况，对各施工工序的质量检查情况。

6）监督检查试验检测设备是否合格，试验方法是否规范，试验数据是否准确，试验检测频率是否符合有关规定。

7）监督检查材料采购、进场和使用等环节的质量情况，并公布抽查样品的质量检测结果，检查关键设备的性能情况。

8）对公路工程质量情况进行抽检，分析主要质量指标的变化情况、评估总体质量状况和存在的主要问题，提出加强质量管理的政策措施和指导性意见，定期发布质量动态信息。

9）对完工项目进行质量检测和质量鉴定。

（6）公路工程质量政府监督的内容

1）工程质量管理的法律、法规、规章、技术标准和规范的执行情况。

2）从业单位的质量保证体系及其运转情况。

3）勘察、设计质量情况，工程质量情况，使用的材料、设备质量情况。

4）工程试验检测工作情况。

5）工程质量资料的真实性、完整性、规范性、合法性情况。

6）从业单位在工程实施过程中的质量行为。

2. 法人管理

为了建立投资约束机制，规范业主的行为，建设工程应当按照政企分开的原则，组建项目法人，实行项目法人责任制，即由项目法人对项目的策划、资金筹措、建设实施、生产经营、债务偿还和资产的保值增值，实行全过程负责的制度。

实行项目法人责任制，贯彻执行谁投资、谁决策、谁承担风险的市场经济下的基本原则。项目法人作为工程建设投资行为的主体，应当承担投资风险，承担公路建设相关责任和义务，承担建设项目质量、投资、工期等的管理责任。工程建设项目管理是一项专业性很强的工作，对于工程项目法人而言，他们通常缺乏工程建设方面的专业知识，缺乏工程项目管理的经验。因此，为了提高工程建设投资效益，确保工程质量、进度、费用等目标的实现，项目法人必然要根据自己的需要和有关法律法规的规定委托高智能的监理单位，把公路施工活动中的各项管理工作交给监理单位。监理单位根据项目法人的授权，发挥自己的专长，有效地对工程质量、施工安全、环境保护、进度、费用等进行监控，使工程项目的建设总目标得以最优实现。

因此，法人管理是指项目法人通过招标择优选择监理单位、承包人，以合同的形式，明确建设各方的质量、进度、费用、安全、环保等职责，并通过对监理单位、承包人履约检查来对工程质量、进度、费用、安全、环保等进行管理和承担管理责任，确保质量等目标的实现。因此，项目法人在质量保证体系中处于主体地位。

（1）项目法人的设立。国有单位经营性大中型建设工程必须在建设阶段组建项目法人。项目法人可按《中华人民共和国公司法》的规定设立有限责任公司（包括国有独资公司）和股份有限公司等。

1）设立时间。新建项目在项目建议书被批准后，应及时组建项目法人筹备组，具体负责项目法人的筹建工作。项目法人筹备组主要由项目投资方派代表组成。

在申报项目可行性研究报告时，须同时提出项目法人组建方案。否则，其项目可行性研究报告不予审批。项目可行性研究报告经批准后，正式成立项目法人，并按有关规定确保资金按时到位，同时及时办理公司设立登记。

2) 备案。国家重点建设项目的公司章程须报国家发改委备案，其他项目的公司章程按项目隶属关系分别向有关部门、地方发改委备案。

（2）法人的组织形式和职责

1) 组织形式：国有独资公司设立董事会，董事会由投资方负责组建。国有控股或参股的有限责任公司、股份有限公司设立股东会、董事会和监事会。董事会、监事会由各投资方按照《中华人民共和国公司法》的有关规定组建。

2) 项目法人的职责：

① 筹措建设资金。

② 编制项目实施计划和年度计划。

③ 依法选择勘察、施工、监理单位和设备、材料供应单位。

④ 向交通主管部门办理开工报告。

⑤ 按照合同约定，对工程质量、进度、投资、安全生产和环境保护进行监督管理，审查施工组织设计、重要施工工艺和标准试验，以及工程分包等事项，保证工程处于受控状态。

⑥ 接受交通主管部门和公路工程质量监督机构的监督检查，按时报送项目建设的有关信息资料。

⑦ 执行有关档案管理规定，建立健全建设项目的所有档案。

⑧ 及时组织交工验收，做好竣工验收的准备工作。

⑨ 组织项目后评价，提出项目后评价报告。

⑩ 按照有关技术标准和规范的要求，做好公路养护管理工作，负责收费管理，按期偿还贷款。

3. 社会监理

（1）社会监理的含义。社会监理是指具有法人资格和相应监理资质的社会监理单位，受项目业主的委托，依据监理合同和施工合同，全面监督、管理工程的实施，对工程质量、安全、环保、进度、费用及合同其他事项进行全面监理，同时做好信息管理工作和组织协调的专业化的管理活动。由于社会监理是对工程建设实施的专业化的监督管理，因此通常称之为工程监理。考虑到我国公路建设的具体情况，根据交通运输部的规定，公路工程的监理目前主要在施工阶段实施，因而也称为施工监理。

公路工程施工监理，是公路建设管理体制改革的重要内容，是强化质量管理、控制工程造价、提高投资效益及施工管理水平的有效方法。社会监理处于工程管理新体制中的核心地位，社会监理在政府监督的管理之下，依据合同、标准和规范，利用业主授予的权力，对工程实施不间断、全过程和全方位的监理，其工作的优劣无疑将对工程质量、进度、费用、施工安全及环保等有重大影响。

（2）社会监理的性质

1) 服务性。监理单位是技术密集型的高智能服务组织，它属于中介服务性质的单位，本身不是建设产品的直接生产者和经营者，它依靠其高技术、高智能和丰富的经验为业主提供智力服务。监理工程师通过对工程施工进行组织、协调、监督和控制，保证施工合同的顺利实施，达到业主的建设意图。监理工程师在合同的实施过程中，有权监督业主和承包人严格遵守国家有关建设标准和规范，贯彻国家的建设方针和政策，维护国家利益和公众利益。

监理工程师的工作是服务性的，为工程建设提供智力服务。监理单位的劳动与相应的报酬是技术服务性的，它和施工企业不同，它不承包工程，不参与工程承包的盈利分配，而是根据支付技术服务劳动量的大小取得相应的监理报酬。而且，这种服务性的活动是根据监理合同进行的，是受法律保护的。因此，社会监理是一种有偿的技术服务活动。

2）科学性。科学性是监理单位区别于其他一般服务性组织的重要特征，也是其赖以生存的重要条件。工程监理是一种高智能的技术服务活动，要求监理单位应当遵循科学准则。监理单位必须具有能发现并解决工程施工中所存在的技术与管理等方面问题的能力，能够提供高水平的专业服务，所以它必须具有科学性。而科学性又必须以监理人员的高素质为前提。国际上称这种行业为知识密集型高智能行业，其原因也就在此。

科学性主要表现在：工程监理单位应当由组织管理能力强、工程建设经验丰富的人员担任领导；应当有足够数量的、有丰富管理经验和应变能力的监理工程师组成的骨干队伍；要有一套健全的管理制度；要有现代化的管理手段；要掌握先进的管理理论、方法，要积累足够的技术、经济资料和数据；要有科学的工作态度和严谨的工作作风，要实事求是、创造性地开展工作。

3）委托性。工程监理的实施需要业主的委托和授权。这是由工程监理的特点决定的，是市场经济的必然结果，也是工程监理制度的规定。工程监理的产生源于市场经济条件下业主的社会需求，始于业主的委托和授权。在国际上，工程监理发展成为一项制度正是基于这样的客观实际产生和发展的。为了适应我国的市场经济体制并与国际接轨，我国的工程监理是社会化、专业化的监理单位受业主的委托而开展的项目建设管理。这种方式决定了在工程监理中，业主与监理单位是委托与被委托的关系，是授权与被授权的关系；决定了他们是合同关系，是需求与供给关系，是一种委托与服务的关系。这种委托与授权方式说明，在实施工程监理的过程中，监理工程师的权力主要是由作为工程项目管理主体的业主通过授权而转移过来的。监理单位只有与业主签订委托监理合同，明确了监理的范围、内容、权利、义务与责任等，才能在规定的范围内行使监理权，合法地开展监理活动。工程监理是一种委托性的，而不是强制性的。通过业主委托和授权方式来实施工程监理与政府对工程建设的强制性监督管理有本质上的区别。

4）公正性。监理单位和监理工程师在工程监理中必须具备组织各方协作配合，调节各方利益，促使合同当事人各方圆满履行合同责任和义务，保障各方合法权益等方面的职能，这就要求其必须坚持公正性。监理单位和监理工程师应当排除各种干扰，以公正的态度对待委托方和被监理方。当业主与承包人发生利益冲突时，监理工程师应当站在公正的立场上，以事实为依据，以有关的法律法规和双方所签订的工程建设合同为准绳，公正、有效地解决和处理问题。公正性是对监理行业的必然要求，是社会公认的职业准则，也是监理单位和监理工程师的基本职业道德准则。

(3) 社会监理的依据

1）国家和地方法律、法规及规章：主要是指国家制定的与公路工程建设及工程监理有关的法律；国务院制定的有关行政法规；省级人大及常委会制定的有关地方性法规；国家及交通运输部等制定的有关法规、规章及办法等。

2）国家和行业、地方有关标准、规范、规程：主要是指国家和交通运输部及省级交通主管部门制定的与公路工程建设及工程监理有关的技术标准、技术规范、操作规程等。

3）监理合同：指业主和监理单位之间签订的公路工程施工监理合同。

4）施工合同：指工程业主和工程承包人之间签订的公路工程施工合同。

5）工程前期有关文件：主要是指国家及政府交通主管部门批准的与工程建设有关的规划、计划、报告及其他工程建设前期文件，包括工程建设规划、可行性研究报告、年度建设计划、工程项目施工许可证等。

6）工程设计文件和图纸：指经交通主管部门批准的工程设计文件和设计图纸，以及在施工过程中产生的经监理工程师审核、业主批准的补充或变更图纸。

7）工程实施过程中有关的函件：主要是指在施工合同履行期间围绕工程实施，监理单位与业主及承包人之间所产生的会议纪要、函件和其他的文字记载以及经监理工程师批准的施工进度计划、施工方案等。

（4）社会监理的任务。施工阶段监理的任务是监理工程师利用业主授予的权力，从组织、技术、合同和经济的角度采取措施，对工程质量、安全、环境保护、进度、费用实施全面监理，并严格地进行合同管理，高效有序地进行信息管理，及时进行组织协调，以使工程建设的目标最合理地实现。

1）质量监理。质量是工程建设的关键，影响公路工程质量的因素很多，监理工程师应按照合同要求对影响工程质量的各个因素从原材料、施工工艺到成品进行监理。任一环节出现疏忽，包括施工时施工监理人员自身的疏忽、大意或放松质量检查，都会给公路工程最终质量带来严重的损害，因而监理工程师必须对整个工程实行施工全过程的监理。

2）安全监理。安全生产是保证施工质量、进度、费用等目标顺利实现的前提条件之一。监理工程师应依据国家有关法规，按照合同规定的要求，贯彻落实国家安全生产的有关方针和政策，督促承包人按照工程建设安全生产法规和强制性标准组织施工，消除施工中的冒险性、盲目性和随意性，落实各项安全技术措施，有效地杜绝各类安全隐患，杜绝、控制和减少各类伤亡事故，实现安全生产。

3）环保监理。环境保护是我国一项基本国策，是可持续发展的需要，也是落实科学发展观的必然结果。同时施工现场的环境状况对正常施工也会产生影响。为了降低施工对环境造成的影响，确保工程正常进行，监理工程师应根据国家环保法律法规，按照合同的要求，贯彻落实国家环保的有关政策，督促检查承包人按照有关环保法规和强制性标准组织施工，消除或控制施工中的环境影响因素，落实环保措施，杜绝、控制和减少施工对环境的污染，实现环保生产。

4）进度监理。一个工程项目，一般在合同文件中对工期都作了明确规定。承包人应根据合同规定的工期安排计划，制订出切实可行的工程总进度计划并提交监理工程师审查批准。监理工程师应按照此计划对其进行监理。当出现导致工程延误的关键因素时，监理工程师应及时要求承包人采取加强计划管理和技术管理等措施并调整计划，如增加施工机械或人力，以保证在竣工期限内完成工程。

5）费用监理。施工监理还应在质量符合标准、工期按照合同要求的基础上，对工程费用进行监理。工程费用包括合同文件中工程量清单内所列的，以及因承包人索赔或业主未履行义务而涉及的一切费用。监理工程师应尽可能合理地减少工程量清单中所列费用以外的附加支出，达到控制费用的最佳效果。

6）合同事项管理。工程建设的目标反映在工程参与者之间签订的合同之中，监理工程师应依合同的约定，及时按工作程序处理各种合同管理问题，其主要内容包括工程分包、工程变更、工程延期、费用索赔、工程保险、违约处理、争端协调等，以确保对工程质量、安全、环境保护、进度、费用实施有效监控。

7）信息管理。信息是反映客观事物规律的一些数据资料，工程实施过程中，会产生形式多样的反映工程项目实施状况及参与者之间往来关系的信息，这些信息是监理工程师处理问题进行决策的基础。信息管理是工程监理的重要手段。只有及时、准确地掌握项目建设中的信息，严格、有序地管理各种文件、图纸、记录、指令、报告和有关技术资料，完善信息资料的接收、签发、归档和查询等制度，才能使信息及时、完整、准确和可靠地为工程监理提供工作依据，以便及时采取有效的措施，完成监理任务。

8）组织协调。在工程项目实施过程中，存在着大量组织协调工作。业主和承包人之间由于各自的经济利益和对问题的不同理解，就会产生各种矛盾和冲突；在项目建设过程中，多部门、多单位以不同的方式为项目建设服务，他们难以避免地会发生各种冲突。因此，监理工程师及时、公正、合理地做好协调工作，维护各方的合法权益是项目顺利进行的重要保证。

（5）施工监理的阶段划分及各阶段监理工作的主要内容。公路工程施工监理阶段可划分为施工准备阶段监理、施工阶段监理、交工验收与缺陷责任期阶段监理三个阶段。各阶段监理工作的主要内容如下。

1）施工准备阶段监理。监理合同签订之日至合同工程开工令确定的开工之日为施工准备阶段。该阶段监理工作的主要内容为：参加设计交底，审批施工组织设计，检查承包人的质量、安全、环保等保证体系，审核承包人工地试验室，审批承包人提交的对原始基准点、基准线和基准高程的复测结果，验收地面线，审批工程划分，确认场地占用计划，核算工程量清单，签发开工预付款支付证书，召开监理交底会，召开第一次工地会议，签发合同工程开工令等。

2）施工阶段监理。合同工程开工之日至合同工程交工验收申请受理之日为施工阶段。该阶段监理工作的内容是集中力量做好工程质量监理、安全监理、环保监理、进度监理、费用监理，做好合同事项管理工作和信息管理工作，并及时地组织协调，确保工程顺利进行。

3）验收与缺陷责任期阶段监理。合同工程交工验收申请受理之日至缺陷责任终止证书签发之日为验收与缺陷责任期阶段。该阶段监理工作的主要内容为：审查交工验收申请、审核施工单位编制的竣工图，评定合同段工程质量、归集整理工程监理资料和编写监理工作报告，参加交工验收，签认交工结账证书，检查承包人剩余工程的实施，巡视检查已完工程，指示承包人进行工程质量缺陷修复，督促承包人按合同规定完成竣工资料，签发缺陷责任终止证书，签发最后支付证书，参加工程竣工验收等。

4. 企业自检

（1）企业自检的含义。公路工程的建设要按照公路的基本建设程序，分阶段地循序渐进。在各个不同的阶段又有更为细致和周密的工序和步骤，这些工序、步骤、阶段的逐步实施就逐渐形成了公路工程建设的最终费用、工期和质量。也就是说，公路工程的建设有一个过程，它的费用、工期、质量也就有一个相应的生成过程，常说"产品的质量是生产出来的，而不是检验出来的"就是这个意思。事后检验只能起到在某种程度上控制不合格的工程交付使用，但已无法挽回在工程建设中费用的浪费、工期的延误和出现质量事故带来的损失，有时还会给工程留下隐患，带来难以预料的严重后果。施工企业作为公路工程产品的直接生产者，和政府监督机构、监理单位不同，它要依照和业主签订的合同，完成工程建设的质量、施工安全、环境保护、进度和费用要求。因此，施工企业的人员素质、管理水平无疑将决定了该企业的工作质量，从而也就决定了工程质量。因此，在质量保证体系中，施工企业占有特别重要的地位。如果施工企业的人员素质、管理水平低，不管政府监督多么有力，制定的有关法规多么健全，工程监理多么标准、规范，监理工程师的工作多么认真细致，都无法从根本上保证工程建设费用、进度和质量目标的实现。因此，实行施工企业自检是实现工程建设质量、施工安全、环境保护、进度和费用目标的必要条件，施工企业建立完善的自检系统是形成公路工程质量保证体系的前提条件。

所谓企业自检是指施工企业按照与业主签订的施工合同文件的要求，为保证工程质量，通过建立内部质量自检系统，开展自身质量控制与质量管理的活动。

（2）施工企业自检系统的建立。为了按照合同约定实现工程的目标，施工企业必须保证生产的公路工程产品达到标准，为此对产品实施自检是绝对不可缺少的质量保证环节。施工企业应根据工程的具体情况，按合同规定的要求，建立周密完善的自检系统。完善的自检系统是指：施工企业在自检工作中应做到有组织、有领导；人员落实，上下成网；制度健全，职责分明；设备精良、结果准确。施工企业的自检系统包括：确定一名有资格的专职质量负责人，建立一个上下贯通的质量自检机构，配备相应称职的自检人员，配备足够的检验测试设备，建立健全各项规章制度。在质量控制中，应始终贯彻以施工企业自检为主及施工企业自检然后监理抽检的原则，形成自我约束、自我纠正的质量自检系统。施工企业建立自身的自检系统包括以下内容。

1）确定质量控制的目标。施工企业应根据施工合同中对工程质量的要求，确定质量自控的总目标，然后再将其分解，明确各职能部门及各施工班组质量自控分目标，从而形成质量自控的目标体系。

2）建立质量控制的组织机构。施工企业应根据工程项目规模大小、结构特点、质量自控目标等建立质量控制的组织机构。各职能部门及各施工班组也应根据各自承担的质量自控目标建立相应的自控小组，从而建立起一个上下贯通的质量自检组织体系。

3）配备相应职称的自检人员。施工企业应该根据工程规模的大小和工程结构等特点确定质量负责人，配备相应称职的自检人员，明确各自检人员的职责分工，施工的每一道工序都应由施工企业的自检人员按照监理工程师规定的程序提供自检报告和试验报表。

4）配备能满足要求的试验检测设备。施工企业应配备与工程规模和结构特点相适应的试验设备。试验设备的类型、规格应符合合同文件中有关试验标准的规定，并应对一些关键性设备，如核子密度仪、压力机等进行核定。施工企业还应对某些试验设备的数量进行核实，分析其是否能满足合同文件所要求的试验项目，以及在施工高峰期试验设备能否满足工程检验的需要。

5）采用标准、规范化的工作方法，建立健全标准、规范化的工作制度。施工企业自检时，应该根据国家和交通运输部颁布的有关标准，制定有关的工作制度，明确采用的工作方法和手段。国家和交通运输部颁布的有关标准、规范、规程、规定、办法等应作为企业自检的依据。

(3) 全面质量管理。施工企业自检系统的建立和运转是和施工企业的整体质量管理水平有密切关系的，搞好企业自检的关键问题是加强企业的全面质量管理。

总而言之，根据公路工程质量保证体系，交通主管部门及其所属的质量监督机构对工程质量负监督责任；项目法人对工程质量负管理责任；监理单位对工程质量负现场管理责任；承包人对施工质量负责。

【例2】全面质量管理。

2008年7月12日，中国第二公路工程局某公司承接了一跨河公路大桥的施工任务，合同金额3.5亿元。

为提高项目管理水平、确保项目的整体施工质量，施工单位认识到必须建立完善的施工自检系统，而搞好施工自检系统的关键问题是加强企业的全面质量管理。项目部成立了以项目总工为组长的全面质量管理小组（TQC小组），对项目部全体人员进行TQC教育。按照PDCA的工作程序，循环转动地对整个项目的分部、分项及工序的施工进行全面质量管理，项目QC达到了预期目标。项目管理受到业主和总公司的好评。

问题：

1. 试述全面质量管理的含义及要点。
2. 全面质量管理的方法是什么？
3. 全面质量管理的特点有哪些？

答案：

1. 全面质量管理的含义及要点

全面质量管理是指企业全体成员及有关部门同心协力，综合运用管理技术、专业技术和科学方法，经济地开发、研制、生产和销售用户满意的产品的管理活动。

全面质量管理的基本要点可概括为"四个管理"和"四个一切"，其基本内容如下。

(1) 全面的质量管理。全面质量管理建立了新的质量概念——广义的质量概念，产品的质量就是其使用价值。产品的性能、寿命、可靠性、安全性、适用性、经济性等以及在建设、使用过程中及时、必要的服务都属于产品质量的范畴。工程质量的好坏是由人的工作质量决定的，要管好工程质量首先必须管好人的工作质量。因此，质量管理应对工程质量和工作质量进行全面管理。

(2) 全过程的质量管理。产品有产生和形成的过程，产品的质量也相应有个产生和形成的过程，这个过程中的每一个阶段、每一个环节都会影响产品质量的好坏。即使是一条最简单的公路工程的施工也是由很多的施工工序组成的，因此应对施工的全过程都进行管理，围绕施工的全过程，建立一套质量保证管理体系。

(3) 全员参与的质量管理。工程质量是在施工全过程中形成的，它涉及施工企业各部门、各环节的工作质量，要求通过工作质量来保证工程质量。施工企业的工作质量牵扯到全企业的各级领导和所有人员，施工企业中的每一个人都和工程质量有着直接或间接的关系。企业中的每一个人都应重视质量，从自己的工作中去发现与工程质量有关的因素和特点，主动加强协作配合，互相服务，保证施工过程中的工作质量，工程质量才会得到控制和提高。

(4) 全面运用各种管理技术、专业技术和科学方法的质量管理。工程质量管理涉及面广，影响因素复杂，而且随着大量新技术、新材料、新工艺、新结构等的应用，对工程质量提出了更高的要求。这就要求在进行质量管理的过程中要全面应用各种新的管理技术、专业技术和科学方法，以不断地满足质量管理的要求。

（5）一切为用户着想。企业生产的产品最终要销售给用户使用，企业要面向用户，经受用户的检验和取舍。只有产品的性能和质量满足用户的需求，产品得到了用户的认可，企业才能发展壮大。因此，企业要树立"用户是上帝"的观念，产品的研发、生产和销售都应充分考虑用户的需要，应为用户提供高质量的产品和良好的售后服务，一切为用户着想。同时在产品生产中，上道工序要把下道工序作为自己的用户看待，要把自己工序的成果当作产品使之符合下道工序的需要，树立"下道工序是用户"的观点，是质量管理尤为需要宣传、教育和提倡的，这是保证质量的根本所在。

（6）一切以预防为主。产品质量的形成有一个过程，影响产品质量的因素很多。产品质量的管理实际上是对影响质量的各种因素的控制。产品质量管理的重点应从产品形成后的检验移到产品生产前和生产中的控制和指导，贯彻"预防为主"的原则。产品质量随着客观条件而变化，是一个动态的概念，必须加强动态控制，把握住出现质量问题的因素，将其消灭在萌芽状态或形成过程之中。

（7）一起凭数据说话。要严格按客观规律办事，尽量用数据说话。工程质量永远在波动，并且有随机分布的规律，质量的稳定只是相对的，起伏、波动、变化是绝对的。因此，对质量的分析、控制和管理，要采用数理统计的方法，要用数据判断、鉴别和决定取舍。这样才能用数理统计方法来判断工程质量的好坏程度，是否达到标准，把数据中包含着带规律性的问题用图表的形式表示出来，从"定性"的管理上升到"定量"的管理。

（8）一切按科学程序办事。全面质量管理要求在进行管理活动的过程中必须尊重客观规律，按规律办事。管理程序反映了管理活动的规律，只有按科学的程序办事，才能避免随意性，也才能最大限度地降低管理人员的工作失误给管理工作造成的影响。因此，在进行质量管理活动过程中一定要按程序办事。

2. 全面质量管理的方法

全面质量管理的工作方法是按照"计划—执行—检查—处理"的管理循环不停顿地周而复始地运转。它反映了质量保证体系活动所应遵循的科学程序。这个管理循环（简称PDCA）包括四个阶段：

第一个阶段是计划（Plan）：就是制订质量目标、活动计划、管理措施方案，主要包括下列工作内容。

① 分析现状，找出存在的质量问题。
② 分析产生质量问题的各种原因或影响因素。
③ 从各种原因中找出影响质量的主要原因。
④ 针对影响质量的主要原因，提出技术组织措施方案，制订实施计划，并具体落实到执行者、时间进度、地点、部门和完成方法等。

第二个阶段是执行（Do）：就是将制订的计划和措施，具体组织实施和执行。

第三个阶段是检查（Check）：就是把执行的结果与预定目标对比，检查计划执行情况是否达到预期效果，哪些方面做对了，哪些方面做错了，成功的经验是什么，失败的教训是什么，原因在哪里等。

第四个阶段是处理（Action）：就是把成功的经验加以肯定，纳入标准、规程或形成制度，以便今后照办；对失败的教训也要吸取，以防止再发生；对查出的问题能够解决的，立即采取措施解决；一时不能解决的，作为遗留问题，转入下一个管理循环，作为下一阶段的计划目标。

3. 全面质量管理的特点

（1）四个阶段，缺一不可。这四个阶段不是完全割裂、截然分开的，而是紧密衔接、连成一体的，各阶段之间存在着一定的交叉，但对每一个具体循环而言，先后次序不可颠倒。

（2）循环转动，周而复始，连续不断。其中处理阶段是推动循环转动的关键，使管理系统化、科学化，进入新水平。

（3）企业内部，各级都有，大环套小环，一环扣一环。例如大中小环分别相当于公司、工程队、班组和个人。上一级循环是下一级循环的依据，下一级循环是上一级循环的组成部分和保证，大中小环同时转动，把企业各项工作有机地联系起来，纳入统一的管理体系，实现总的预定目标。

（4）在循环中提高，环转一圈，一定要完成预定的目标。遗留的问题作为二次循环的依据。每转一周就提高一步、前进一步，不停地转动，就能实现不断地提高，逐级上升。

PDCA 的四个阶段，符合"实践—认识—再实践—再认识"的认识论规律，是体现科学认识论的一种具体管理手段和一套完整科学的工作程序。按照这套工作程序进行管理，有助于把管理工作做得卓有成效，更好地达到预期目标。

 案例分析

【案例1】公路工程质量保证体系。

选择题：公路工程质量责任主体包括（　　）。

A. 政府交通主管部门　　B. 勘测设计单位　　C. 建设单位
D. 施工单位　　　　　　E. 监理单位

分析：

本题考核学生对公路工程质量保证体系知识的掌握及灵活运用程度。

根据公路建设的特点，交通运输部制定了公路工程的"政府监督、法人管理、社会监理、企业自检"的质量保证体系。

（1）政府监督是指政府各级交通主管部门和其所属的质量监督机构依法对工程建设和工程建设从业单位及从业人员进行监督和管理的行政行为。政府监督是对公路工程质量实施监管，他们不是质量责任主体。

（2）建设工程应当按照政企分开的原则，组建项目法人，实行项目法人责任制，即由项目法人对项目的策划、资金筹措、建设实施、生产经营、债务偿还和资产的保值增值，实行全过程负责的制度。项目法人应当承担公路建设相关责任和义务，承担建设项目质量、投资、工期等的管理责任。项目法人（即建设单位）在质量保证体系中处于主体地位。

（3）社会监理是指具有法人资格和相应资质的社会监理单位，受项目建设单位的委托，依据监理合同和施工合同，全面监督、管理工程的实施，对工程质量、安全、环保、进度、费用进行全面监理，同时做好合同事项管理和信息管理工作，并协调各方关系的专业化的管理活动。无疑，他们是工程质量的责任主体。

（4）企业自检是指施工企业按照与建设单位签订的施工合同文件的要求，为保证工程质量，通过建立内部质量自检系统开展的自身质量控制与质量管理的活动。施工企业作为公路工程产品的直接生产者，在质量保证体系中，施工企业占有特别重要的地位。施工企业建立完善的自检系统是形成公路工程质量保证体系的前提条件，他们是工程质量的责任主体。

（5）勘测设计单位性质同施工单位，他们也是按照与建设单位签订的施工合同文件的要求，直接参与工程建设的独立的一方，他们对勘测设计质量负责，是勘测设计质量的责任主体。

答案：BCDE

【案例2】施工阶段划分及相应监理工作内容。

某监理单位承接了某一公路工程的监理任务，根据《公路工程监理规范》及我国现阶段工程监理主要发生在项目建设的施工阶段的现状，将监理工作划分为施工准备阶段监理和施工阶段监理。各阶段监理工作的主要内容如下。

施工准备阶段监理：参加设计图纸会审，审批施工组织设计，审核承包人工地试验室，验收地面线，审批工程划分，召开监理交底会，编写并上报监理月报等。

施工阶段监理：召开第一次工地会议；做好工程质量监理、安全监理、环保监理、进度监理、费用监理；做好合同其他事项管理工作和信息管理工作；组织协调工作，确保工程顺利进行；对施工单位施工的每道工序进行检查验收；指示承包人进行工程缺陷修复；签发最后支付证书等。

问题：
1. 将该项目监理工作划分为两个阶段，是否正确？说明理由。
2. 施工准备阶段监理的起止时间是如何规定的？
3. 请指出各阶段监理工作内容的错误之处，并说明理由。

答案：

1. 不正确。我国现阶段工程监理主要发生在项目建设的施工阶段，这里的施工阶段就指施工准备阶段、施工阶段、验收与缺陷责任期阶段三个阶段，而不能只将项目监理工作划分为两个阶段。

2. 监理合同签订之日至合同工程开工令确定的开工之日为施工准备阶段。

3. （1）在施工准备阶段监理中参加设计图纸会审是错误的，监理应参加设计交底，设计图纸会审不是监理的工作内容。

（2）在施工准备阶段监理编写并上报监理月报是错误的，编写并上报监理月报是施工阶段的监理工作内容。

（3）在施工阶段签发最后支付证书是错误的，签发最后支付证书是缺陷责任期阶段的监理工作内容。

拓展案例

【案例1】 公路工程质量保证体系、全面质量管理。

2005年,浙江省某市拟对市内329国道进行改道,在项目建议书被批准后,正式成立了A基础建设开发公司(项目法人),并筹措到工程建设资金,办好了公司设立登记及项目的相关审批事项。委托招标代理进行了公开招标,选定了B施工单位和C监理单位。在监理合同中,项目法人要求监理要严格监理,保证不出大的质量、安全事故。

在该项目监理过程中,监理工程师认为:

1. 监理单位依据国家和地方法律法规及规章、监理委托合同、监理规划、工程设计文件和图纸等对施工过程进行了全过程监理。由于施工合同是业主和施工单位单独签订的,因此,监理未将其列为监理依据。

2. 由于是受业主委托进行监理的,因此监理单位只能为业主服务,不能考虑施工单位的利益。

3. 施工阶段监理的任务就是对工程质量、安全、环境保护、进度、费用实施全面监理。

4. 由于安全生产是保证施工质量、进度、费用等目标顺利实现的前提条件之一,因此,监理必须利用其执法权强制管理施工单位在安全生产方面存在的违规行为。

在项目施工过程中,B施工单位建立了企业自检系统,如图1-2所示,并实行了全面质量管理,工程实体质量得到有效控制。

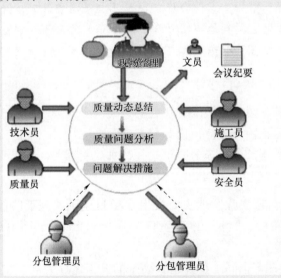

图1-2 B单位企业自检系统

问题:

1. 项目法人的行为有无不妥之处,如有请指出,并说明理由。
2. 请指出在项目实施过程中监理的错误行为,并说明理由。
3. 简述企业自检系统包含哪些内容?全面质量管理的方法有哪四种?

答案:

1. 项目建议书被批准后,不能立即成立项目法人。应为"项目建议书被批准后,及时组建项目法人筹备组,具体负责项目法人的筹建工作。项目可行性研究报告经批准后,才正式成立项目法人"或"项目可行性研究报告经批准后,正式成立项目法人"。

项目法人不能要求监理保证工程不出大的质量、安全事故。施工单位在建设工程质量、安全生产中始终处于核心地位,是质量、安全的第一责任人。社会监理只对工程质量、安全生产起监管作用,不能保证不出大的质量、安全事故。

2. (1) 前面一句话中,不应包括监理规划,因为监理规划是项目监理机构编制的工作计划,它是指导项目监理机构全面开展监理工作的纲领性文件,不能作为监理工作依据。后面一句话,监理是受业主委托对施工全过程全方位进行监理,业主同施工单位签订的施工合同当然是监理工作的依据。

(2) 监理单位受业主委托,为业主提供智力服务,但它也是独立的第三方,社会监理的公正性决定了监理必须以公正的态度对待委托方和被监理方。

(3) 所列的施工阶段监理的任务不全,施工阶段监理的任务必须对工程质量、安全、环境保护、进度、费用实施全面监理,并严格地进行合同管理,高效有序地进行信息管理,及时进行组织协调,以使工程建设的目标最合理地实现,简称"三控两管一协调"。

(4) 监理对施工单位在安全生产方面存在的违规行为只有监督管理权,没有执法权和强制管理权。

3. (1) 施工企业建立的自检系统包括以下内容。

1) 确定质量控制的目标。
2) 建立质量控制的组织机构。
3) 配备相应职称的自检人员。
4) 配备能满足要求的试验检测设备。
5) 采用标准、规范化的工作方法,建立健全标准、规范化的工作制度。

(2) 全面质量管理的工作方法是按照"计划—执行—检查—处理"的管理循环不停顿地周而复始地运转。这个管理循环(简称 PDCA)包括四个阶段。

第一个阶段是计划(Plan):就是制订质量目标、活动计划、管理措施方案。

第二个阶段是执行(Do):就是将制订的计划和措施,具体组织实施和执行。

第三个阶段是检查(Check):就是把执行的结果与预定目标对比,检查计划执行情况是否达到预期效果。

第四个阶段是处理(Action):就是把成功的经验加以肯定,纳入标准、规程或形成制度,以便今后照办;对失败的教训也要吸取,以防止再发生;对查出的问题能够解决的,立即采取措施解决;一时不能解决的,作为遗留问题,转入下一个管理循环,作为下一阶段的计划目标。

【案例2】国际上监理的法规体系一般由( )等部分组成。
A. 国家法律 B. 行业行政法规
C. 技术规范和标准 D. 合同文件

答案: ABCD。

案例总结

公路工程的质量保证体系：政府监督、法人管理、社会监理、企业自检。通过本节案例学习，了解政府监督的性质和职责；项目法人的职责。熟悉公路工程质量保证体系的四个组成部分；社会监理的含义、性质任务；施工企业自检系统的内容；全面质量管理的含义和方法。工程施工监理的阶段分为施工准备、施工和验收与缺陷责任期三个阶段。重点掌握施工监理的阶段划分与各个阶段监理工作的主要内容。

本节使学生系统了解了监理的基本知识，为下面的学习打下坚实的基础。

 本章小结

本章主要帮助学生学习公路工程施工监理的一些基本知识，从工程项目管理入手，介绍工程项目和工程建设项目管理的概念；介绍了工程项目管理体制的基本格局，工程监理的概念及公路工程施工监理体制的管理模式；介绍了实行工程监理制度的必要性；概述了国内外工程施工监理制度的产生和发展概况、政府监督的性质和职责、项目法人的职责。

重点学习的有：当前我国工程建设项目管理体制的基本格局；公路工程基本建设程序的内容；与工程有关的行为主体及其相互关系；监理工程师的知识结构；公路工程质量保证体系的四个组成部分；社会监理的含义、性质、性质和任务；企业自检的含义及施工企业自检系统的建立；全面质量管理的含义、要点、方法和特点；公路建设项目的划分；施工监理的阶段划分与个体阶段监理工作的主要内容。

 自我测评

一、判断题

1. 施工单位应按施工监理合同规定接受监理单位的监督和管理。（　）
2. 监理单位与建设单位的关系是雇佣与被雇佣的关系。（　）
3. 社会监理具有执法性，监理工程师的监理权受法律的保护。（　）
4. 政府监督具有服务性，是为工程建设提供智力服务，它依据付出的技术服务劳动量的大小取得相应的服务报酬。（　）
5. 社会监理是受业主委托，为工程建设提供有偿技术服务，当业主与承包人发生利益冲突时，监理工程师应尽量维护业主的利益。（　）
6. 业主可以按比现行相关规范更严格的要求对承包人进行质量管理。（　）
7. 工程监理是建立完善的工程质量保证体系的前提和必要条件。（　）
8. 施工准备阶段的起算时间是监理合同签订之日起，终点时间是合同工程开工令确定的开工之日止。（　）
9. 全面质量管理方法 PDCA 循环的各个阶段之间存在一定的交叉，对每个具体循环而言，其先后次序可以颠倒或更改。（　）

二、单项选择题

1. 单项工程与单位工程的最主要不同点是（　　）。

A. 路段长度的不同 B. 是否具有独立设计文件
C. 结构部位的不同 D. 建成后是否能独立发挥生产能力和效益

2. 在当前我国工程建设项目管理体制的基本格局中，（　　）处于核心地位。
A. 国家宏观调控　　B. 工程监理制　　C. 项目法人责任制　　D. 合同管理制

3. 在公路工程施工监理活动中，监理单位与承包人之间的关系是（　　）。
A. 委托与被委托的合同关系 B. 监理与被监理关系
C. 领导与被领导的关系 D. 监理与被监理的合同关系

4. 新上项目项目法人成立的时间是（　　）。
A. 项目建议书被批准后 B. 项目可行性研究报告被批准后
C. 初步设计文件被批准后 D. 施工许可证办理后

5. 在公路工程质量保证体系中，（　　）处于核心主导地位。
A. 政府监督　　B. 法人管理　　C. 社会监理　　D. 企业自检

6. 工程承包单位不能开展监理业务活动的主要原因，是它不具有（　　）。
A. 服务性　　B. 公正性　　C. 专业化　　D．社会化

7. 社会监理的（　　）是监理单位区别于其他一般服务性组织的重要特征，也是其赖以生存的重要条件。
A. 委托性　　B. 科学性　　C. 公正性　　D. 执法性

8. 公路工程施工中，承包人的质量控制主要靠（　　）来实现。
A. 监理工程师的管理 B. 公路工程质量监督站的监督
C. 承包人质量自检系统的运转 D. 建设单位的管理

9. 质量控制的基本原则是（　　）。
A. 精心施工，质量第一 B. 以预防为主，与检验把关相结合
C. 动态控制，质量跟踪 D. 坚持质量标准，严格执行程序

10. 从全面质量管理的角度来看，工程质量主要取决于（　　）。
A. 企业管理水平 B. 企业的素质
C. 企业人员的工作质量 D. 工序控制情况

三、多项选择题

1. 当前我国工程建设项目管理体制的基本格局是以（　　）为服务体系。
A. 国家宏观监督调控 B. 项目法人责任制 C. 招标投标制
D. 工程监理制 E. 合同管理制

2. 公路工程施工监理的主要依据包括（　　）等。
A. 国家和地方法律、法规以及国家和行业、地方有关标准、规范、规程
B. 监理合同和施工合同 C. 工程设计文件和图纸
D. 工程前期有关文件 E. 工程实施过程中有关的函件

3. 代表政府进行公路工程质量监督的机构是（　　）。
A. 建设单位 B. 各级交通主管部门 C. 监理单位
D. 公路工程质量监督站 E. 监理协会

4. 社会监理的性质包括（　　）。
A. 强制性 B. 服务性 C. 公正性

D. 科学性　　　　　　　E. 执法性　　　　　　　F. 委托性

5. 依照《公路工程施工监理规范》规定，施工准备阶段的监理工作包括（　　）。
   A. 审批施工组织设计　　　B. 签发开工预付款支付证书
   C. 核算工程量清单　　　　D. 审批工程划分
   E. 签发中间交工证书

6. 下列选项中属于政府监督职责的是（　　）。
   A. 监督公路建设市场秩序　B. 监督公路建设资金使用
   C. 筹措公路建设资金　　　D. 监督公路建设质量和安全
   E. 查处公路建设违法行为

7. 施工企业建立自检系统应包括（　　）等工作。
   A. 确定质量控制目标　　　B. 建立组织机构
   C. 配备自检人员　　　　　D. 配备试验检测设备
   E. 建立采用标准化、规范化的工作制度和方法

8. 工程施工监理是指监理单位受项目法人委托，依据（　　），对工程项目施工实施的监督与管理。
   A. 监理合同　　　　　　　B. 施工合同
   C. 工程设计图纸　　　　　D. 监理细则
   E. 有关工程建设的法律、法规

9. 下列选项中属于项目法人职责的是（　　）。
   A. 筹措建设资金　　　　　B. 向交通主管部门办理开工报告
   C. 查处项目建设违法行为　D. 组织项目后评价并提出项目后评价报告
   E. 组织项目交工验收

10. 工程项目的（　　）目标是一个相互关联的整体。
    A. 质量　　　　　　　　B. 进度　　　　　　　　C. 费用
    D. 效益　　　　　　　　E. 组织

11. 在工程项目施工监理的目标中，必须优先予以保证的是（　　）
    A. 安全可靠　　　　　　B. 工程进度　　　　　　C. 使用功能
    D. 施工质量　　　　　　E. 工程费用

四、复习思考题

1. 什么是工程建设项目？工程项目应具备哪些条件？
2. 什么是工程监理？简述其内涵。
3. 当前我国建设项目管理体制的基本格局是什么？
4. 简述公路工程施工监理制度的管理模式。
5. 什么是政府监督？政府监督的性质和依据是什么？
6. 简述社会监理的性质、依据和任务。
7. 施工监理划分为哪几个阶段？各阶段监理工作内容主要有哪些？
8. 施工企业如何建立自检系统？
9. 什么是全面质量管理？其基本点包括哪些？

第二章

监理工程师与监理单位

 学习目标

了解：监理单位的组织形式与设立；监理单位资质的构成要素、等级划分、业务范围及管理；监理单位违规行为的处罚。监理工程师的分类、业务素质。

熟悉：监理工程师的概念与素质要求；监理工程师的法律地位与法律责任及违规行为的处罚；监理工程师的资格与岗位登记。

掌握：监理工程师的职业道德准则；监理工程师在施工阶段各方面的监理职责；监理单位经营活动的基本准则。

能灵活运用所学知识解决实际案例问题，渗透监理职业道德教育。

 内容概要

本章主要介绍了监理工程师概念、素质要求、法律地位与法律责任、职业道德准则、监理工程师在施工阶段各方面的监理职责，以及监理工程师的资格与岗位登记，监理单位的概念、组织形式、资质管理以及监理单位经营活动的基本准则。通过学习，了解监理工程师的分类、业务素质及监理单位的组织形式、资质等级和业务范围，熟悉和掌握监理工程师的职业道德准则及在施工阶段各方面的监理职责、监理单位经营活动的基本准则。

监理工程师与监理单位

 先导案例

某一级公路全长 18km，其中有一跨江特大桥，其主跨为 180m 的系杆拱桥。业主通过公开招标选择监理单位，其中要求监理单位具有公路工程监理乙级及以上资质，项目总监和专业监理工程师分别具有交通运输部监理工程师资质和交通运输部专业监理工程师资质。最后，本地一家具有乙级资质的监理公司中标。

问题：

1. 业主对监理单位的资质要求是否符合要求，为什么？
2. 若其中有一条大于 3000m 的独立特长隧道，请问对监理单位的资质有什么要求？
3. 业主对监理人员的资质要求是否符合要求？

分析：

前两个问题是考核对监理单位资质等级划分和监理单位的从业范围的了解程度。第三个问题是考核对监理人员岗位的资质要求。监理工程师和监理单位的相关知识将在下面两节中学习到，本例仅涉及其中一部分知识，初步引导学生进入到工程监理的知识海洋中来。

先学习本章第 1、2 节的内容，学完了再来解答本【先导案例】中的问题。

1. 监理单位资质

公路工程监理单位的监理资质等级划分为甲级、乙级、丙级三个等级和特殊独立大桥专项、特殊独立隧道专项、公路机电工程专项。

2. 监理单位的从业范围

公路工程监理单位应当按照其获得的资质等级和业务范围开展监理业务。

（1）获得公路工程专业甲级监理资质，可在全国范围内从事一、二、三类公路工程、桥梁工程、隧道工程项目的监理业务。

（2）获得公路工程专业乙级监理资质，可在全国范围内从事二、三类公路工程、桥梁工程、隧道工程项目的监理业务。

（3）获得公路工程专业丙级监理资质，可在企业所在地的省级行政区域内从事三类公路工程、桥梁工程、隧道工程项目的监理业务。

公路工程监理业务的分级标准见第 2.2 节的表 2-2、表 2-3。

根据《公路工程技术标准》（JTG B01-2014）规定的划分标准，桥梁分类见表 2-1。

表 2-1　桥梁按总长 L 和单孔跨径 L_k 分类

桥梁分类	多孔跨径总长 L/m	单孔跨径 L_k/m	桥梁分类	多孔跨径总长 L/m	单孔跨径 L_k/m
特大桥	$L>1000$	$L_k>150$	中桥	$30<L<100$	$20\leqslant L_k<40$
大桥	$100\leqslant L\leqslant 1000$	$40\leqslant L_k\leqslant 150$	小桥	$8\leqslant L\leqslant 30$	$5\leqslant L_k<20$

熟悉了上面的监理单位资质和监理单位的从业范围，所提问题也就很容易解答了。

3. 监理工程师按执业资格分为监理工程师和专业监理工程师；按岗位职责和专业性质一般可分为总监理工程师、驻地监理工程师、专业监理工程师。监理工程师在监理机构中可担任总监理工程师或驻地监理工程师；专业监理工程师只能担任其资格证书核准专业的专业监理工程师。

总监理工程师是由监理单位法定代表人任命并书面授权，具有交通运输部公路工程监理工程师资格，经项目业主同意，在监理机构中行使合同赋予监理单位的全部职责，负责项目工程全部监理工作的总负责人。专业监理工程师是根据项目监理岗位职责分工，负责实施某一专业或某一方面监理工作的监理工程师。

答案：

1. 业主对监理单位的资质要求不符合要求。因为桥梁的主跨为 180m 的系杆拱桥，该桥属于特大桥，而特大桥属于桥梁工程里的一类工程（表 2-2），一类桥梁工程只有具有公路工程专业甲级监理资质的单位才能监理。

2. 大于 3000m 独立特长隧道项目属于特殊独立隧道（表 2-3），按照交通运输部规定，只有获得公路工程专业特殊独立隧道专项监理资质，才可在全国范围内从事特殊独立隧道项目的监理业务。因此，要求监理单位必须具有公路工程专业特殊独立隧道专项监理资质。

3. 业主对监理人员的资质要求符合要求。

2.1 监理工程师

知识学习

监理工程师是监理机构中具有交通运输部核准的公路工程监理工程师或专业监理工程师资格的人员的统称，是指经全国公路工程监理工程师执业资格考试合格，取得监理工程师执业资格证书，并经岗位登记从事公路工程监理业务的专业人员。监理工程师是一种岗位职务，其资格是一种执业资格。

监理工程师包含三层含义：①他是从事公路工程监理工作的专业人员；②已取得交通主管部门确认的"监理工程师资格证书"；③经监理工程师岗位登记。监理工程师是岗位职务，并非专业技术职称。监理工程师的这一特点，决定了监理工程师并非终身职务，只有具备资格并经岗位登记，在监理单位中从事公路工程监理业务的人员，才能称为监理工程师。反之，对一位已取得监理工程师资格的人员来讲，如果他脱离了监理单位，不再从事监理业务，其监理工程师资格也将被取消。

监理工程师按执业资格分为监理工程师和专业监理工程师；按岗位职责和专业性质一般可分为总监理工程师、驻地监理工程师、专业监理工程师。监理工程师在监理机构中可担任总监理工程师或驻地监理工程师；专业监理工程师只能担任其资格证书核准专业的专业监理工程师。

总监理工程师是由监理单位法定代表人任命并书面授权，具有交通运输部公路工程监理工程师资格，经项目业主同意，在监理机构中行使合同赋予监理单位的全部职责，负责项目工程全部监理工作的总负责人。总监理工程师对监理单位负责，管理监理机构的日常事务。

驻地监理工程师是指具有交通运输部公路工程监理工程师资格，经总监理工程师书面委托并授权，代表总监理工程师行使部分职权，负责该项目部分工程监理工作的驻地监理负责人。专业监理工程师是根据项目监理岗位职责分工，经总监理工程师或驻地监理工程师的授权，负责实施某一专业或某一方面监理工作的监理工程师。

【例1】建设单位将一公路工程的监理任务进行公开招标，招标文件中对监理单位、监理人员和监理工作范围做了要求和说明。最后，经过评标专家评审，评选某监理公司为第一中标候选人，最终由该监理单位中标，签订了监理委托合同。在工程施工阶段，监理工程师遵守职业道德，认真履行监理职责，严格做好"三控两管一协调"工作，顺利完成了该项目的施工监理任务，受到建设单位、质检部门及施工单位的好评。

问题：

1. 工程监理对工程建设的顺利进行起着重要的作用，要求监理工程师应具有哪些素质？
2. 在工程施工阶段，监理工程师的职责有哪些？
3. 在工程项目的监理工作中，监理工程师应遵守的职业道德准则有哪些？

公路工程监理

分析：

1. 工程监理是高层次的咨询工作，也是一项技术性、政策性、经济性、社会性很强的综合监管工作，要求从事监理工作的监理工程师应具备以下素质。

(1) 具有较高的理论水平和合理的知识结构。在工程建设监理工作中，监理工程师不仅要担负一般的组织管理，而且要指导参加工程建设各方搞好工作。所以，监理工程师只有具备较高的理论知识才能胜任监理的工作岗位。

监理工程师的知识结构包括四个方面，即经济、技术、管理、法律。

监理工作是一项综合性的工作。对于监理工程师而言，他们应当做到"一专多能"，即具有综合的知识结构和专业特长，才能胜任监理工作，才符合工程监理对于人才的需要。

(2) 具有较高的专业技术水平和丰富的工程建设实践经验。监理工程师提供的是工程项目的技术咨询服务，应该发现和解决工程设计单位和承包人不能发现的和不能解决的复杂问题。因此，监理工程师必须具有高于一般专业技术人员的专业技术知识水平。而且监理工程师在专业知识的深度与广度方面，要求达到能够解决和处理工程问题的程度。

作为一名监理工程师，必须具有丰富的工程建设实践经验。经验来自实践的积累，工程监理是在工程项目实施的动态过程中实施的，发现问题与解决问题贯穿于整个监理过程中。见多识广，监理工程师就能够对可能发生的问题加以预见，从而采取主动控制措施。经验丰富，就能够对突然出现的问题及时采取有效方法加以处理。积累工程经验，相当于建立存储解决工程问题的"方法库"。因此，丰富的工程经验是胜任监理工作、有信心做好监理工作的基本保证。

(3) 具有高尚的职业道德和良好的敬业精神。监理工程师还应具备较高的政治素质和高尚的职业道德。监理工程师应热爱建设事业，有为监理事业贡献力量的强烈责任心；具有科学的工作态度、实事求是的工作作风；具有廉洁奉公、为人正直、办事公道的高尚情操；有不断学习、不断探索的进取心；能听取不同意见，有良好的包容性；具有吃苦耐劳、任劳任怨、一丝不苟的工作作风。

(4) 具有较强的组织协调能力和良好的协作精神。监理工程师要实现项目监理目标，需要与各参与单位合作，要与不同地位和知识背景的人打交道，要把各方面的关系协调好，这一切都离不开较强的组织协调能力和良好的协作精神。

(5) 具有较高的外语水平和涉外工作经验。若监理工程师从事国际工程的监理，则必须具备有较高的外语水平和涉外工作经验，即具有会话、谈判、阅读（招标文件、合同条件、技术规范等）以及写作方面的外语能力。同时，还要具有国际工程合同管理的经历以及国际金融、国际贸易和国际经济技术合作有关法律方面的基础知识。随着我国对外开放的进一步扩大和国际交往的日益频繁，对监理工程师的外语水平和涉外工作经验将有更高的要求。

(6) 具有健康的体魄和充沛的精力。尽管工程监理是一种高智能的技术服务，以脑力劳动为主，但是，也要求监理人员必须具有健康的身体和充沛的精力，才能胜任繁忙、严谨的监理工作。尤其在工程施工阶段，由于露天作业，工作条件艰苦，工期往往紧迫，业务繁忙，更需要有健康的身体，否则，难以胜任工作。我国对年满65周岁的监理工程师不再进行登记注册，主要就是考虑监理人员身体健康状况的适应能力而设定的条件。

总之，监理工程师只有具备上述综合素质，才能遵循"严格监理、优质服务、科学公正、廉洁自律"的监理原则，从而有效地控制工程质量、施工安全、环境保护、进度和费用等各项工作。

2. 在施工阶段，监理工程师的主要职责可归纳为以下几个方面。

（1）工程质量监理方面的职责

1）向承包人书面提供图纸中的原始基准点、基准线和基准高程等资料，进行现场交验，并对承包人提交的原始基准点、基准线和基准高程的复测结果进行审核和平行复测；检查承包人使用测量仪器是否按规定进行了校准；审查承包人提交的施工测量放线数据、图表及放线成果，并予以批复。

2）在合同规定的期限内及时审批承包人提交的施工组织设计。

3）审核承包人工地试验室的人员、设备和试验测试能力是否达到合同要求以及管理制度是否健全。

4）检查承包人质量保证体系是否落实，重点检查项目负责人、技术负责人、工地试验室负责人的资格，检查质量自检人员的履约情况。

5）在总体工程开工前审批承包人提交的分项、分部、单位工程划分，并报业主备案。

6）审查承包人申报的原材料、混合料试验资料，对原材料应独立取样进行平行试验，对混合料应在承包人标准试验的基础上进行试验验证，必要时做标准试验，在合同规定的期限内予以批复。

7）分项工程开工前，审查承包人提交的该分项工程的施工组织及人员（包括技术负责人、质量自检人员、试验检测人员及主要施工操作人员）配备是否符合合同要求并满足施工需要。

8）审查承包人进场的施工机械设备是否满足合同规定的施工质量要求。

9）审查承包人提交的分项、分部工程的施工方案及主要工艺，对技术复杂或采取新技术、新工艺、新材料、新设备的工程，应根据试验工程结果审批。

10）审查承包人提交的分项、分部工程开工申请，在合同规定的时间内应对工程的开工条件进行审查，并批复开工申请。

11）对承包人外购或外部采购和委托制作的主要工程的构（配）件或设备进行验收，并应要求承包人提交产品合格证和自检报告；可采用常规仪器设备进行检测的，应按规定的频率进行抽检，合格后方可准予使用。

12）在施工过程中，按合同规定的抽检频率，对已批准使用的原材料、混合料和已完工的工程实体质量进行抽检。对于不符合合同要求的材料，有权拒绝使用；对于不符合合同质量要求的工程，有权要求承包人返工或采取其他补救措施，以达到合同规定的技术要求。

13）在施工过程中对施工现场进行巡视，并重点对正在施工的分项、分部工程检查是否已批准开工，质量检测人员是否按规定到岗，现场使用的原材料或混合料、外购产品、施工机械设备及采用的施工方法与工艺是否与批准的一致，试验检测仪器、设备是否按规定进行了校准，是否按规定进行了施工自检和工序交接，施工质量措施是否落实到位，特种作业人员是否持证上岗等，并做好巡视检查记录。

14）在施工过程中应对施工试验段（或工艺）、关键工序、重要隐蔽工程和分部分项工程等施工全过程进行旁站（监理旁站项目见《公路工程施工监理规范》附录A）。发现的问题应责令承包人立即改正；当可能危及工程质量时，应予制止。旁站项目的工序完工后，应组织检查验收，验收合格的方可进行下道工序的施工，并应按规定的格式做好旁站记录。

15）在施工过程中应对承包人的检验测试工作全面进行监理；有权使用承包人或自备的测试仪器设备对工程质量进行检验，凭数据对工程质量进行监理。

16）施工过程中当发生可由监理机构处理的质量缺陷、质量隐患时，应立即向承包人发出工程暂时停工指令，并要求立即书面报告质量问题发生的时间、部位、原因及已采取的措施和进一步处理方案；对处理方案进行审核后应报业主批准，对处理方案的实施进行监理并予以验收，处理合格、隐患消除的可发出复工指令。当发生不属于监理机构处理的质量事故时，应要求承包人按规定速报有关部门，同时应和承包人等一起保护事故现场，抢救人员和财产，防止事故扩大，积极配合调查。此外，要对加固、返工或重建的工程进行监理。

17）按合同及有关标准规定要求对工程进行独立抽检，对承包人检评资料进行签认，对工程质量进行评定。

（2）施工安全监理方面的职责

1）审查施工单位的施工组织设计中的安全技术措施或专项施工方案是否符合工程建设强制性标准。审查应急预案、桥梁和隧道等施工安全风险评估报告。对危险性较大工程的专项施工方案中需专家论证、审查的，应检查施工单位组织专家论证、审查的情况。

2）检查施工单位的安全生产责任制、安全生产规章制度的监理和落实情况，以及重大危险源安全管理和生产安全事故隐患排查治理情况。

3）审查施工安全组织体系及施工单位项目负责人、专职安全管理人员和特种作业人员的资格，以及施工机械设备和设施的安全许可验收手续。

4）检查施工单位危险性较大工程的专项施工方案的实施情况。

5）审核新材料、新技术、新工艺、新结构的使用安全技术方案及安全措施。

6）审核承包人提交的工序交接检查、分部、分项工程安全检查报告。

7）施工中发现不安全因素和安全事故隐患时，应要求施工单位采取措施予以整改；情况严重的，应要求施工单位停止施工，并及时报告建设单位。施工单位拒不整改或者不停止施工的，应及时向有关监管部门报告。

8）分项工程交验时，安全事故的现场处理未完成的，不得签发"分项工程（中间）交工证书"。

9）当发生施工安全事故时，应立即报告业主，并协助建设单位进行安全事故的调查处理工作。

10）根据工程进度情况，对各工序、主要结构、关键部位的安全情况进行旁站、巡视，并及时做好记录。

11）建立施工安全监理台账，按照法律法规和工程建设强制性标准实施监理，并对建设工程安全生产承担监理责任。

（3）施工环境保护监理方面的职责

1）审查承包人编制的施工环境保护方案和技术措施。

2）审查承包人的环保管理组织体系及管理人员的资格。

3）审查新材料、新工艺、新技术、新结构使用的环保措施。

4）对承包人执行环境保护法律、法规的情况，以及环保体系运转情况和环保措施落实情况进行监督检查。

5）审核承包人提交的工序交接及分部分项工程环保检查报告。

6）监督承包人严格按批准的弃渣规划有序地堆放、处理和利用废渣，防止任意弃渣造成的环境污染。

7）监督承包人严格执行有关规定，加强对噪声、粉尘、废气、废水、废油的控制，并按有关规定及合同约定进行处理。

8）要求承包人保持施工区和生活区的环境卫生，及时清除垃圾和废弃物，并运至指定地点进行处理。进入现场的材料、设备应有序堆放。

9）在监理过程中发现施工违反有关环保法律法规、未按合同要求落实环保措施的，应要求施工单位整改；情况严重的，应签发停工令要求施工单位停工，并向建设单位报告。

10）根据施工安排及工程进度情况，对施工现场的环保情况进行巡视检查，并做好记录。

11）若监理合同约定了环境监测事项，应依据合同进行相应的环境监测，以监测数据指导环保监理工作。对于监测结果超标的情况，应要求并监督承包人认真分析原因，有针对性地调整施工行为，甚至采取或调整必要的环境保护措施。

12）工程完工后，应监督承包人按合同约定拆除施工临时设施，清理场地，做好环境恢复工作。

(4) 工程进度监理方面的职责

1）审批施工单位提交的进度计划，总体进度计划应由总监审批，月进度计划等应由驻地监理工程师审批并报总监办。

2）在施工过程中，监理机构应检查施工进度计划的执行情况。按月分析实际进度与计划进度偏差及产生原因，对每月的工程进度进行分析和评价，主要结论应写入监理月报。

3）对总体进度起控制作用的分项工程的实际进度严重滞后时，监理机构应签发监理指令单，要求施工单位采取措施保证工程进度，并向建设单位报告工期延误风险。需要调整进度计划的应重新审批。

4）由于施工单位原因造成工程进度延误，且在监理机构签发监理指令后未有明显改进、工程在合同工期内难以完成的，监理机构应及时向建设单位报告，并按合同约定处理。

5）建设单位或施工单位提出工程进度重大调整时，应按合同或签订的补充合同执行。

6）定期向建设单位报告工程进度情况，及时提交监理月报。

(5) 工程费用监理方面的职责

1）在承包人提交了开工预付款担保后，按合同规定的金额签发开工预付款支付证书，并报业主审批。

2）依据合同规定的计量原则对工程量清单进行审核。审核无误后，及时对承包人提交的工程量清单复核结果予以签认。

3）在承包人提交了计量申请后，应按合同规定及时地计量核实合同工程量清单规定的任何已完工程的数量；对复杂、有争议的需要现场确认的项目，应会同建设、设计、施工等单位现场计量；对于不符合合同规定的项目，有权拒绝计量。

4）对承包人提交的工程支付申请进行审核，确认无误后应在合同规定的时间内签发中期支付证书及最后支付证书，并报业主审批；对于不符合合同要求的工程项目和施工活动，有权暂拒支付，直到上述项目和施工活动达到要求。

5）应建立计量与支付台账，将计量与支付随时发生的变化及时在台账中记录，实行动态管理，当有较大差异时应报业主。

(6) 合同事项管理方面的职责

1）主持召开第一次工地会议和施工阶段的工地例会及专题工地会议，并做好会议记录。

2）按合同规定的变更范围，对工程或其任何部分的形式、质量、数量及任何工程施工程序做出变更的决定，按合同约定或合同双方协商的结果确定变更工程的单价和价格，经业主同意下达变更令。

3）在承包人提出工程延期或费用索赔申请后，应对延期或索赔发生的原因、发展情况、结果测算等资料进行审核，并根据合同规定审定延期的时间或索赔的款项，经业主批准后发出通知。

4）按合同规定审查承包人的任何分包人的资格，分包工程的类型、数量，审查合格后报业主批准。

5）按合同规定，对合同执行期间由于国家或省（自治区、直辖市）颁布的法律、法规、法令等致使工程费用发生的增减和人工、材料或影响工程费用的其他事项价格的涨落而引起的工程费用的变化，应根据合同规定的价格调整方法及可调整的项目，计算确定新的合同价格或调价幅度，予以核定签认。

6）根据合同规定，结合工程实际需要，批准或指令承包人实施计日工，并按合同已确定的单价和费率，审核应支付的计日工费用。

7）施工过程中发生质量事故和其他必须暂停施工的紧急事件等情况时，应按合同规定，经业主同意后，签发工程暂停令，并指令承包人保护该部分或全部工程免遭损害，同时做好工程延期和费用索赔的预防。

8）承包人原因引起工程暂停需复工时，应要求承包人提出复工申请并签发复工指令；非承包人原因引起的工程暂停，在暂停原因消失后具备复工条件时，应及时签发复工指令。

9）根据合同规定对承包人办理工程保险种类、数额、有效期、保险单及保险费收据等进行检查。

10）在合同履行期间，应及时提示承包人和业主采取措施，防止违约事件发生；违约事件发生后，应调查分析，掌握情况，依据合同规定和有关证据评估损失，提出处理意见。

11）在收到合同一方或双方提出的争端协调申请后，应及时调查和收集相关资料，提出争端解决建议，对双方进行调解。在对争端进行仲裁或诉讼时，应向仲裁机关或法院提供有关证据。

3. 为了确保公路工程监理事业的健康发展，监理工程师应遵守以下的职业道德准则。

(1) 热爱本职工作，忠于职守，认真负责，具有对工程建设的高度责任感。

(2) 坚持严格按照合同实施对工程项目的监理，既要保护业主的利益，又要公平合理地对待承包人。

(3) 监理工程师本身要模范地遵守国家以及地方的各种法律、法规和规定，同时也要求承包人模范地遵守，并据以保护业主的正当权益。

(4) 监理工程师不得接受业主所支付的监理酬金以外的报酬以及任何形式的回扣、提成、津贴或其他间接报酬。同时，也不得接受承包人的任何好处，以保持监理工程师的廉洁性。

（5）监理工程师要为业主严格保密。监理工程师了解和掌握的有关业主的情报资料，必须严格保密，不得泄露。

（6）当监理工程师认为自己正确的判断或决定被业主否决时，监理工程师应阐明自己的观点，并且要以书面的形式通知业主，说明可能给业主一方带来的不良后果。如认为业主的判断或决定不可行时，应书面向业主提出劝告。

（7）监理工程师当发现自己处理问题有错误时，应及时向业主承认错误，并同时提出改进意见。

（8）监理工程师对本监理机构的介绍应实事求是，不得向业主隐瞒本机构的人员现实情况、过去的业绩以及可能影响监理服务质量的因素。

（9）监理单位和监理工程师个人，不得经营或参与经营承包施工，也不得参与采购、营销设备和材料，也不得在政府部门、承包人和设备、材料供应单位任职或兼职。

（10）监理工程师不得以谎言欺骗业主和承包人，不得伤害、诽谤他人名誉借以提高自己的地位和信誉。

（11）监理工程师不得以个人名义接受委托，开展工程监理任务，只能由监理单位承担。

（12）为自己所监理的工程项目聘请外单位监理人员时，须征得业主的认可。

（13）接受继续教育，努力学习专业技术和监理知识，不断提高业务能力和监理水平。

【例2】监理工程师的职权、监理工程师的法律地位与法律责任。

某监理单位受业主委托，承担某公路工程的施工监理任务，根据监理投标文件的承诺和合同的要求，监理单位任命了该项目的总监理工程师，并授权其行使合同赋予监理单位的全部职责。在工程施工过程中，承包人自认为与业主的关系较好，不执行监理工程师的指令，对监理指出的问题敷衍了事。总监理工程师在明知梁板混凝土强度不合格的情况下，想着息事宁人，签认验收合格。结果梁板在架设时发生断裂，造成严重的质量事故。

问题：

1. 监理工程师的职权是从何而来？监理工程师一般有哪些权力？
2. 监理工程师的法律地位是由什么决定的，为什么？
3. 从监理工程师的法律地位来看，监理工程师法律责任的表现行为主要有哪两方面？
4. 对监理工程师违规行为的处罚，在相关的法律法规和部门规章中有哪些规定？

答案：

1. 监理工程师的职责根据监理合同中的监理工作任务与性质确定，其权力由业主的授权而定。

一般说来，业主授予监理的权力主要包括：技术上的核定权；组织协调的主持权；材料、设备和工程质量的确认权与否决权；进度和工期的确认权与否决权；施工安全和环境保护的确认权与否决权；工程款支付和结算的确认权与否决权等。

2. 监理工程师的法律地位

监理工程师的法律地位是由国家法律法规确定的，并建立在监理合同的基础上。这是因为：

(1)《中华人民共和国公路法》明确提出国家推行工程监理制度,《建设工程质量管理条例》赋予监理工程师多项签字权,并明确规定了监理工程师的多项职责,从而使监理工程师执业有了明确的法律依据,确立了监理工程师作为专业人士的法律地位。

(2) 监理工程师是受业主委托从事监理工作,其权利和义务在监理合同中有具体约定。

3. 监理工程师的法律责任

监理工程师的法律责任与其法律地位密切相关,同样是建立在法律法规和监理合同的基础上。因而,监理工程师法律责任的表现行为主要有两方面,一是违反法律法规的行为;二是违反合同约定的行为。

(1) 违反法律法规的行为。现行法律法规对监理工程师的法律责任专门做出了具体规定。举例如下。

《中华人民共和国刑法》第137条规定:建设单位(业主)、设计单位、施工单位(承包人)、工程监理单位违反国家规定,降低工程质量标准,造成重大安全事故的,对直接责任人员处五年以下有期徒刑或者拘役并处罚金;后果特别严重的,处五年以上十年以下有期徒刑并处罚金。

《建设工程质量管理条例》第36条规定:工程监理单位应当依照法律、法规以及有关技术标准、设计文件和建设工程承包合同,代表建设单位对施工质量实施监理并对施工质量承担监理责任。

《建设工程安全生产管理条例》第57条规定:监理单位未依照法律、法规和工程建设强制性标准实施监理的,造成重大安全事故,构成犯罪的,对直接责任人员,依照刑法有关规定追究刑事责任;造成损失的,依法承担赔偿责任。

这些规定能够有效地规范、指导监理工程师的执业行为,提高监理工程师的法律责任意识,引导监理工程师公正守法地开展监理业务。

(2) 违反合同约定的行为。监理工程师一般主要受聘于工程监理单位,从事工程监理业务。工程监理单位是订立监理合同的当事人。但监理合同在具体履行时,是由监理工程师代表监理单位来实现的。因此,如果监理工程师出现工作过失,违反了合同的约定,其行为将被视为监理单位违约,由监理单位承担相应的违约责任。当然,监理单位在承担违约赔偿责任后,有权在监理单位内部向有相应过失行为的监理工程师追偿部分损失。所以,由监理工程师个人过失引发的合同违约行为,监理工程师应当与监理单位承担一定的连带责任。其连带责任的基础是监理单位与监理工程师签订的劳动合同、聘用协议或责任保证书,或监理单位法定代表人对监理工程师签发的授权委托书。一般来说,授权委托书应包含职权范围和相应责任条款。

4. 监理工程师违规行为的处罚

监理工程师在执业过程中必须严格遵纪守法。政府交通行政主管部门对于监理工程师的违法违规行为,将追究其责任,并根据不同情节给予必要的行政处罚。监理工程师违规行为的处罚在相关的法律法规和部门规章中都有明确的规定。

(1)《建设工程质量管理条例》规定:监理工程师等注册执业人员因过错造成质量事故的,责令停止执业1年;造成重大质量事故的,吊销执业资格证书,5年以内不予注册;情节特别恶劣的,终身不予注册。

(2)《建设工程安全生产管理条例》规定:监理工程师等注册执业人员未执行法律、法规和工程建设强制性标准的，责令停止执业 3 个月以上 1 年以下；情节严重的，吊销执业资格证书，5 年内不予注册；造成重大安全事故的，终身不予注册；构成犯罪的，依照刑法有关规定追究刑事责任。

> 【例 3】 监理工程师执业资格、考试、岗位登记。
>
> 某监理公司组织本单位通过了考试报名的 27 名监理人员，参加了全国公路水运工程监理工程师执业资格考试，有 10 名监理人员考试合格取得了监理工程师执业资格证书，7 名监理考试合格取得了专业监理工程师执业资格证书。在进行监理工程师上岗登记时，主管部门以没有劳动合同为由，对 2 名监理工程师不予上岗登记。
>
> 问题：
>
> 1. 全国公路水运工程监理工程师执业资格考试的报名条件有哪些？
>
> 2. 简述监理工程师资格是如何划分和分级管理的。具体负责全国公路水运工程监理工程师执业资格考试、资格确认等工作的机构是哪个？
>
> 3. 全国公路水运工程监理工程师执业资格考试内容包括哪几个部分？
>
> 4. 取得了监理工程师执业资格证书的人员是否就可以从事公路工程监理工作？为什么？
>
> 5. 监理工程师岗位登记包括哪两个方面？负责监理工程师岗位登记管理工作的部门是哪个？
>
> 6. 监理工程师上岗登记的条件和不予上岗登记的情形有哪些？

答案：

1. 监理工程师执业资格考试报名条件有：

（1）遵守国家法律、法规，职业道德和工作业绩良好，热爱监理工作。

（2）取得工程类或经济类中级以上专业技术职务任职资格，或取得工程类初级专业技术职务任职资格且取得该资格的年限满足以下规定，即大学专科毕业的须满 5 年；大学本科毕业的须满 4 年；硕士研究生毕业或获得硕士学位的须满 2 年。

（3）年龄 65 周岁以下，身体健康，能胜任现场监理工作。

（4）报考监理工程师资格须具有公路工程或相关专业大专以上学历，从事公路工程及相关专业技术工作累计 5 年以上；报考专业监理工程师资格须有公路工程或相关专业中专以上学历，从事公路工程及相关专业技术工作累计 3 年以上。

凡符合相应报考条件，且自愿参加考试者，如实填写报名表和报考科目核定表，并提供本人学历证、职称证、身份证等证件原件、复印件，报省级质监站进行报考资格审查。符合报考条件的，省级质监站应于考试前 20 天向应考者核发准考证。

2. 监理工程师执业资格划分

监理工程师执业资格可划分为监理工程师和专业监理工程师两级。

具有监理工程师资格者，经聘任可在监理项目中担任总监理工程师、驻地监理工程师、专业监理工程师等岗位职务；具有专业监理工程师资格者，经聘任可在监理项目中担任专业监理工程师岗位职务。

各级监理人员的资格要求如下。

（1）总监理工程师应取得交通运输部监理工程师资格证书，负责全面履行项目监理职责。

（2）驻地监理工程师应取得交通运输部监理工程师资格证书，经总监授权，负责履行驻地办监理职责。

（3）专业监理工程师应取得交通运输部专业监理工程师资格证书，负责履行专业监理职责。

（4）监理员一般应取得监理培训结业证书，负责履行监理员职责。

监理工程师资格实行分级管理。交通运输部是全国公路工程监理工程师执业资格管理的行政主管部门，交通运输部基本建设质量监督总站为交通运输部监理工程师资格管理工作的办事机构，具体负责全国监理工程师执业资格考试、资格确认、颁证和指导岗位登记等工作。各省（市、区）交通厅（局）是本地区监理工程师执业资格管理的主管部门，各省交通厅（局）工程质量监督站是本地区公路工程监理工程师资格管理工作的办事机构，具体负责本地区监理工程师执业资格考试管理、资格审查、申报及监理工程师岗位登记等工作。

3. 公路工程监理工程师执业资格考试实行全国统一大纲、统一命题、统一组织的办法，每年举行一次，考试时间由交通运输部统一确定。

考试内容包括监理知识、专业知识、综合能力三个部分，其中监理知识包括监理理论和合同管理两个科目；专业知识分为经济系列和工程系列，经济系列包含公路工程经济一个科目；工程系列含有道路与桥梁、隧道工程、公路机电工程三个科目，报考者只需任选一个科目；综合能力包含综合考试一个科目。

4. 不可以。持有监理工程师执业资格证书，并不意味着已经取得监理工程师岗位资格。只有岗位登记才是对监理人员的素质和岗位责任能力的全面考查。监理工程师岗位登记制度是政府交通主管部门对监理从业人员实行市场准入控制的有效手段。监理人员经岗位登记，即表明获得了政府交通主管部门对其以监理工程师名义从业的行政许可，因而具有相应监理工作岗位的责任和权利，才能从事公路工程监理工作。

5. 监理工程师岗位登记，包括上岗登记和业绩登记。监理工程师必须在一个监理企业进行了岗位登记，才能取得岗位资格，而且仅能在一个监理企业登记，而不能同时在两个或两个以上企业登记。未通过岗位登记的监理工程师不得从事公路工程监理工作，但其资格证书继续有效。

业绩登记是监理工程师担任建设项目监理岗位职务的记录，监理企业应及时申报监理工程师业绩登记。

（1）省级质监机构应在项目合同段开工后15个工作日内，在网站数据库中设立工程建设项目和监理合同段的初始信息，也可授权地市级质监机构在网站数据库中设立初始信息。

（2）监理企业应在监理合同段初始信息设立后15个工作日内，在网上申请监理工程师业绩登记，并持证明材料送省级质监机构。

（3）质监机构应在收到网上业绩登记和证明材料后20个工作日内完成审核，对符合要求的应在网上予以核准，未予核准的应告知原因。

（4）项目实施过程中监理工程师变动时，监理企业应及时在网上申请变更；省级质监机构应在收到变更申请后7个工作日内完成审核并网上准予变更。

交通运输部质监总站负责监督、检查和指导岗位登记工作；省级质监机构负责本地区岗位登记管理工作；监理企业负责本单位监理工程师岗位登记申报工作。

6. 监理工程师申请上岗登记应满足以下条件：

（1）经全国公路工程监理工程师执业资格考试合格，并取得监理工程师执业资格证书。

（2）与监理企业依法签订劳动合同，或有人事调动函。

（3）身体健康，能够胜任现场监理工作。

有下列情形之一者，不予上岗登记：

（1）通过虚假手段获取监理工程师资格证书的。

（2）同时与两家或两家以上监理企业签订劳动合同的。

（3）提供伪造证明材料的，一经查实一年内不予登记。

（4）因在监理工作中犯有错误受到行政处罚的，自处罚决定生效之日起至申请登记之日止不满 2 年的。

（5）在职国家公职人员不予登记。

案例分析

【案例 1】监理工程师法律地位与法律责任、资格与岗位登记。

某监理单位受业主委托，承担某公路工程的施工监理任务。在工程施工过程中，承包人自恃与业主的关系较好，对监理指出的问题敷衍了事。总监理工程师向业主多次反映存在的问题，没有得到业主明确的行动支持，于是也息事宁人，对施工存在的问题睁只眼闭只眼。监理公司在对该项目的监理工作进行检查时，发现存在很多问题，尤其是监理管理不到位现象严重。在征得业主同意的情况下，对总监进行了变更，委派了一名监理经验丰富、并持有监理工程师执业资格证的聘用人员张某为变更后总监。

问题：

1. 简述施工单位施工存在哪些问题？

2. 监理工程师的权力来自哪里？监理工程师对施工单位进行监理时是否应考虑业主与承包人的关系？

3. 监理单位提名变更的总监是否符合相关要求，为什么？

分析：

1. 要指出施工单位施工存在哪些问题，只能从所给出的背景资料中有关承包人的施工行为来逐字逐句分析，"在工程施工过程中，承包人自恃与业主的关系较好，对监理指出的问题敷衍了事。"很明显，违反了公路工程的"政府监督、法人管理、社会监理、企业自检"的质量保证体系。第一，企业自检不到位。施工企业按照与业主签订的施工合同，有义务和责任建立内部质量自检系统，开展自身质量控制与质量管理活动，提供符合要求的产品；第二，对监理指令不予执行或执行不到位。根据施工合同的要求，承包人必须接受监理工程师有关该工程实施的"三控两管一协调"的管理；第三，对法人管理不够重视。项目法人对项目实施全过程负责，在质量保证体系中处于主体地位，承包人不应以与业主的良好关系而忽视其对工程的监管；第四，"对监理指出的问题敷衍了事"，其实是没有认识到监理的法律地位，监理的法律地位是由监理合同和国家的法律法规决定的，承包人应该有敬畏感。

2. 这个问题还是考核对监理的法律地位和法律责任的掌握。认识到监理的法律地位和责任，认识到监理是作为一个独立当事人，以国家法律法规、施工合同、监理合同等依据，依法对施工单位的施工行为进行监理，是不需顾忌业主与承包人的关系的。

3. 考核监理工程师资格与岗位登记方面的知识。

（1）总监理工程师的资格要求：具有相应专业的高级技术职称、取得交通运输部监理工程师资格证书、具有5年以上的现场工程监理经历、担任过两项以上同类工程的总监或驻地职务。

（2）只有取得监理工程师执业资格证书、并通过了岗位登记获得了监理工程师岗位登记证书的监理人员才有资格担任总监理工程师。这是因为监理工程师岗位登记制度是政府交通主管部门对监理从业人员实行市场准入控制的有效手段。监理人员经岗位登记，即表明获得了政府交通主管部门对其以监理工程师名义从业的行政许可，因而具有相应监理工作岗位的责任和权利，才能从事公路工程监理工作。

答案：

1. 施工单位施工主要存在下列问题。

（1）企业自检不到位，自检系统失效。

（2）对监理指令不予执行或执行不到位。

（3）没有认识到监理的地位是有法律保障的。

（4）对法人管理不够重视。

2. 监理工程师的权力是由国家法律法规确定的，并建立在监理合同的基础上。监理工程师依照国家法律、法规以及有关技术标准、设计文件、施工合同、监理合同等，代表建设单位对施工全过程实施监理，而且要承担相应的监理责任。如果监理人员顾忌施工方和业主方的关系，迁就施工方和个别业主人员的不良做法，监理就是失职、违规甚至犯罪。

3. 不符合要求。第一，监理工程师执业资格证尚未进行岗位登记，不具有相应监理工作岗位的责任和权利，不能从事公路工程监理工作。第二，不符合总监理工程师的资格要求，没有担任过两项以上同类工程的总监或驻地职务。

【案例2】 监理工程师的职责、违规行为的处罚。

业主通过公开招标，将长18km的某一级公路施工监理任务委托给××监理公司，并在中标通知发出后一个月内与监理单位签订了监理委托合同。监理委托合同中对监理工程师的职责进行了规定，其中有这几条：

（1）主持召开第一次工地会议和施工阶段的工地例会及专题工地会议，并做好会议记录。

（2）在收到承包人提交的合同工程开工申请后，应对合同工程的开工条件进行核查。具备条件的，应签发合同工程开工令，并报业主备案。

（3）在合同规定的期限内及时审批承包人提交的施工组织设计。

（4）审核承包人工地试验室的人员、设备和试验测试能力是否达到合同要求。

（5）审查承包人提交的分项、分部工程开工申请，在合同规定的时间内应对工程的开工条件进行审查，并批复开工申请。

（6）依据合同规定的计量原则对工程量清单进行审核。审核无误后，及时对承包人提交的工程量清单复核结果予以签认。

（7）按规定审查承包人的任何分包人的资格，分包工程的类型、数量，审查合格后报业主批准。

在监理合同履行过程中，发生了下列事件：

事件1：某道路监理工程师被举报以虚假职称获得监理工程师资格证书，经查举报属实。

事件2：因某结构监理工程师工作失误，导致一批梁板报废，直接经济损失达350万元。

问题：

1. 指出监理委托合同中监理工程师的职责分别属于哪几个方面？
2. 根据相关规定，对事件1、事件2中的监理人员应如何处罚？

分析：

1. 在施工阶段，监理工程师的主要职责有工程质量监理、施工安全监理、施工环境保护监理、工程进度监理、工程费用监理、合同管理、信息管理和组织协调八个方面。熟悉这几个方面的内容，加之认真分析上述每句的内涵，不难得出正确的结论。

2. 监理工程师违规行为的处罚在相关的法律法规和部门规章中都有明确的规定，要首先分析所列违规行为的性质，判别适用哪种法规的哪种情形。如第一个事件，职称是申请监理工程师资格、报名考试、上岗登记申报等的必备条件。提供虚假职称等同于以虚假或不正当手段获得。对第二个事件，因监理工程师工作失误，导致一批梁板报废，直接经济损失达350万元，这其实已构成三级重大质量事故，适用《建设工程质量管理条例》中对监理工程师的处罚规定。

答案：

1.（3）、（4）、（5）属于工程质量监理方面的职责。

（2）属于工程进度监理方面的职责。

（6）属于工程费用监理方面的职责。

（1）、（7）属于合同管理方面的职责。

2.（1）根据交通运输部关于监理工程师资质管理的规定，以虚假或不正当手段获得监理工程师资格证书者，将根据情节，分别给予通报批评、停止执业、取消监理资格并收缴证书及限期五年内不得再申报监理工程师的处罚。

（2）由于已构成三级重大质量事故，根据《建设工程质量管理条例》规定，监理工程师因工作过错，造成重大质量事故的，吊销其执业资格证书，5年内不予注册。

拓展案例

FIDIC成员行为的基本准则。

国际咨询工程师联合会（FIDIC）要求其成员行为的基本准则除了"对社会和职业的责任"之外，还包括以下几方面要求（　　）。

A. 独立性　　　　　　B. 能力　　　　　　C. 正直性

D. 公正性　　　　　　E. 对他人的公正

分析：

国际咨询工程师联合会（FIDIC）于1991年在慕尼黑讨论批准了FIDIC通用道德准则，该准则分别对社会和职业的责任、能力、正直性、公正性、对他人的公正5个问题共计14个方面规定了监理工程师的道德行为准则。

FIDIC协会同意并且相信其全体会员，如果要使社会对其专业顾问具有必要的信赖，下述准则是其成员行为的基本准则。

（1）对社会和职业的责任

1）接受对社会的职业责任。

2）寻求与确认的发展原则相适应的解决办法。

3）在任何时候，维护职业的尊严、名誉和荣誉。

（2）能力

1）保持其知识和技能与技术、法规、管理的发展相一致的水平，对于委托人要求的服务采用相应的技能，尽心尽力。

2）仅在有能力从事服务时方才进行。

（3）正直性

在任何时候，均为委托人的合法权益行使其职权，并且正直和忠诚地进行职业服务。

（4）公正性

1）在提供职业咨询、评审或决策时不偏不倚。

2）通知委托人在行使其委托权时可能引起的任何潜在的利益冲突。

3）不接受可能导致判断不公的报酬。

（5）对他人的公正

1）加强"按照能力进行选择"的观念。

2）不得故意或无意地做出损害他人名誉或事务的事情。

3）通知该咨询工程师并且接到委托人终止其先前任命的建议前，不得取代该咨询工程师的工作。

4）在被要求对其他咨询工程师的工作进行审查的情况下，要以适当的职业行为或礼节进行。

答案： BCDE

案例总结

本节主要介绍了监理工程师的概念、素质要求、法律地位与法律责任、职业道德准则、监理工程师在施工阶段各方面监理的职责，以及监理工程师的资格与岗位登记。通过学习学生应了解监理工程师的分类、业务素质，重点熟悉监理工程师的职业道德准则及在施工阶段各方面监理的职责。

随着新技术、新工艺、新材料、新设备的不断更新，要求监理工程师也要不断更新知识、扩大知识面、学习新的理论知识、政策法规，不断提高执业能力和工作水平，以适应建设事业发展及监理服务的需要。要求监理工程师每年都要接受一定学时的继续教育。继续教育有多种方式，如脱产学习、集中授课、参加研讨会、撰写专业论文等。继续教育的内容应紧密结合监理业务内容，逐年更新。

2.2 公路工程监理单位

知识学习

监理单位是指具有法人资格、并取得交通主管部门颁发的公路工程施工监理资质证书，从事工程监理业务的经济组织。它是监理工程师的执业机构。

监理单位必须具有自己的名称、组织机构和场所，有与承担监理业务相适应的经济、法律、技术及管理人员，有完善的组织章程和管理制度，并应具有一定数量的资金和设施。符合条件的单位经申请取得监理资质证书，并经工商注册取得营业执照后，才可承担监理业务。

【例1】某交通设计院拟设立一家××交通监理有限责任公司，在设立监理单位的基本条件具备后予以了申报。在取得了营业执照和监理资质后开始了正常的经营活动。此时，某一级公路开始监理招标，于是该监理单位去买招标文件，但却被告知资质不符不能投标。最后，此单位借用另一家监理单位的名义进行了投标，并承接了该项目的施工监理任务。

问题：

1. 监理单位有哪些组织形式？
2. 设立监理单位的基本条件有哪些？
3. 设立监理单位的申报与许可程序分哪两步？监理单位资质申请包括哪些材料？资质的行政许可程序是怎样的？
4. 监理单位资质的含义？监理单位的监理资质由哪些要素构成？
5. 为什么该监理单位购买招标文件却被告知资质不符不能投标？
6. 《建设工程质量管理条例》对监理单位违规行为有何规定及如何处罚的？

分析：

1. 按照我国现行法律法规的规定，我国的工程监理企业有可能存在的企业组织形式包括公司制监理企业、合伙监理企业、个人独资监理企业、中外合资经营监理企业和中外合作经营监理企业。

2. 设立监理单位的基本条件

（1）有自己的名称和固定的办公场所。

（2）有自己的组织机构，如领导机构、财务机构、技术机构等，有一定数量的专门从事监理工作的工程经济、技术人员，而且专业基本配套、技术人员数量、业绩和职称符合要求。

（3）有符合国家工商行政管理规定的注册资金。

（4）有完善的企业章程和制度。

（5）有主管单位的，要有主管单位同意设立监理单位的批准文件。

（6）拟从事监理工作的人员中，有一定数量的人已取得国家交通行政主管部门颁发的监理工程师资格证书。

(7) 有符合要求的公路工程试验检测设备和测量放样等仪器，具备建立工地试验室条件。

3. 设立监理单位的申报、许可程序一般分为两步。

(1) 向工商行政管理机关申请登记注册取得企业法人营业执照。工商行政管理部门对申请登记注册监理单位的审查，主要是按企业法人应具备的条件进行审查。经审查合格者，给予登记注册，并填发企业法人营业执照。

登记注册是对法人成立的确认。没有获准登记注册的，不得以申请登记注册的法人名称进行经营活动。

(2) 到交通行政主管部门申请监理资质，取得监理资质证书。交通行政主管部门按照行政许可流程对具备条件的申请单位进行审核，核定其监理业务范围和资质等级，颁发相应的监理资质证书。

符合监理资质条件的申请单位，应向许可机关提出公路工程监理资质申请，并提交资质申请材料，申请材料由以下材料构成。

1) 公路工程监理企业资质申请表。

2) 企业法人营业执照（复印件）或者工商行政管理部门核发的企业名称预登记证明。

3) 验资报告。

4) 企业章程和制度。

5) 监理人员的监理工程师资格证书和中级职称以上人员职称证书（复印件）。

6) 主要成员从事公路工程监理或者其他工作经历的业绩证明。

7) 监理人员与监理企业签订的劳动合同。

8) 主要试验检测仪器设备和装备证明。

属于交通运输部受理的申请，申请人在向交通运输部递交申请材料的同时，应当向企业注册地的省级交通主管部门递交申请材料副本。有关省级交通主管部门自收到申请人的申请材料副本之日起10日内提出审查意见报交通运输部。交通运输部自收到申请人完整齐备的申请材料之日起20日内做出行政许可决定。准予许可的，颁发相应的"监理资质证书"；不予许可的，应当书面通知申请人并说明理由。

属于省级交通主管部门受理的申请，申请人应当向企业注册地的省级交通主管部门递交申请材料。省级交通主管部门自收到完整齐备的申请材料之日起20日内做出行政许可决定。准予许可的，颁发相应的"监理资质证书"；不予许可的，应当书面通知申请人并说明理由。

4. 监理单位资质的含义

监理单位资质是指监理企业的人员组成、专业配置、测试仪器的配备、财务状况、管理水平等方面的综合能力。

监理单位资质是企业技术能力、管理水平、业务经验、经营规模、社会信誉等综合性实力指标。对工程建设监理单位进行资质管理是我国政府实行市场准入控制的有效手段。监理单位的资质主要体现在监理能力及其监理效果上。所谓监理能力，是指能够监理多大规模和多大复杂程度的工程建设项目。所谓监理效果，是指对工程建设项目实施监理后，在工程投资控制、工程质量控制、施工安全控制、施工环保控制、工程进度控制等方面取得的成果。

监理单位监理的"大""难"的工程项目数量越多、成效越大，表明其资质越高。资质高的监理单位，其社会知名度也大，取得的监理成效也会越显著。

监理单位的监理资质由监理人员素质、专业配套能力、技术装备、监理经历与成效、管理水平及财务状况等要素构成。

（1）监理人员素质。监理单位是智能型企业，监理单位的产品是高智能的技术服务。这种工作性质决定了监理单位是高智能的人才库。一个人，如果没有较高的专业技术水平，就难以胜任监理工作。作为一个群体，谁的监理人员素质高，谁的监理能力就强，取得较好的监理成效的几率就大。

（2）专业配套能力。一个监理单位所从事的监理业务范围要求，配备的专业监理人员是否齐全，在很大程度上决定了其监理能力的强弱。专业监理人员配备齐全，每个监理人员的素质又好，那么，这个监理单位的整体素质就高。如果一个监理单位在某一方面缺少专业监理人员，或者某一方面的专业监理人员素质很低，那么，这个监理单位就不能从事相应专业的监理工作。根据所承担的监理工程业务的要求，配备专业齐全的监理人员，这是专业配套能力的起码要求。

（3）监理单位的技术装备。尽管工程建设监理是一门管理性的专业，但是，也少不了一定的技术装备作为其进行科学管理的辅助手段。在科学发达的今天，如果没有较先进的技术装备辅助管理，就不能称其为科学管理。何况，工程监理不单是一种管理工作，还是一种有必要的验证性的、具体的工程建设实施行为。如运用计算机对某些关键部位结构设计或施工工艺的复核验算，运用高精度的测量仪器对建筑物方位的复核测定，使用先进的试验检测仪器设备对工程材料、工程实体质量的检验等。所以，对于监理工作来说，技术装备是必不可少的。

（4）监理单位的管理水平。管理是一门科学，对于企业来说，管理包括组织管理、人事管理、财务管理、设备管理、生产经营管理、科技管理以及档案文书管理等多方面内容。监理单位的管理也都涉及上述各项内容。

考察一个单位管理工作的优劣，一是要考察其领导者的能力，二是要侧重考察其规章制度的建立和贯彻情况。一般情况下，监理单位应建立以下几种管理制度。

1）组织管理制度，包括关于机构设置和各种机构职能划分、职责确定的规定以及组织发展规划等。

2）人事管理制度，包括职员录用、职员培训、职员晋升、工资分配、奖励制度等激励机制。

3）财务管理制度，包括资产管理、财务计划管理、投资管理、资金管理、财务审计管理等。

4）生产经营管理制度，包括企业的经营规划（经营目标、方针、战略、对策等）、工程项目监理机构的运行办法、各项监理工作的标准及检查评定办法、生产统计办法等。

5）设备管理制度，包括设备的购置办法，设备的使用、保养规定等。

6）科技管理制度，包括科技开发规划、科技成果评审办法、科技成果汇编和推广应用办法等。

7）档案文书管理制度，包括档案的整理和保管，文件和资料的使用管理办法等。

8）会议及工作报告制度等。

（5）监理单位的经历和成效。监理单位的经历是指监理单位成立后，从事监理工作的历程。一般情况下，监理单位从事监理工作的年限越长，监理的工程项目就可能越多，监理的成效就会越大，监理的经验也会越丰富。

监理成效主要是指监理活动在控制工程建设费用、进度、质量、安全、环保等方面取得的效果。一般来说，监理成效是一个监理单位人员素质、专业配套能力、技术装备状况和管理水平及监理经历的综合反映。

（6）财务状况。财务状况反映了监理单位的经济实力，良好的财务状况是监理工作正常开展的条件。较强的经济实力，就使得监理单位能够聘任到高水平的监理人员，能够及时更新技术装备、确保监理人员的继续教育，这也是保证监理工作顺利实施的基本保证和物质条件。

5. 监理单位的资质等级、从业范围及等级管理

（1）监理单位资质等级划分。公路工程监理单位的监理资质分为甲级、乙级、丙级三个等级和特殊独立大桥专项、特殊独立隧道专项、公路机电工程专项。

（2）监理单位的从业范围。公路工程监理单位应当按照其获得的资质等级和业务范围开展监理业务。

1）获得公路工程专业甲级监理资质，可在全国范围内从事一、二、三类公路工程、桥梁工程、隧道工程项目的监理业务。

2）获得公路工程专业乙级监理资质，可在全国范围内从事二、三类公路工程、桥梁工程、隧道工程项目的监理业务。

3）获得公路工程专业丙级监理资质，可在企业所在地的省级行政区域内从事三类公路工程、桥梁工程、隧道工程项目的监理业务。

4）获得公路工程专业特殊独立大桥专项监理资质，可在全国范围内从事特殊独立大桥项目的监理业务。

5）获得公路工程专业特殊独立隧道专项监理资质，可在全国范围内从事特殊独立隧道项目的监理业务。

6）获得公路工程专业公路机电工程专项监理资质，可在全国范围内从事各等级公路、桥梁、隧道工程通信、监控、收费等机电工程项目的监理业务。

公路工程监理业务的分级标准见表2-2、表2-3所示。

表2-2　公路工程分级标准

		一类	二类	三类
1	公路工程	高速公路	高速公路路基工程、一级公路	一级公路路基工程、二级以下各级公路
2	桥梁工程	特大桥	大桥、中桥	小桥、涵洞
3	隧道工程	特长隧道、长隧道	中隧道	短隧道

注：一、二、三类分级标准中含配套的交通安全设施、环保工程和沿线附属设施，不含各专项内容。

表2-3　公路工程专项分级标准

1	特殊独立桥	主跨250m以上钢筋混凝土拱桥、单跨250m以上预应力混凝土连续结构、400m以上斜拉桥、800m以上悬索桥等结构复杂的独立特大桥项目
2	特殊独立隧道	大于3000m独立特长隧道项目
3	公路机电工程	通信、监控、收费等机电项目

刚成立的监理企业只具有丙级资质，只能在企业所在地的省级行政区域内从事三类公路工程、桥梁工程、隧道工程项目的监理业务，一级公路项目属于二类公路工程，该单位超过了核定的资质等级许可范围，所以不能投标。

（3）资质管理。交通运输部是全国公路工程监理单位资质管理工作的主管部门，其所属的质量监督机构受交通运输部委托，具体负责全国公路工程监理单位资质的监督管理工作。省级交通主管部门负责本行政区域内公路工程监理单位资质管理工作，其所属的质量监督机构受省级交通主管部门委托具体负责本行政区域内公路工程监理单位资质的监督管理工作。

交通运输部负责公路工程专业甲级、乙级监理资质和公路工程专业特殊独立大桥专项、特殊独立隧道专项、公路机电工程专项监理资质的行政许可工作。省级交通主管部门负责公路工程专业丙级监理资质的行政许可工作。

监理单位资质实行定期检验制度，每两年检验一次。监理单位的定期检验工作由做出许可决定的许可机关委托其所属的质量监督机构负责。定期检验的内容是检查监理单位现状与资质等级条件的符合程度以及监理单位在检验期内的业绩情况。对定期检验不合格的监理单位，质量监督机构应当责令其在六个月内进行整改。整改期满后仍不能达到规定条件的，由质量监督机构提请原许可机关对其予以降低资质等级或者撤销对其的资质许可。监理单位未按规定的期限申请资质定期检验的，其资质证书失效。

6. 监理单位违规行为的处罚

监理单位应在核定的资质等级许可的范围内依法开展监理业务，否则将受到处罚。《建设工程质量管理条例》中对监理单位违规行为有明确的处罚规定。

（1）禁止工程监理单位超越本单位资质等级许可的范围或者以其他工程监理单位的名义承担工程监理业务；禁止工程监理单位允许其他单位或者个人以本单位的名义承担工程监理业务。

工程监理单位超越本单位资质等级承揽工程监理业务的，责令停止违法行为，并处合同约定的监理酬金1倍以上2倍以下的罚款。

未取得资质证书承揽工程监理业务的，予以取缔，依照上述规定处以罚款；有违法所得的，予以没收。

以欺骗手段取得资质证书承揽工程监理业务的，吊销资质证书，并依照上述规定处以罚款，有违法所得的，予以没收。

（2）工程监理单位允许其他单位或者个人以本单位名义承揽工程监理业务的，责令改正，没收违法所得，并处合同约定的监理酬金1倍以上2倍以下的罚款。

（3）工程监理单位不得转让工程监理业务。工程监理单位转让工程监理业务的，责令改正，没收违法所得，处合同约定的监理酬金25%以上50%以下的罚款；可以责令停业整顿，降低资质等级；情节严重的，吊销资质证书。

（4）工程监理单位有下列行为之一的，责令改正，处50万元以上100万元以下的罚款，降低资质等级或者吊销资质证书；有违法所得的，予以没收；造成损失的，承担连带赔偿责任。

1）与建设单位（业主）或者施工单位（承包人）串通，弄虚作假、降低工程质量的。

2）将不合格的建设工程、建筑材料、建筑构配件和设备按照合格签字的。

(5) 工程监理单位与被监理工程的施工承包单位以及建筑材料、建筑构配件和设备供应单位有隶属关系或者其他利害关系的，不得承担该项建设工程的监理业务。

工程监理单位与被监理工程的施工承包单位以及建筑材料、建筑构配件和设备供应单有隶属关系或者其他利害关系承担该项建设工程监理业务的，责令改正，处 5 万元以上 10 万元以下罚款，降低资质等级或者吊销资质证书；有违法所得的，予以没收。

(6) 工程监理单位应当依照法律、法规以及有关技术标准、设计文件和建设工程承包合同，代表业主对施工质量实施监理，并对施工质量承担监理责任。

对违反国家有关规定，降低工程质量标准，造成重大安全事故的，对直接责任人员处五年以下有期徒刑或者拘役，并处罚金；后果特别严重的，处五年以上十年以下有期徒刑，并处罚金。

另外，《建设工程安全生产管理条例》也规定：违反本条例的规定，工程监理单位有下列行为之一的，责令限期改正；逾期未改正的，责令停业整顿，并处 10 万元以上 30 万元以下的罚款；情节严重的，降低资质等级，直至吊销资质证书；造成重大安全事故，构成犯罪的，对直接责任人员，依照刑法有关规定追究刑事责任；造成损失的，依法承担赔偿责任。

1）未对施工组织设计中的安全技术措施或者专项施工方案进行审查的。
2）发现安全事故隐患未及时要求承包人整改或者暂时停止施工的。
3）施工单位（承包人）拒不整改或者不停止施工，未及时向有关主管部门报告的。
4）未依照法律、法规和工程建设强制性标准实施监理的。

【例 2】 从事工程监理活动的基本准则。
监理单位从事工程监理活动，应当遵循的基本准则是（　　）。
A. 守法　　　　　　B. 独立　　　　　　C. 诚信
D. 公正　　　　　　E. 科学

分析：
监理单位从事工程监理活动，应当遵循的基本准则包括以下四个方面：
（1）守法。守法即遵守国家的法律法规。对于工程监理单位来说，守法即是要依法经营，主要体现在：
1）监理单位只能在核定的业务范围内开展经营活动。
2）监理单位不得伪造、涂改、出租、出借、转让、出卖"监理资质证书"。
3）工程建设监理合同一经双方签订，即具有一定的法律约束力，监理单位应按照合同的规定认真履行，不得无故或故意违背自己的承诺。
4）遵守国家关于企业法人的其他法律、法规的规定，包括行政的、经济的和技术的。
5）监理单位在从事工程监理活动中，应自觉接受政府主管部门的监督。
（2）诚信。简单地讲，诚信就是诚实、守信用。监理单位在承揽监理业务时，不得夸大自己的能力，不得擅自分包或转让监理业务。在监理活动中，监理单位应提供与其资质水平相适应的技术服务。

加强企业信用管理，提高企业信用水平，是完善我国工程监理制度的重要保证。企业信用的实质是解决经济活动中经济主体之间的利益关系，它是企业经营理念、经营责任和经营文化的集中体现。信用是企业的一种无形资产，良好的信用能为企业带来巨大的效益。它是能给企业带来长期经济效益的特殊资本。监理单位应当树立良好的信用意识，使企业成为讲道德、讲信用的市场主体。

（3）公正。公正是指监理单位在监理活动中既要维护业主的权益，又不能损害承包人的合法权益，并依据合同公平合理地处理业主与承包人之间的矛盾和争议。监理单位要做到公正，必须做到以下几点。

1）要培养良好的职业道德，不接受可能导致判断不公的报酬，不为私利而违心地处理问题。

2）要坚持实事求是的原则，不偏袒任何一方。

3）要提高综合分析问题的能力，不为局部问题或表面现象而模糊自己的"视听"。

4）要不断提高自己的专业技术能力和合同意识，尤其是要尽快提高综合理解、熟练运用工程建设项目合同条款的能力，以便以合同为依据，恰当地协调、处理问题。

（4）科学。科学是指监理单位的监理活动要依据科学的方案，要运用科学的手段，要采取科学的方法。工程项目监理结束后，还要进行科学的总结。只有这样，才能提供高智能的、科学的服务，才能符合工程监理事业发展的需要。

答案：ACDE

案例分析

【案例1】监理单位概念、组织形式、资质管理。

关于工程监理单位，下列说法正确的是（　　）。

A. 监理单位是指依法取得交通主管部门颁发的公路工程施工监理资质证书，从事工程监理业务的经济组织

B. 我国公司制监理企业分为监理有限责任公司和监理股份有限公司两种

C. 交通运输部负责公路工程专业甲、乙、丙三个等级和三个专项资质的行政许可工作

D. 监理有限责任公司具有公司不对外发行股票、有2个以上50个以下的股东、公司账目可以不公开等特征

分析：

A. 本题考核对监理单位概念的理解程度。监理单位是指具有法人资格、并取得交通主管部门颁发的公路工程施工监理资质证书，从事工程监理业务的经济组织。少了具有法人资格这个要素，因此是不对的。

B. 正确。我国公司制监理企业就分为上述两种形式。

C. 交通运输部负责公路工程专业甲级、乙级监理资质和公路工程专业特殊独立大桥专项、特殊独立隧道专项、公路机电工程专项监理资质三个专项的行政许可工作。省级交通主管部门负责公路工程专业丙级监理资质的行政许可工作。

D. 监理有限责任公司，是指由2个以上、50个以下的股东共同出资，股东以其所认缴的出资额对公司行为承担有限责任，公司以其全部资产对其债务承担责任的企业法人。

监理有限责任公司有如下特征。

（1）公司不对外发行股票，股东的出资额由股东协商确定。

（2）股东交付股金后，公司出具股权证书作为股东在公司中拥有的权益凭证。这种凭证不同于股票，不能自由流通，必须在其他股东同意的条件下才能转让，且要优先转让给公司原有股东。

（3）公司股东所负责任仅以其出资额为限，即把股东投入公司的财产与其个人的其他财产脱钩。公司破产或解散时，只以公司所有的资产偿还债务。

（4）公司具有法人地位。

（5）在公司名称中必须注明有限责任公司字样。

（6）公司股东可以作为雇员参与公司经营管理，通常公司管理者也是公司的所有者。

（7）公司账目可以不公开，尤其是公司的资产负债表一般不公开。

答案： BD

【案例2】监理单位和监理人员违规行为处罚。

××监理公司通过投标，获得某二级公路的施工阶段监理业务，与业主签订了监理合同。在项目监理过程中，发生了以下情况。

事件1：经检验，一批钢筋力学性能指标低于国家合格标准，监理人员认为问题不大，就按合格进行了签字。使用后，共造成四个盖梁的质量达不到设计标准，作报废处理，直接经济损失达25万元。

事件2：发现桥梁墩柱支架安全事故隐患立即要求承包人整改，施工单位拒不整改也没有停止施工，监理未及时向有关主管部门报告。

质检部门检查发现了上述违规行为，对监理责任人进行了处罚。

问题：

1. 根据相关法规，出现上述违规行为应对监理单位进行何种处罚？
2. 根据相关法规，出现上述违规行为应对监理责任人进行何种处罚？

分析：

1. 要求对监理人员、监理单位违规行为的处罚规定要了解，常见的违规行为的处罚要清楚。

（1）《建设工程质量管理条例》第67条规定：工程监理单位有下列行为之一的，责令改正，处50万元以上100万元以下的罚款，降低资质等级或者吊销资质证书；有违法所得的，予以没收；造成损失的，承担连带赔偿责任。

1）与建设单位或者施工单位串通，弄虚作假、降低工程质量的。

2）将不合格的建设工程、建筑材料、建筑构配件和设备按照合格签字的。

显然，事件1中，监理人员的行为违反了第2点。

（2）《建设工程安全生产管理条例》第57条规定：违反本条例的规定，工程监理单位有下列行为之一的，责令限期改正；逾期未改正的，责令停业整顿，并处10万元以上30万元以下的罚款；情节严重的，降低资质等级，直至吊销资质证书；造成重大安全事故，构成犯罪的，对直接责任人员，依照刑法有关规定追究刑事责任；造成损失的，依法承担赔偿责任：

1）未对施工组织设计中的安全技术措施或者专项施工方案进行审查的。

2）发现安全事故隐患未及时要求承包人整改或者暂时停止施工的。

3）施工单位（承包人）拒不整改或者不停止施工，未及时向有关主管部门报告的。

4）未依照法律、法规和工程建设强制性标准实施监理的。

显然，事件 2 中，监理人员的行为违反了第 3 点。

监理工程师受聘于监理单位，从事工程监理业务。工程监理单位是法律上的合同主体。因此，监理工程师工作出现过失，违反了合同约定，其行为将被视为监理单位违约，由监理单位承担相应责任。

2. 要求对监理人员违规行为的处罚规定要了解，常见的违规行为的处罚要清楚。

（1）对事件 1，要分清楚事件的性质严重到什么程度，对照工程质量事故的分类，它属于（三级）一般质量事故。

《建设工程质量管理条例》规定：监理工程师因过错造成质量事故的，责令停止执业 1 年；造成重大质量事故的，吊销执业资格证书，5 年以内不予注册；情节特别恶劣的，终身不予注册。

《建设工程安全生产管理条例》规定：监理工程师未执行工程建设强制性标准的，责令停止执业 3 个月以上 1 年以下；情节严重的，吊销执业资格证书，5 年内不予注册；造成重大安全事故的，终身不予注册；构成犯罪的，依照刑法有关规定追究刑事责任。

（2）《公路建设监督管理办法》规定：因监理单位忽视工程质量和安全管理，造成质量和安全事故的，视情节轻重给予警告、取消其 2 年至 5 年内参加依法必须进行招标项目的投标资格的处罚。

对照上述条例办法，前两个条例的处罚适用于事件 1，事件 2 的处罚参考后一个办法。

答案：

1. 对监理单位的处罚如下。

事件 1：违反了《建设工程质量管理条例》第 67 条第 2 款的规定，将不合格的建设工程、建筑材料、建筑构配件和设备按照合格签字的。对工程监理单位的处罚是：责令改正，处 50 万元以上 100 万元以下的罚款，降低资质等级或者吊销资质证书；造成损失的，承担连带赔偿责任。

事件 2：违反了《建设工程安全生产管理条例》第 57 条第 3 款的规定，对施工单位（承包人）拒不整改或者不停止施工，未及时向有关主管部门报告的，对工程监理单位的处罚是：责令限期改正；逾期未改正的，责令停业整顿，并处 10 万元以上 30 万元以下的罚款；情节严重的，降低资质等级，直至吊销资质证书。

2. 对监理责任人的处罚如下。

事件 1：事件 1 造成了一般质量事故。

1）根据《建设工程质量管理条例》规定，因过错造成质量事故的，对责任监理工程师责令停止执业 1 年。

2）根据《建设工程安全生产管理条例》规定，监理工程师未执行工程建设强制性标准的，责令停止执业 3 个月以上 1 年以下。

事件 2：事件 2 属于一般质量问题，尚未达到处罚程度。应由质检部门或业主对失职监理人员进行警告、给予通报批评等处分。

案例总结

公路工程监理单位的监理资质分为甲级、乙级、丙级三个等级和特殊独立大桥专项、特殊独立隧道专项、公路机电工程专项；监理单位应当按照其获得的资质等级和业务范围开展监理业务。

本节的主要内容有监理单位的组织形式与设立；监理单位资质的构成要素、等级划分及管理；监理单位经营活动的基本准则；监理单位违规行为的处罚。重点掌握监理单位经营活动的基本准则、监理单位违规行为的处罚。

监理单位违规行为的处罚在相关的法律法规和部门规章中都有明确的规定，有兴趣了解的学生可查看相关的法律法规和部门规章中的条款，知道哪些方面是不可为的，增加对法律法规和部门规章的敬畏教育。

本章小结

本章介绍了监理工程师概念、素质要求、法律地位与法律责任、职业道德准则、监理工程师在施工阶段各方面监理的职责，监理工程师的资格与岗位登记，监理单位的概念、组织形式、资质管理，以及监理单位经营活动的基本准则。学习了解监理工程师的分类、业务素质及监理单位的组织形式、资质等级和业务范围。

应该重点熟悉和掌握监理工程师的职业道德准则、施工阶段各方面监理的职责以及监理单位经营活动的基本准则。

 自我测评

一、判断题

1. 监理工程师有权监督承包人进入本工程的主要技术和管理人员的构成。（   ）
2. 监理工程师在工程开工后即可核算工程量清单、负责对已完工程进行计量。（   ）
3. 监理工程师是施工合同文件中授权承担工程监理工作的个人。（   ）
4. 对于不符合合同质量要求的工程，监理工程师应经业主批准后才可以要求承包人返工或采取补救措施。（   ）
5. 监理单位从事工程监理活动，应当遵循"严格监理、热情服务、秉公办事、一丝不苟"的基本准则。（   ）
6. 由于监理工程师出现过失，违反合同的约定，其行为将被视为监理单位违约，由监理单位承担相应的违约责任。（   ）
7. 获得公路工程专业乙级监理资质，可在全国范围内从事一、二、三类公路工程、桥梁工程、隧道工程项目的监理业务。（   ）

二、单项选择题

1. 监理工程师是一种（   ）。
   A. 荣誉称号　　　　B. 岗位职务　　　　C. 行政职务　　　　D. 技术职务
2. 下列行为要求中，既属于监理工程师职业道德又属于监理工程师义务的是（   ）。

A. 不收受被监理单位的任何礼金

B. 保证执业活动成果的质量，并承担相应责任

C. 不泄露与监理工程有关的需要保密的事项

D. 坚持独立自主地开展工作

3. 在业主授予监理工程师的必要的权力中，以（　　）最重要。

A. 技术上的核定权　　　　　　　B. 工程质量确认与否决权

C. 工程进度确认与否决权　　　　D. 工程款支付与结算的确认与否决权

4. 总监理工程师应履行的职责是（　　）。

A. 签署工程计量原始凭单　　　　B. 编制各专业的计量实施细则

C. 负责合同争议调解　　　　　　D. 负责各专业监理资料的收集、汇总和整理

5. 监理单位经营活动应当遵循其基本原则。加强企业（　　）是完善我国工程监理制度的重要保证。

A. 信用管理　　B. 经济管理　　C. 技术管理　　D. 行政管理

6. 《建设工程安全生产管理条例》规定：监理工程师未执行法律、法规和工程建设强制性标准的，责令停止执业 3 个月以上 1 年以下；情节严重的，吊销执业资格证书，（　　）时间内不予注册；造成重大安全事故的，终身不予注册。

A. 1 年　　　　B. 2 年　　　　C. 3 年　　　　D. 5 年

7. 公路、桥隧甲级监理单位的监理业绩是承担过（　　）项以上的公路、桥隧工程的施工监理。

A. 2　　　　　B. 3　　　　　C. 4　　　　　D. 5

三、多项选择题

1. 根据《公路工程施工监理规范》（JTG G10—2016）的要求，监理工程师的职权包括（　　）。

A. 质量监理　　　　　　B. 进度监理　　　　　　C. 施工安全监理

D. 施工环境保护监理　　E. 费用监理

2. 《公路工程施工监理规范》（JTG G10—2016）中所指的监理工程师包括（　　）。

A. 总监理工程师　　　　B. 专业监理工程师　　　C. 驻地监理工程师

D. 监理员　　　　　　　E. 总工程师

3. 以下桥梁工程属于一类监理等级的有（　　）。

A. $3 \times 30 + 90 + 200 + 90 + 3 \times 30$

B. 16×50

C. 20×50

D. $2 \times 40 + 88 + 160 + 88 + 2 \times 40$

E. $2 \times 20 + 60 + 120 + 60 + 3 \times 20$

4. 公路工程监理工程师按岗位职务不同，通常可分为（　　）。

A. 主任监理工程师　　　B. 专业监理工程师　　　C. 试验监理工程师

D. 总监理工程师　　　　E. 驻地监理工程师

5. 新设立的监理单位，应当在（　　）后，方可到交通行政主管部门办理资质申请手续。

A. 其主管部门同意
B. 取得企业法人营业执照
C. 达到规定的监理业绩
D. 达到规定的年限
E. 明确了监理业务范围

6. 监理单位按照其拥有的（　　）等资质条件申请资质。
A. 监理人员数量　　　　　B. 专业技术人员　　　　　C. 注册资本
D. 监理业绩　　　　　　　E. 成立年限

7. 下列内容中，属于监理股份有限公司特点的是（　　）。
A. 应当有5个以上发起人
B. 公司以其全部资产对公司债务承担责任。
C. 公司管理者通常是公司的所有者
D. 公司管理实行两权分离
E. 公司账目可以不公开

四、复习思考题

1. 何谓监理工程师？监理工程师应具备哪些素质？
2. 监理工程师应遵守哪些职业道德准则？
3. 为何要实行监理工程师资格考试制度？
4. 报考监理工程师应具备哪些条件？
5. 我国对监理工程师岗位登记有何要求？
6. 设立监理单位应具备哪些条件？
7. 监理单位资质等级有几种？各种等级的行政许可权限和许可期限是如何规定的？
8. 监理单位出现违规行为应如何处理？

启示园地

"梯子"故事引发的感悟

在青岛啤酒集团某生产车间的一个角落，因工作需要放着一把梯子，使用时就将梯子支上，不使用时就将梯子移到旁边。为防止梯子倒下砸伤人，工作人员特地在梯子上贴了一个小条幅："请留神梯子，注意安全。"这件事谁也未放在心上，几年过去了，也未发生梯子砸人的事件。一天，外方代表来洽谈合作事项，外方代表来到这个梯子前驻足良久，其中一位熟悉汉语的专家提议，将条幅改为："不用时请将梯子放倒。"

这个"梯子"的故事给我们带来的感悟是：都是九个汉字，但含义却有本质的不同，都在讲安全，但前者仅仅是提醒注意，而后者却是完全排除了潜在的危险。

第三章

工程监理组织

 学习目标

了解：组织的含义和作用；工程项目承发包的组织模式。

熟悉：组织设计的原则；组织结构的基本模式；建立工程项目监理机构的步骤；公路工程项目监理机构的四种组织模式；公路工程项目监理机构中监理试验、检测、测量仪器设备和交通工具、通信、照相、摄像、办公设施设备的配备。

掌握：公路工程项目监理机构的设置；公路工程项目监理机构人员配备的数量和结构要求；公路工程项目监理机构中各类监理人员的基本职责分工。

 内容概要

精干、高效的监理机构是实现工程监理目标的保证。为了完成监理合同约定的施工监理工作，就要设立监理机构。本章在介绍组织基本原理的基础上，重点介绍项目监理机构的设置、建立的步骤、组织结构形式、监理人员岗位职责等。通过本章的学习，要求熟悉建立工程项目监理机构的程序、监理机构的基本组织模式，掌握公路工程项目监理机构的设置、监理人员配备的数量及各类监理人员的基本职责分工。

工程监理组织

 先导案例

某监理公司承接了一条长 20km 的一级公路的施工监理任务，施工标段分为两个。签订监理合同后，监理单位即安排监理人员进场，开始组建项目监理机构。并及时与业主、施工单位进行了项目工作沟通。

问题：

1. 项目监理机构属于什么性质的机构？它属于一个组织吗？为什么？
2. 组建项目监理机构的步骤有哪些？

分析：

1. 项目监理机构是指由监理单位派出，并代表监理单位履行监理合同的现场监理组织。项目监理机构实行总监负责制。

一个机构是否属于组织，主要看它是否符合组织的特性或含义。所谓组织，是人们为了特定的目标，将全体参加者分工协作地加以编制，相互结合，指定职位，明确责任，分工合作，协调行动的人工系统及其运转过程。根据上述组建项目监理机构的步骤来看，很明显，项目监理机构属于组织。

有关组织的概念、原则、组织结构的基本模式等内容将在第3.1节中学习到。

2. 监理单位与业主签订监理合同后，在开始开展项目监理工作之前，首先就必须在施工现场组建项目监理机构。项目监理机构的设置、监理机构的组织模式、项目监理机构人员要求，以及项目监理机构中各类监理人员的基本职责分工等内容将在第3.2节中学习到。

3.1 组织的基本原理

所谓组织，是人们为了特定的目标，将全体参加者分工协作地加以编制，相互结合，指定职位，明确责任，分工合作，协调行动的人工系统及其运转过程。

组织的含义包含四层意思：一是组织必须具有目标。任何组织均为目标而存在，目标是组织存在的前提，是组织活动的出发点和落脚点。二是组织必须有适当的分工与协作。没有分工与协作不能称为组织，只有把分工与协作结合起来，才能产生较高的集团效率。三是组织要有不同层次的权利和责任。要想完成一项任务，必须赋予人员完成该任务的权利，同时又必须附有相应的责任。四是组织内部要设立必要的部门机构。在运转过程中，确保对所需要的一切资源以有序、有机、富有成效的方式进行合理配置，才能保证组织的生存、稳定与发展。

组织作为生产要素之一，具有不能被其他生产要素替代、能使其他生产要素合理配置、可以提高其他生产要素的使用效益的特点。

【例1】组织的构成要素、组织设计的原则。

组织设计就是对组织活动和组织结构的设计过程，是管理者在系统中建立最有效相互关系的一种合理化的、有意识的过程。组织设计的结果是形成组织结构。组织结构就是组织内部各部分之间所确定的较为稳定的相互关系和联系方式。有效的组织设计在提高组织活动效能方面起着重大的作用。

问题：

1. 简述组织的作用。
2. 组织的构成要素有哪些？试对各构成要素的内容进行阐述。
3. 组织设计的原则是什么？

分析：

1. 组织的重要作用

（1）能为组织内部所有的成员提供明确的指令，使每个成员都能按时、按质和按量地完成自己的任务。

（2）能使每个成员了解自己在组织中的工作关系和他的隶属关系，有助于组织内部的分工与合作，使组织活动更具有秩序性和预见性。

（3）有助于及时总结组织活动的成功经验和失败教训，及时协调与改善组织结构，使组织成员的职责范围更加明确合理，以适应形势、环境的变化和发展，从而提高组织的竞争能力和综合效益。

（4）使每个成员不仅明确完成工作任务的职责和义务，而且了解自己应有的权利，并能正确地运用。这样在实现组织目标的同时也满足成员的需要，从而增强成员的向心力、自信心和锐意进取精神。

2. 组织的构成因素

组织构成一般是上小下大的形式，由管理层次、管理跨度、管理部门、管理职能四大因素组成。各因素是密切相关，相互制约的。

（1）管理层次。管理层次是指从组织的最高管理者到最基层的实际工作人员之间的等级层次的数量。

管理层次可分为4个层次，即决策层、协调层、执行层和操作层。决策层的任务是确定管理组织目标和大政方针以及实施计划，它必须精干、高效；协调层的任务主要是参谋、咨询职能，其人员应有较高的业务工作能力；执行层的任务是直接调动和组织人力、财力、物力等具体活动内容，其人员应有实干精神并能坚决贯彻管理指令；操作层的任务是从事操作和完成具体任务，其人员应有熟练的作业技能。这4个层次的职能和要求不同，标志着不同的职责和权限，同时也反映出组织机构中的人数变化规律。

组织的最高管理者到最基层的实际工作人员权责逐层递减，而人数却逐层递增。

如果组织缺乏足够的管理层次，其运行将陷于无序的状态。因此，组织必须形成必要的管理层次。不过，管理层次也不宜过多，否则会造成资源和人力的浪费，也会使信息传递慢、指令走样、协调困难。

（2）管理跨度。管理跨度是指一名上级管理人员所直接管理的下级人数。在组织中，某级管理人员的管理跨度的大小直接取决于这一级管理人员所需要协调的工作量。管理跨度越大，领导者需要协调的工作量越大，管理的难度也就越大。因此，为了使组织能够高效地运行，必须确定合理的管理跨度。

管理跨度的大小受很多因素影响，它与管理人员性格、才能、个人精力、授权程度以及被管理者的素质有关。此外，还与职能的难易程度、工作的相似程度、工作制度和程序等客观因素有关。确定适当的管理跨度，需积累经验并在实践中进行必要的调整。

（3）管理部门。组织中各部门的合理划分对发挥组织效应是十分重要的。如果部门划分不合理，会造成控制、协调困难，也会造成人浮于事，浪费人力、物力、财力。管理部门的划分要根据组织目标与工作内容确定，形成既有相互分工又有相互配合的组织机构。

（4）管理职能。组织设计确定各部门的职能，应使纵向的领导、检查、指挥灵活，达到指令传递快、信息反馈及时。组织设计还应使横向各部门间相互联系、协调一致，使各部门有职有责、尽职尽责。

3. 有效的组织设计应该遵循下列原则

（1）目的性的原则。组织结构设置的根本目的，是为了产生组织功能，确保系统总目标的实现。从这一根本目的出发，应因目标设事，因事设机构、定编制，按编制设岗位、定人员，以职责定制度。

（2）管理跨度与管理层次统一的原则。管理跨度亦称管理幅度，是指一个主管人员直接管辖下属人员的数量。管理跨度大，管理人员的接触关系增多，处理人与人之间关系数量随之增大。

因此，在进行组织设计时，必须使管理跨度适当，而跨度大小又与管理层次多少有关。管理跨度与层次划分的多少成反比，即层次多，则跨度小；层次少，则跨度大，这就需要根据领导者的能力和项目的大小、下级人员能力、沟通程度、层次高低进行权衡。一般来说，在设计工程项目监理机构的过程中，应该通盘考虑影响管理跨度的各种因素，并在实际运用中根据具体情况确定管理层次。

(3) 集权与分权统一的原则。集权就是把权力相对集中于高层管理者。集权的主要优点是便于组织的集中统一管理，能够有效地系统安排各种资源，统一指挥各项活动，统一协调各部门之间的关系，有利于充分发挥高层管理者的聪明才智和工作能力。它的缺点是由于统得过死，限制了下属管理者的主动性和创造性；由于组织层次多，延长了组织的纵向指令和信息沟通的渠道，降低了管理灵活性，增大了管理的难度，且难以培养出综合业务能力强的管理人才。

分权是授权的扩大，就是赋予下属管理者工作时所应有的权力。分权的优点是能激发各级管理人员的积极性、主动性和创造性，对客观情况的变化能迅速做出反应，有利于各级管理人员发挥才干和早期成熟，并使最高管理层摆脱日常事务，集中精力于重大决策的研究。分权的缺点主要是容易产生协调困难、各自为政、本位主义现象。

集权与分权的关系是辩证关系。集权的程度应以积极发挥下属管理者的主动性、激发组织的活力为准；分权的限度应以上级管理者能有效控制下属管理者为限。应当注意的是上级管理者不要越级指挥，否则对能力强的人产生不信任感，使其离心离德；对能力差的人则培养出无能的下属。

(4) 责、权、力、效、利相匹配的原则。责、权、力、效、利相匹配的原则是组织设计的一个极为重要的原则。这一原则要求职责要明确，权力要对应，能力要相当，效益要界定，利益要挂钩。理论研究和实践都证明有责无权（或责大权小）会出现指挥不灵，组织不能正常运行的现象；有权无责容易产生瞎指挥和滥用权力，从而破坏组织活动与组织系统的效能；有职有权而能力、素质差，特别是政治、道德素质低劣的人，会背离组织目标，搞乱组织活动，整垮组织结构；利益不能与责任、权力发生固定关联，而应与工作业绩、效益直接挂钩，且奖惩要分明，要兑现，否则会严重挫伤大家的积极性，使组织失去活力。

(5) 统一指挥的原则。即一个人只能接受同一个指示命令，若需接受两个以上的上级领导同时指挥时，则应对下达的指令形成统一意见，以防出现多头指挥，使下级无所适从。多头指挥对管理组织危害极大，现代组织管理中出现的许多问题都是由于违反这一原则。但由于现代工程建设的复杂性及相应的管理组织结构较复杂，完全只有单头指挥是不现实的，这就需要加强领导人之间的相互沟通，以及在出现指挥矛盾时的及时协调。

(6) 适应性原则。组织机构所面临的管理对象和环境是变化的，不变是相对的，变化是绝对的。因此，组织机构不应该是僵死的"金字塔"结构，而应该是具有一定适应能力的"太阳系"结构。这样，才能在变化的客观世界中立于不败之地。也就是说，组织机构既要有相对的稳定性，不要总是轻易变动，又要随组织内部和外部条件的变化，根据长远目标做出相应的调整与变化，使组织机构具有一定的适应性和灵活性。

（7）权责一致的原则。在组织机构设计过程中，应明确划分各部门和岗位的职责与权力范围，做到责任和权力相一致。从组织结构的角度来看，一定的人总是在一定的岗位上担任一定的职务，这样就产生了与岗位职务相适应的权力和责任，只有做到有职、有权、有责，才能使组织机构正常运行。权责不一致就会损害组织的效能。权大于责容易产生随意指挥、滥用权力的问题；责大于权就会影响管理人员的积极性、主动性和创造性，使组织缺乏活力。

（8）经济效率原则。组织机构设计必须将经济性和高效率放在首位。组织结构中的每个部门、每个人员为了一个统一的目标，应组合成最适宜的结构形式，实行最有效的内部协调，减少重复和扯皮。

【例2】组织结构的基本模式。
矩阵式监理组织形式的主要优点是（　　）。
A．权力集中、隶属关系明确　　　　　　　B．命令统一，决策迅速
C．发挥职能机构的专业管理作用　　　　　D．机动性大，适应性好

分析：
组织结构的基本模式有直线式、职能式、直线职能式和矩阵式。下面全面地对每种模式及其优缺点进行说明。

1. 直线式

直线式组织又称军队式组织，是组织发展初期的一种最早最简单的结构模式。这种组织结构的基本特点是：组织内不设职能部门，权力自上而下按垂直系统直线排列，一级服从一级，下一级只对顶头上司负责，组织结构呈金字塔形，如图3-1所示。这种模式具有结构简单、职责分明、权力集中、命令统一、决策迅速、指挥灵便、隶属关系明确等优点，但也存在结构呆板、专业分工差、横向联系困难、对高层管理者要求较高等缺点。这种模式适用于技术简单、专业不细的中小型项目或大型项目的分级管理。

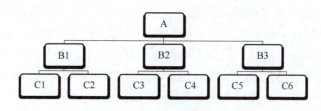

图3-1　直线式结构示意图

2. 职能式

职能式组织亦称参谋式组织，这是一种注重发挥专业职能机构作用的组织形式。这种组织结构是将职能授予不同专业部门，上级职能部门对下级也拥有指挥权，上级有权对下级部门或个人直接命令和指导，其组织结构如图3-2所示。

这种组织形式适应工作内容复杂、技术专业化强、管理分工较细的企业组织，其优点是能专业化分工，人才资源分配方便，有利于发挥人员的专业特长，处理专门性问题水平高。

它的缺点是在实际管理中易造成政出多门，责任不清，指令互相矛盾，协调困难。这种模式用于工作内容多、技术专业化强、管理分工较细的项目。

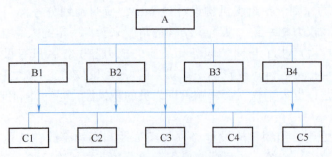

图 3-2　职能式结构示意图

3. 直线职能式

直线职能式亦称直线参谋式。这是吸收了直线式组织模式和职能式组织模式的优点而构成的一种组织模式。这种形式的特点是设有两套系统：一套是按命令统一原则设置的组织指挥系统，它们可以对下级发号施令；一套是按专业化原则设置的组织职能系统，它们是直线指挥人员的参谋，只能对下一级机构进行业务指导，不能对下级发号施令。其组织结构如图 3-3 所示。

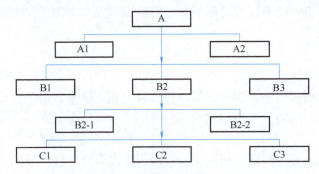

图 3-3　直线职能式结构示意图

这种模式综合了直线式和职能式的优点：集中领导、统一指挥，便于人、财、物的调配，分工合理、任务明确、办事效率高；组织秩序井然，稳定性较高，能较好地发挥组织的整体效率。这种组织结构的缺点：信息系统差，各部门之间、职能人员与指挥人员之间目标不易统一，易产生矛盾，因此组织机构应注意职能部门和指挥部门之间的协调，使组织迅速适应新的情况，步调一致。这种模式适用范围较广泛。

4. 矩阵式

矩阵式是现代大型项目管理中应用最为广泛的新型组织形式。这种组织形式将专业职能和项目职能有机结合起来，发挥专业职能部门横向优势和项目组织的纵向优势，形成了一种横向职能机构和纵向项目机构相交叉的"矩阵"式组织形式，如图 3-4 所示。

矩阵式组织结构模式的最大优点：它是一种弹性组织结构，公司经理 A 对横向职能系统 B（B1、B2、B3……）和纵向项目系统 C（C1、C2、C3……）均有较灵活的指挥权，它能充分适应项目资源在时间、空间上投入的不均衡性这一特点，根据 B、C 的不同情况和要求，随时灵活地按时、按量、按比例投入或调出必要的人力、材料、设备、资金等资源；它加强了各职能部门的横向联系，具有较大的机动性和适应性；它把上下左右集权与分权实行最优的结合，有利于解决复杂难题；它让每个管理人员同时受纵、横两方面管理部门的领

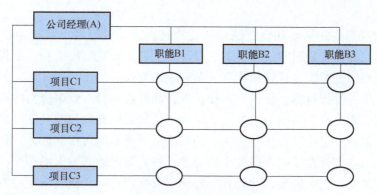

图 3-4 矩阵式结构示意图

导，容易沟通信息，强化协调、提高效率。

其缺点是权力纵横交叉，命令源不唯一，纵横向协调工作量大，处理不当会造成扯皮现象；部门关系较为复杂，当纵横双方意见分歧时，纵向领导往往难以开展工作，当事者更会觉得无所适从；管理人员受双重领导，职责不清。因此，矩阵式需要在水平和垂直方向有良好的沟通与协调配合，且对整个企业组织和项目组织的管理水平、工作效率和组织渠道的畅通都提出了较高的要求。此种模式适用于现代化大型复杂项目或多个同时进行的项目管理。

 案例分析

组织设计的原则、组织结构模式。

某项目监理机构设计了如图 3-5 的监理组织模式。

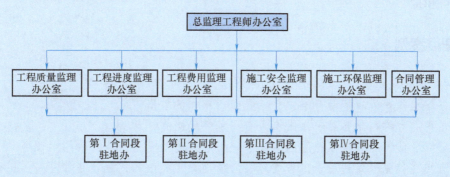

图 3-5 监理模式

问题：

1. 组织设计的原则有哪些？
2. 下列（　　）属于该监理模式的特点。

A. 权力集中，完全统一　　　　　　B. 多头领导易造成职责不清
C. 发挥职能机构的专业管理作用　　D. 有利于管理人员业务能力的培养
E. 目标控制分工明确

分析：

1. 组织设计是对组织活动和组织结构的设计过程，是管理者在系统中建立最有效相互关系的一种合理化的、有意识的过程，组织设计的结果是形成组织机构。组织机构就是组织内部各部分之间所确定的较为稳定的相互关系和联系方式。

组织设计也是一种把目标、任务、责任、权力和利益进行有效组合与协调的活动。组织设计的结果是按照职责分工明确、指挥灵活统一、信息灵敏准确和精兵简政的要求，合理设置机构，配置人员，并建立以责任制为中心的科学的、严格的规章制度，且使组织具有思想活跃、信息畅通、富有弹性和追求高效率的特点，最大限度地激发人的积极性、主动性和创造性，最大限度地发挥组织的集体功能，更好地实现组织目标，使组织更具有适应生存并日益发展的生命力。为此，组织设计应该遵循下列原则。

（1）目的性的原则。
（2）管理跨度和分层统一的原则。
（3）集权与分权相结合原则。
（4）责、权、力、效、利相匹配的原则。
（5）统一指挥的原则。
（6）适应性原则（弹性原则）。
（7）权责一致的原则。
（8）经济效率原则。

2. 从知识学习里，我们知道这种模式属于职能式组织模式，回忆一下职能式组织模式的概念和优缺点，就会很容易得出答案。A 属于直线式模式的特点，B 属于职能式模式的缺点，C 发挥职能机构的专业管理作用是职能式模式的本质特征，D 不属于职能式模式的特点，E 属于职能式模式的特点，各个岗位目标控制分工明确。

答案： BCE

拓展案例

> 下列关于组织的说法，其中正确的说法是（　　）。
> A. 任何组织均为目标而存在，目标是组织存在的前提
> B. 在生产力的几个要素中，组织具有不可替代性的特点
> C. 组织设计的统一指挥的原则，要求一个人只能接受同一个人的指示命令
> D. 直线式组织模式适用于工作内容多、管理分工较细的工程项目管理
> E. 矩阵式组织的命令源有两个，分别来自职能部门和项目部门

答案： ABE

案例总结

本节主要介绍组织的基本原理：组织的概念及含义，组织构成因素，组织设计的原则，组织结构的基本模式，重点是组织设计的原则、四种组织结构的基本模式及其优缺点。学习并掌握这部分知识，为下面组建精干、高效的项目监理机构提供理论指导。对组织管理有兴

趣的学生，可进一步深入学习组织管理的相关知识。

3.2 公路工程项目监理机构

知识学习

监理机构是指由监理单位派出，并代表监理单位履行监理合同的现场监理组织。监理单位与业主签订监理合同后，在实施工程监理之前，应在施工现场组建项目监理机构。

【例1】监理机构的设立，监理机构的组织模式。

某高速公路工程建设项目，其中包括特大桥1座、路基路面工程20km。建设单位将桥梁工程和道路工程分别发包给了两家施工单位，签订了施工合同。

某监理公司承接了该项目的施工监理任务，签订监理合同后，监理单位即安排监理人员进场，开始组建项目监理机构。

问题：

1. 项目监理机构通常有哪几种？各自的适用范围是什么？并画出监理机构的框图。
2. 设立项目监理组织机构的步骤有哪些？
3. 说明项目监理机构模式的种类及各模式的特点。

分析：

1. 监理机构的组织形式和规模，应根据监理合同规定的监理服务内容、服务期限、工程项目组成、工程规模、技术复杂程度、现场条件等因素确定。根据具体情况可设置一级监理机构或二级监理机构。

（1）一级监理机构：即只设置总监理工程师办公室（简称"总监办"）。

（2）二级监理机构：即同时设置总监理工程师办公室和驻地监理工程师办公室（简称"驻地办"）。

《公路工程施工监理规范》（JTG G10—2016）要求，监理机构设置应符合下列规定：公路工程项目监理均应设总监办。100 km以上的高速公路、一级公路工程可设置二级监理机构。当不设驻地办时，总监办应同时履行本规范规定的驻地办职责。

（1）一级监理机构。对于工程规模不大，且施工内容相对比较单一的工程，或独立大桥、隧道，一般设置一级监理机构即总监理工程师办公室，通过若干合同段监理工程师来完成该项目的监理任务，如图3-6所示。

图3-6 一级监理机构

（2）二级监理机构。对于工程规模较大或工程施工内容较为复杂，存在两个独立工程项目或设置了不止一个监理合同段时，可以设置二级监理机构，即总监办和驻地办，如图3-7所示。

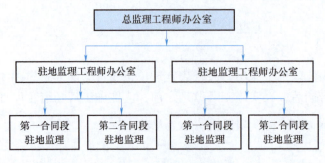

图3-7 二级监理机构

2. 监理单位组建项目监理机构，一般按以下步骤进行。

（1）确定工程监理目标。工程监理目标是项目监理机构设立的前提，应根据工程监理合同中对监理工作服务内容、服务期限、职责权限等的规定确定监理总目标，再明确划分为具体的分目标，形成项目管理目标体系。

（2）确定工作内容。根据监理目标和监理合同中规定的监理任务，明确列出监理工作内容，并进行分类、归并及组合，这是一项重要的组织工作。对各项工作进行归并及组合应以便于监理目标控制为目的，并考虑监理项目的规模、性质、工期、工程复杂程度以及监理单位自身技术业务水平、监理人员数量和素质、组织管理水平等。

（3）组织结构设计

1）确定组织结构模式。根据工程项目规模、性质、建设阶段等不同，可以选择不同的监理组织结构模式以适应监理工作的需要。结构模式的选择应考虑有利于项目合同管理，有利于目标控制，有利于决策指挥，有利于信息沟通。

2）合理确定管理层次与管理跨度。监理组织结构中一般应有三个层次。

① 决策层由总监理工程师或其助手组成，应能根据工程项目的监理活动特点与内容进行科学化、程序化决策。

② 中间控制层（协调层和执行层）是承上启下的管理层次，由驻地监理工程师和专业监理工程师组成，具体负责监理计划的落实、目标控制及合同管理。

③ 作业层（操作层）由监理员等组成，具体负责监理工作的操作。

项目监理机构中管理跨度的确定应考虑监理人员的素质、管理活动的复杂性和相似性、监理业务的标准化程度、各项规章制度的建立健全情况、建设工程的集中或分散情况等，按监理工作的实际需要确定。

3）监理机构部门划分。项目监理机构中应依据监理机构目标、监理机构可利用的人力和物力资源以及合同结构情况合理划分各职能部门。按费用监理、进度监理、质量监理、安全与环保监理、合同其他事项管理、组织协调等监理工作内容形成相应的管理部门。

4）制订岗位职责与考核要求。岗位职务及职责的确定，要有明确的目的性，不可因人设岗。根据责权一致的原则，应进行适当的授权，并明确相应的职责。监理人员岗位职责主要规定各类人员的工作职责和考核要求。在工作职责中又分为应完成的工作指标和基本责任。在考核要求中又可分为考核标准和完成时间，对监理人员的工作进行定期考核，包括考核内容、考核标准及考核时间、奖惩办法等。

5）配备监理人员。根据监理合同和监理工作的任务，按照合同约定配备各层次相应岗位的监理人员。配备监理人员除应考虑监理人员个人素质外，还应考虑总体的合理性与协调性。

（4）制订工作流程。监理工作流程是根据监理工作制度对监理工作程序所做的规定，它是监理工作科学、有序、高效和规范化进行的基本保证。

3. 工程项目监理机构的组织模式

工程项目监理机构的组织模式应根据工程项目的特点、工程项目承发包模式、业主委托的任务以及监理单位自身情况而确定。在工程监理实践中，常见的监理机构组织模式一般分为：直线式、职能式、直线职能式和矩阵式4种。

（1）直线式监理组织模式。这种组织模式的特点是项目监理机构中不设置专业职能部门，任何一个下级只接受上级的命令。各级部门主管人员对所属部门的问题负责，项目监理机构中不再另设职能部门，如图3-8所示。

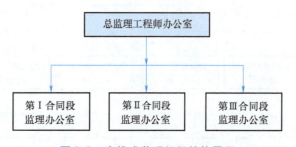

图3-8 直线式监理组织结构图示

直线式监理组织模式具有结构简单、职责分明、权力集中、命令统一、指挥灵便、隶属关系明确等优点，每一个部门只有唯一命令源，避免了由于矛盾的指令而影响组织系统的运行。缺点是存在专业分工差、横向联系困难、对高层管理者要求太高等。这种组织结构不适应生产技术较为复杂、生产专业化的需要。另外，该模式指令路径过长可能会影响组织系统的正常运转。

（2）职能式监理组织模式。职能式监理组织模式，是在监理机构内设立一些职能部门，各职能部门在本职能范围内和指挥部门一样，都有权对下级部门发布命令。

此种组织模式的主要优点是加强了项目监理目标控制的职能化分工，可以充分发挥监理机构内各专业职能部门的作用，提高管理效率，减轻总监理工程师的负担。但由于下级部门可能同时得到指挥部门和职能部门下达的工作指令，常常会出现政出多门，指令相互矛盾，会使下级部门在工作中无所适从，对监理机构管理机制的有效运行会产生影响。因此，设置时，必须注意各专业职能部门的职责与权限划分，以避免各职能部门间职责不清，协调困难，如图3-9所示。

（3）直线职能式监理组织模式。这种组织模式既保持了直线式组织统一指挥、职责清楚的优点，又保持了职能式组织目标管理专业化的优点。公路工程监理组织采用此种组织模

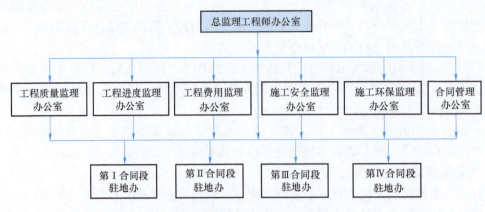

图 3-9 职能式监理组织结构图示

式,既可以发挥监理机构内各专业职能部门的作用,又可以发挥上级机构的领导、协调作用,如图 3-10 所示。我国世界银行贷款公路项目的监理组织普遍采用此种组织模式。

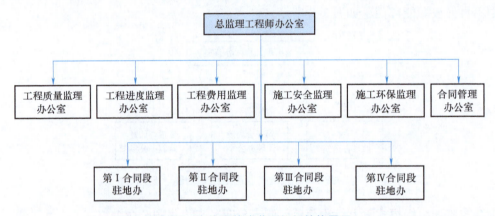

图 3-10 直线职能式监理组织结构图示

该模式的缺点是职能部门与指挥部门易产生矛盾,信息传递线路长,不利于互通情报。

(4)矩阵式监理组织模式。随着公路工程建设事业的发展,工程监理单位不断涌现、壮大。当监理单位承担一个大型项目或同时承担多个项目,对专业技术和管理人才需求量很大而单位人才资源又有一定限度,且复杂项目又要求多部门、多专业配合实施,对人才资源利用率要求很高时,最适合采用矩阵式组织模式,如图 3-11 所示。

这种模式各职能部门的横向联系较强,具有较大的机动性和适应性,而且上下左右集权与分权实行最优结合,有利于集中优势解决复杂难题,有利于监理人员业务能力的培养。这种模式能充分适应工程项目监理人才要素在时间、方位、工序上投入的不均衡性这一特点,优化人力资源,进行动态控制,以保证或协调工程项目在不同阶段的监理要求。缺点是纵横向协调工作量大,处理不当会造成扯皮现象。

工程项目承发包模式与监理模式对项目规划、控制、协调起着重要作用。无论采用哪种监理模式,均应与工程项目承发包的组织模式相协调。工程项目发包与承包的组织模式不同,合同结构不同,监理模式也就不同。不同的模式,有着不同的合同体系和管理特点。在

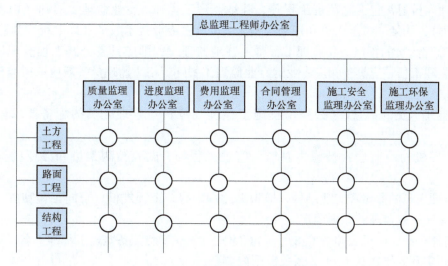

图 3-11 矩阵式监理组织结构图示

工程项目建设实践中，应针对工程项目的实际情况，选择一种对项目组织、费用控制、进度控制、质量控制和合同管理等最有利的监理模式。

【例2】某监理单位承接了一段长 20km 的一级公路的施工监理任务，签订了监理委托合同后，监理单位开始进场组建项目监理机构。根据本工程的实际情况，组建了一级监理机构，按投标文件的承诺配备了监理人员，其中包括总监在内的专业监理人员 25 人，辅助人员 4 人，并按岗位进行了职责分工。根据合同要求，配备了监理工作必需的设施和设备。

问题：
1. 项目监理机构对监理人员配备有哪些要求？
2. 简述监理机构中的各类监理人员的基本职责。
3. 按岗位划分，本例中监理机构中的监理人员构成有哪些？
4. 监理设施和设备一般包括哪几个方面？

分析：
1. 项目监理机构的人员配备

项目监理机构中配备监理人员的数量和结构，应根据监理内容、合同工期、工程规模、工程技术复杂程度、工程环境等因素综合考虑，并应符合监理合同中对监理工作的要求，能体现项目监理机构的整体素质，保证对工程实施有效监理满足监理目标控制的要求。

（1）监理人员的结构。项目监理机构应具有合理的人员结构，包括以下两方面的内容。

1）合理的专业结构，即项目监理机构应由与监理工程的性质及业主对工程监理的要求相适应的各专业人员组成，也就是各专业人员要配套。

2）合理的技术职称结构。为了提高监理效率和经济性，项目监理机构应根据工程项目的特点和监理工作的需要，选择具有相应技术职称的各类监理人员。合理的技术职称结构应是高级职称、中级职称和初级职称应有与监理工作要求相称的比例。

（2）监理人员的构成。我国工程项目监理机构实行总监理工程师负责制，监理机构应配备的监理人员通常包括总监理工程师、驻地监理工程师、专业监理工程师（以上统称为监理工程师），测量、试验人员和现场旁站人员等相关专业技术人员（以上统称为监理员）。

（3）监理人员的资格。总监理工程师、驻地监理工程师应具备公路工程监理工程师资格。专业监理工程师应具备相应专业的专业监理工程师资格。监理员一般应取得监理培训结业证书。

（4）监理人员的数量。《公路工程施工监理规范》对监理人员的配备要求做到以下几点。

1）监理机构中监理人员应由总监、监理工程师、试验检测人员和必要的监理员等组成。

2）监理人员的数量和专业结构，应根据监理内容、工程规模、合同工期和施工阶段等因素，按保证有效监理的原则确定。

3）高速公路、一级公路等宜按每年每7500万元建安费配备监理工程师1名，并可根据工程特点和实际需要在0.8～1.2系数范围内调整。

4）遇重大工程变更等情况，应经建设单位同意后调整监理人员配备，并签订补充协议。

5）监理单位变更总监或监理工程师时，应经建设单位书面同意。

2. 监理机构各类监理人员的基本职责

项目监理机构设置岗位分为总监理工程师、驻地监理工程师、专业监理工程师、监理员及行政文秘人员。监理机构中所有监理人员的职责与其所承担的监理任务密切相关，必须做到在总监理工程师的统一领导下开展工作，既分工负责，又相互配合。监理机构内各级监理人员的职责大致如下。

（1）总监理工程师的职责。工程监理实行总监理工程师负责制。总监理工程师应负责全面履行监理合同中所约定的监理单位的职责。其主要职责应包括以下各项。

1）主持编制监理计划，制订监理机构规章制度，审批监理细则；签发总监办的文件。

2）确定监理机构各部门职责分工及各级监理人员职责权限，协调监理机构内部工作。

3）指导监理工程师开展工作；负责本监理机构中监理人员的工作考核，调换不称职的监理人员；根据工程建设进展情况，调整监理人员。

4）主持审核承包人提出的分包项目和分包人，报业主批准。

5）负责组建监理中心试验室。

6）审批承包人提交的施工组织设计、总体施工进度计划及资金流计划；重要工程材料及配合比。

7）主持召开监理交底会、第一次工地会议，主持工地例会和专题工地会议。

8）签发合同工程开工令、单位工程开工通知单、单位工程或合同工程的暂停令和复工令等重要监理文件。

9）组织审核承包人提交的工程支付申请，签发各类支付证书。

10）审核工程变更和延期及索赔等事宜，签发变更和延期及索赔的有关文件。

11）主持施工合同实施中的协调工作，调解合同争议，必要时对施工合同条款做出解释。

12) 要求承包人撤换不称职或不宜在本工程工作的现场施工人员或技术、管理人员。

13) 审核承包人质量、安全、环保等保证体系文件并监督其实施;审批工程质量缺陷的处理方案;参与或协助业主组织处理工程质量及安全事故。

14) 组织交工验收前的初验;审查合同工程交工验收申请;参与合同工程交工验收和工程竣工验收。

15) 签认合同工程交工结账证书;签发工程缺陷责任终止书。

16) 组织编写并签发监理月报、监理专题报告、监理工作报告。

17) 主持整理工程项目监理资料,编制监理竣工文件。

(2) 驻地监理工程师的职责。驻地监理工程师应按照总监理工程师所授予的职责权限开展监理工作,是执行监理工作的直接责任人,并对总监理工程师负责。其主要职责包括以下各项。

1) 参与编制监理计划,主持编制监理细则。

2) 受总监理工程师委托主持工地例会和专题工地会议。

3) 初审承包人提出的分包项目和分包人,并提出审查意见。

4) 初审承包人提交的施工组织设计、施工进度计划和资金流动计划。

5) 核查进场材料、构配件、工程设备的原始凭证、检测报告等质量证明文件及其质量情况。

6) 审批一般工程原材料和混合料配合比、承包人的机械设备、施工方案。

7) 协助总监理工程师协调参建各方之间的工作关系,按照职责权限处理施工现场发生的有关问题,签发一般监理文件。

8) 审批承包人测量基准点的复测、原地面线测量及施工放样成果。

9) 审核工程计量的数据和原始凭证,确认工程计量结果,预审支付证书。

10) 检验工程的施工质量,并予以确认或否认。

11) 收集和提供变更、延期、索赔及质量和安全事故处理等方面的相关资料,提出初步意见,同时上报总监办。

12) 组织分部、分项工程中间验收和质量评定,签发中间交工证书。

13) 按照职责权限参与工程的质量评定工作和验收工作。

14) 下令使用计日工,同时上报总监办备案。

15) 施工中发生重大问题和遇到紧急情况,及时向总监理工程师报告、请示。

16) 收集、汇总、整理监理资料,编写合同段监理工作报告。

17) 指导、检查专业监理工程师和监理员的工作,必要时可向总监理工程师建议调换监理员。

18) 执行总监理工程师其他的工作指示。

(3) 专业监理工程师的职责。专业监理工程师应按总监理工程师或驻地监理工程师所授的职责权限开展监理工作,其主要职责包括以下各项。

1) 负责编制本专业的监理细则。

2) 负责本专业监理工作的具体实施。

3) 组织、指导、检查和监督本专业监理员的工作,当人员需要调整时,向总监理工程师提出建议。

4）审查承包人提交的涉及本专业的计划、方案、申请、变更，并向总监理工程师或驻地监理工程师提出报告。

5）日常巡视、旁站、抽检，并做好记录。

6）定期向总监理工程师或驻地监理工程师提交本专业监理工作实施情况报告，对重大问题及时向总监理工程师和驻地监理工程师汇报和请示。

7）根据本专业监理工作实施情况做好监理日记。

8）负责本专业监理资料的收集、汇总及整理，参与编写监理月报。

9）核查进场材料、设备、构配件的原始凭证、监测报告等质量证明及其质量情况，根据实际情况认为有必要时对进场材料、设备、构配件进行平行检验，合格时予以签认。

10）负责本专业的工程计量工作，审核工程计量的数据和原始凭证。

（4）监理员的职责。监理员应按监理工程师授予的职责权限开展监理工作，其主要职责应包括以下内容。

1）核实进场原材料质量检验报告和施工测量成果报告等原始资料。

2）检查承包人用于工程建设的材料、构配件、工程设备使用情况，并做好现场记录。

3）设计图纸及有关标准，对承包商的工艺过程或施工工序进行检查和记录，对工序施工质量检查结果进行记录；对工程的重要环节或关键部位及隐蔽工程实施全过程监理。

4）参加审查承包人的施工进度计划和施工方案，并督促检查其执行情况。

5）监督检查承包人的各项试验、测量工作，复核所有试验、测量记录，认定并留下痕迹。

6）初审承包人提交的各种资料和表格，核实承包人提交的工程计量表，提出审查意见。

7）执行监理细则，做好监理日志和填好各种监理图表。

8）授权核查关键岗位施工人员的上岗资格；检查、监督工程现场施工安全和环境保护措施的落实情况，发现异常情况及时向监理工程师报告。

9）授权检查承包人的施工日志和试验室记录。

10）协助专业监理工程师做好日常巡视、旁站、抽检取样等工作，并做好记录。

3. 本项目监理机构为一级监理机构，岗位设置应为总监理工程师、专业监理工程师及监理员（测量、试验人员和现场旁站人员等相关专业技术人员统称为监理员）。监理机构中所有监理人员的职责与其所承担的监理任务密切相关，必须做到在总监理工程师的统一领导下开展工作，既分工负责，又相互配合。

4. 监理设施和设备

公路工程项目一般投资大、施工难度大、质量要求高，监理工作任务繁重，为确保质量控制的检验测试及监理工作的顺利进行，监理机构必须配备足够数量和相应质量水平的监理设施和设备。监理设施和设备一般应包括以下几方面。

（1）试验检测设备。监理工程师要坚持服务的客观性、科学性，要坚持用数据判断工程质量，以达到质量监控的效果。只有把好试验关，通过可靠的试验设备、严格的试验操作和符合规范要求的试验成果才能实现。为此，项目监理机构应根据合同文件的要求成立监理中心试验室，配备数量齐全、质量可靠的试验检测设备。

（2）测量仪器及设备。公路路线的原地面测量、路线的平纵指标、大中桥隧、路基、路面等工程几何尺寸的控制是否符合标准，工程量的收方计量，都必须进行测量检查、验收。为此，配备各类精密的测量仪器和设备（全站仪、水准仪等）是监理工作的重要保证之一。

（3）交通工具及通信设施。公路工程施工路线长、任务重、要求严、时间紧，为了有效地对工程实施监理，随时沟通各方信息，及时协调配合处理问题，监理机构应配置必要的监理用车和通信设施（固定电话、宽带），监理人员应配备手机。

（4）照相、摄像器材。施工现场、施工过程、施工技术以及覆盖前的隐蔽工程和基础状况，都需要一定数量的工程照片或录像作为原始记录和档案保存下来。为此，可视项目情况配置适当的照相、摄像设备。按目前的监理条件，数码相机是监理必须配置的。

（5）办公和生活设施等。为了提高监理工程师及其他人员的工作质量和生活质量，应为他们提供良好的现场工作条件和生活环境。办公设施除一般办公条件（办公桌椅、文具）外，还应配备计算机、打印机、复印机、照相机、摄像机、空调、文件柜、测量仪器、试验设备及必要的气象、环保设备等。生活设施除一般生活用品（床、床上用品）外，还应有电扇、洗衣机、冰箱、消毒柜、彩电等。

（6）气象设备。公路工程施工受气候条件影响较大，监理工程师要随时掌握和记录施工期间的气温及降雨信息，以便要求承包人采取相应的施工措施，避免不必要的损失。同时恶劣的气候条件也是造成承包人提出工程延期的主要因素之一。因此可视现场具体情况设立气象观测人员、配备适当的气象设备。

在有气象台站的地区，各施工合同段的气象资料应由业主、监理工程师与当地气象部门签订合同，由当地气象部门提供距离施工合同段最近的气象站（哨）的气象资料。

（7）环保监测设备。在公路工程的施工过程中，由于公路工程本身特有的性质和一些其他因素，对项目地区环境的影响较大，造成了长期的植被破坏、水土流失等影响，当然还有施工噪声、扬尘等污染。为了有效控制工程施工阶段的环境影响，监理工程师必须督促承包人做好环境保护工作，全过程地监控公路建设中的环境问题。监理工程师必须做好施工现场的环境监测，掌握环境质量动态，随时调整环保监控力度。项目监理机构应配置一些较简便的监测仪器，用于监测空气、地表水、声环境质量。

各种监理设施和设备的规格和数量，应根据工程规模、工程种类、监理工作内容、监理人数及通行条件等实际情况，由监理工程师与业主共同商定，在监理合同文件中列出清单。

监理设施和设备一般应由监理单位配备，业主在监理费中支付设施和设备的折旧费、使用费与维护费等。工程完工后，监理设施和设备的产权归监理单位所有。

案例分析

【**案例1**】项目监理机构的设立、监理机构组织模式。

某高速公路长80km，跨两省，4个施工合同段，其中一座特大桥为一个施工合同段。

问题：

请选择监理组织机构形式，拟定监理组织结构模式的方案，画出结构图，并分析其优、缺点。

分析：

根据该项目的背景材料，项目跨两省，4个施工合同段，而且施工长度达80km。《公路工程施工监理规范》（JTG G10—2016）规定，100 km以上高速和一级公路可设置驻地办，再考虑到该项目跨省，宜设置二级监理机构。

根据该项目的特点，既要考虑按命令统一原则设置的组织指挥系统，又考虑按专业化分工原则设计组织职能系统，显然，选择直线职能式的组织结构模式比较合适。

答案：

宜选择二级监理机构形式，分别是总监办、驻地办。

监理组织结构模式，可以选择直线职能式。它既考虑按命令统一原则设置的组织指挥系统，又考虑按专业化分工原则设计组织职能系统。它结合了直线式、职能式的优点，对公路工程建设项目来讲，一般较合理，对本例亦适宜。

直线职能模式的优点：既可以发挥监理机构内各专业职能部门的作用，又可以发挥上级机构的领导、协调作用；具有集中领导，统一指挥，便于人、财、物力的调配的特点；分工合理，任务明确，办事效率高，组织秩序井然，能较好地发挥组织的整体效率等。但也有信息系统差，各部门之间、职能人员与指挥人员之间目标不一致，易产生矛盾等缺点。其结构图如图3-12所示。

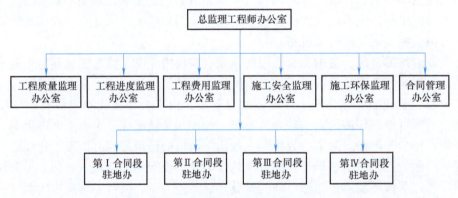

图3-12 直线职能式监理组织结构图示

【案例2】监理机构的人员数量、职责分工。

某高速公路工程建设项目，在某市境内共有75km。JL2监理范围路段包括特大桥1座、路基路面工程12km，工程建安费约9亿元。建设单位将桥梁工程和道路工程分别发包给了两家施工单位，签订了施工合同。

某监理公司承接了该项目JL2的施工监理任务，合同工期为24个月。签订监理合同后，监理单位即安排监理人员进场，开始组建项目监理机构。监理机构共安排了具有监理资格证书的监理工程师8人，监理员8人。明确了总监理工程师为监理单位的最高负责人。根据本工程的具体情况，设置了二级监理机构，设置了桥梁标段驻地办和道路标段驻地办，明确驻地工程师具有以下职责和权限。

（1）签发各类支付证书。
（2）审批施工组织设计。

(3) 审批分部工程开工申请报告,签发分部工程暂停令和复工令。
(4) 审批承包人提出的工程分包项目和分包人。
(5) 进行日常巡视、抽检,并做好记录。

问题:
1. 监理机构的监理工程师人数是否符合要求?
2. 指出驻地工程师职责和权限中的错误之处。
3. 监理工作中还有哪些不当之处?请指出。

答案:

1.《公路工程施工监理规范》第 3.0.4 条对监理人员结构和人员数量有明确规定。90000/7500 = 12(人),考虑到本工程的规模、工程条件等因素,系数不宜低于 1.0,则监理工程师人数不宜少于 12 人。因此,配备的监理工程师人数不符合要求。

监理人员结构:监理工程师 10%、专业监理工程师 40%、监理员 40%、其他 10%。可见,如监理工程师和专业监理工程师人数达到 10 人,配备的监理员 8 人基本符合要求。

2. (1)、(2)、(4)、(5)都是错误的。(1)、(2)和(4)是总监理工程师的职责。(5)是监理员的职责。

3. "明确了总监理工程师为监理单位的最高负责人"这句话是错误的。总监理工程师是项目监理机构的最高负责人。

拓展案例

根据【例2】的背景资料,试回答以下问题。
1. 影响监理机构设置的主要影响因素有哪些?
2. 下列职责中,(　　)是驻地监理工程师的岗位职责?
A. 主持编制监理细则
B. 签发分项和分部工程暂停令和复工令
C. 签发各类支付证书
D. 组织分部、分项工程中间验收和质量评定,签发中间交工证书
E. 参加审查承包人的施工进度计划和施工方案,并督促检查其执行情况
3. 按《公路工程施工监理规范》要求,驻地监理工程师应具备(　　)等条件。
A. 相应专业的中级或高级技术职称　　B. 取得交通运输部监理工程师资格证书
C. 经总监理工程师授权　　　　　　　D. 具有同类工程三年以上监理经历
4. 试画出监理组织机构的直线式结构图,说明该结构模式的优、缺点。

答案:

1. 影响监理机构设置的主要影响因素有:监理内容、合同工期、工程规模、工程技术复杂程度、工程环境、监理合同的要求。

2. ABDE。

3. BC。

4.

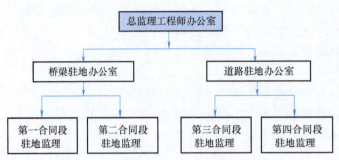

直线式具有的优点：结构简单、职责分明、权力集中、命令统一、决策迅速、指挥灵便、隶属关系明确等。

缺点：结构呆板、专业分工差、横向联系困难、对高层管理者要求较高等。

 案例总结

通过本节案例学习，对项目监理机构的组建有了全面的认识，本节的内容都较为重要，要求全面熟悉并掌握，重点内容有：建立工程项目监理机构的步骤；公路工程项目监理机构的四种组织模式；项目监理机构中监理试验、检测设备和交通工具；公路工程项目监理机构的设置；公路工程项目监理机构人员配备的数量和结构要求；公路工程项目监理机构中各类监理人员的基本职责分工。

能力要求：能根据一个项目的监理招标文件中的要求组建该项目的监理机构。

本节没有讲述"工程项目承发包的组织模式与相应监理模式"内容，感兴趣的同学可在课余时间自学，进一步提高设置监理组织机构的水平。

 本章小结

精干、高效的监理机构是实现工程监理目标的保证。为了完成监理合同约定的施工监理工作，就要设立监理机构。

本章学习应掌握组织的基本原理，熟悉组织的概念及含义、组织构成因素、组织设计的原则、组织结构的基本模式。

通过本章的学习，要求熟悉建立工程项目监理机构的程序、监理机构的基本组织模式，掌握公路工程项目监理机构的设置、监理人员配备的数量及各类监理人员的基本职责分工。

 自我测评

一、判断题

1. 任何组织均为目标而存在，目标是组织存在的前提，是组织活动的出发点和落脚点。
（   ）
2. 一级监理机构就是由甲级监理资质的监理单位组建的监理机构。（   ）
3. 矩阵式组织的命令源有两个，分别来自于职能部门和项目部门。（   ）
4. 监理工程师有权监督承包人进入本工程的主要技术和管理人员的构成。（   ）
5. 总监理工程师是监理单位的最高负责人。（   ）

6. 世界银行贷款公路项目在我国一般采用的监理模式为直线职能式。　　　（　　）

7. 审批施工单位的重要工程材料、负责对已完工程进行计量是驻地监理工程师的职责之一。　　　　　　　　　　　　　　　　　　　　　　　　　　　　（　　）

8. 采用工程项目总承包模式时，征得业主同意，总承包单位可以将全部任务转包给其他单位。　　　　　　　　　　　　　　　　　　　　　　　　　　　　（　　）

二、单项选择题

1. 管理跨度与管理层次的关系是（　　）。
   A. 成正比关系　　　B. 成反比关系　　　C. 数目相等关系　　　D. 没有关系

2. 对工程质量控制最有利的工程承发包模式是（　　）。
   A. 项目总承包　　　　　　　　　　B. 独立承包
   C. 设计和施工分别总承包　　　　　D. 平行承发包

3. 建立精干、高效的项目监理机构并使之正常运行，是实现公路工程监理目标的（　　）。
   A. 目标规划　　　B. 控制手段　　　C. 前提条件　　　D. 经济措施

4. 在项目监理机构的各管理层中，（　　）属于执行层。
   A. 总监理工程师　　　　　　　　　B. 驻地监理工程师和专业监理工程师
   C. 业主代表　　　　　　　　　　　D. 监理员

5. 在项目监理机构中，驻地监理工程师的具体权限是由（　　）授予的。
   A. 项目负责人　　B. 监理单位负责人　　C. 总监理工程师　　D. 交通主管部门

6. 高速公路、一级公路等宜按每年每（　　）万元建安费配备交通运输部核准资格的监理工程师一名，并可根据工程特点和实际需要在0.8~1.2系数范围内调整。
   A. 4000　　　　　B. 5000　　　　　C. 5500　　　　　D. 7500

7. 二级监理机构是指（　　）。
   A. 各级交通主管部门、工程质量监督站
   B. 甲级监理机构、乙级监理机构
   C. 监理工程师、专业监理工程师
   D. 总监理工程师办公室、驻地监理工程师办公室

8. 对择优选择承建单位最有利的工程承发包模式是（　　）。
   A. 平行承发包　　　　　　　　　　B. 设计和施工总承包
   C. 工程项目总承包　　　　　　　　D. 设计和施工联合体承包

9. 建立项目监理机构的前提是（　　）。
   A. 明确监理任务　　　　　　　　　B. 确定总监理工程师人选
   C. 明确监理工作范围　　　　　　　D. 明确监理目标

10. 以下（　　）是监理员的职责与权限。
    A. 签发中间交工证书
    B. 做好监理日志，填好各种监理图表
    C. 核查进场材料、设备、构配件的原始凭证
    D. 审核过程计量的数据和原始凭证

三、多项选择题

1. 组织构成因素包括（　　）。
   A. 合理的组织联系　　　　B. 合理的管理跨度　　　　C. 合理的管理层次
   D. 合理的管理职能　　　　E. 合理的管理部门

2. 可能对基层监理人员产生矛盾命令的监理组织形式是（　　）组织形式。
   A. 按建设阶段分解的　　　B. 按子项目分解的　　　　C. 直线职能式
   D. 职能式　　　　　　　　E. 矩阵式

3. 监理单位在组建项目监理机构时，所选择的组织结构形式应有利于（　　）。
   A. 确定监理目标　　　　　B. 控制监理目标　　　　　C. 信息沟通
   D. 工程合同管理　　　　　E. 确定监理工作内容

4. 确定监理机构中监理人员数量和结构的因素有（　　）等。
   A. 监理内容　　　　　　　B. 工程规模　　　　　　　C. 合同工期
   D. 工程条件　　　　　　　E. 人员素质

5. 属于项目总承包模式优点的有（　　）。
   A. 合同关系简单　　　　　B. 招标发包工作难度小　　C. 协调工作量小
   D. 有利于繁荣建设市场　　E. 有利于质量控制

6. 直线式项目监理组织形式具有（　　）特点。
   A. 不能发挥职能部门的专家作用
   B. 命令单一，责任分明，便于上级对下级的领导
   C. 宜于决策迅速，提高办事效率
   D. 有利于减少决策失误
   E. 有利于减少横向部门之间相互扯皮，相互推诿的现象

7. 对于二级监理机构而言，以下（　　）是总监理工程师的职责。
   A. 审核施工组织设计及总体进度计划
   B. 审批分项分部工程开工申请
   C. 签发支付证书
   D. 主持编制监理计划
   E. 核算工程量清单

8. 下列职责中（　　）是总监理工程师的职责。
   A. 主持审核承包人提出的分包项目和分包人
   B. 提出变更、延期、索赔及质量和安全事故处理等方面的初步意见
   C. 签发工程缺陷责任终止证书
   D. 审核工程计量的数据和原始凭证，确认工程计量结果
   E. 签认合同工程交工结算证书

9. 专业监理工程师在监理工作中承担的职责有（　　）。
   A. 审查分包单位资质，并提出审查意见
   B. 参与工程质量事故调查
   C. 审核工程计量的数据和原始凭证
   D. 分项工程及隐蔽工程验收

E. 参与工程项目的竣工预验收

10. 对监理机构的职责、权利与义务的叙述，正确的是（   ）。

A. 应组织或参加施工图纸会审，参加设计交底

B. 协助业主进行施工招标

C. 对受监理的工程独立进行全方位监理

D. 当工程进度滞后于计划时．对承包人进行适当处罚

E. 按监理合同的规定配备足够的监理人员常驻现场

四、复习思考题

1. 什么是组织和组织结构？
2. 组织设计的目的是什么？
3. 简述建立项目监理机构的步骤。
4. 项目监理组织有哪些模式？各有哪些优缺点？
5. 项目监理机构通常有哪几种？各自的适用范围是什么？
6. 试叙述各级监理人员的基本职责。

第四章

公路工程监理的主要工作内容

 学习目标

全面了解：公路工程监理的主要工作内容，包括工程质量监理、安全监理、环保监理、工程进度监理、工程费用监理、合同事项管理等方面的内容。

熟悉：质量、安全、环保、进度、费用和合同事项管理中的监理工作内容。

质量方面： 质量监理的依据、特点和任务；工程质量监理工作的总流程；公路工程质量事故的分类及分级标准；质量事故处理的原则和程序；工程单元划分的目的和依据；工程质量评定；数理统计的基础知识。

安全方面： 安全生产的方针、管理的原则和五种关系。监理单位应建立的五项安全管理制度。监理单位的违法行为和法律责任，监理单位应采取的措施。工程安全监理的工作内容和落实监理安全责任的工作原则。预防工程安全事故的最基本方法。应急预案体系的构成，专项应急预案与现场处置方案的主要内容。施工单位应单独编制专项安全施工方案的十项工程。施工准备阶段对施工单位审查的内容。施工阶段日常安全监理的主要工作和程序。监理工程师每天对施工过程巡视检查的重点。安全监理内业资料的内容。

环保方面： 公路施工环境保护监理的依据；施工环境保护监理的工作程序和工作内容。

进度方面： 工期、质量和费用三者之间的关系。施工组织的基本方法及其特点。流水施工组织原理。工程进度监理的基本方法。网络图的分类及作用。双代号网络计划图的构成、工作关系的表示方法及绘制时必须遵循的基本规则。时间坐标网络图及其特点。单代号网络计划图的构成及绘制。流水网络图结构的特殊性。网络计划优化的概念及优化的类型。进度计划的编制原则和依据。

费用方面： 工程量清单的组成及其应用；工程费用的组成及计算；工程费用监理要点；《公路工程施工监理规范》5.5 中的相应条款；工程计量的类型、依据、程序、内容、时间、方式与方法；工程费用支付的基本原则；有关支付的几项规定；监理工程师在费用支付中的职责与权限；工程支付程序；合同其他费用的支付；几种常用支付表格的样式和使用方法。

合同事项管理方面： 工程变更的处理程序；受理工程延期的条件，审批工程延期的依据；批准索赔的条件和依据；工程分包的形式；签发工程复工指令的条件；业主和承包人的违约事实。

掌握：质量、安全、环保、进度、费用和合同事项管理中的监理工作内容，运用所学知识对相关工程案例进行分析，学会从理论上解答问题并在实践中灵活运用。

质量方面：公路工程施工质量监理的基本方法；质量监理的内容和程序；公路工程质量监理的基本原则；质量缺陷的现场处理方式；分项工程的质量评分方法；分部工程和单位工程的质量评分的计算；工程质量等级的评定；质量评定中数理统计方法及应用。

安全方面：《建设工程安全生产管理条例》规定监理单位的安全责任；安全监理方案的编制及主要内容；安全监理细则的编制及主要内容。

环保方面：监理工程师对环保的监理措施。

进度方面：双代号网络计划图的绘制。网络计划时间参数的计算。关键线路及其确定。时间坐标网络图的绘制方法。进度计划的审批程序和审查内容。用进度图检查计划的方法。进度延误的处理方法。进度计划的调整方法。《公路工程施工监理规范》5.6 中的相应条款。

费用方面：公路工程各类工程的计量方法；费用支付的清单支付项目和合同支付项目。

合同事项管理方面：对一般分包和特殊分包的管理；需签发工程停工令的几种情况。

  内容概要

本章全面介绍了公路工程监理的主要工作内容，包括：工程质量监理、施工安全监理、施工环境保护监理、工程进度监理、工程费用监理、合同管理事项等。

公路工程监理的主要工作内容

（1）工程质量监理。介绍了工程质量的特点，公路工程质量监理的特点，工程质量事故的概念、分类，质量事故处理的原则。

重点掌握施工阶段质量监理的主要内容、施工质量监理的基本程序、对质量缺陷的现场处理方式、工程质量事故的处理程序，以及施工质量监理的主要方法。

（2）安全监理。介绍了安全生产方针，安全生产管理必须遵循的基本原则，公路工程监理的安全责任，安全事故处理"四不放过"原则，施工准备阶段、交工验收阶段安全监理的工作内容。

重点掌握施工安全监理的职责和工程安全监理的工作内容、监理违法行为的法律责任、需编制专项安全施工方案的分部分项工程、专项安全施工方案的审查程序、施工阶段的安全监理工作内容等。

（3）环保监理。熟悉公路施工对环境的主要影响因素、环境保护监理工程师的职责、监理工程师对环境保护的监理措施、施工环境保护监理工作程序。

重点掌握环境保护监理的工作内容，以及监理工程师对环境保护的监理工作方式。

（4）工程进度监理。介绍了进度监理的基本方法、进度监理工程师的职责、影响公路工程施工进度的因素。

重点掌握工程进度监理的主要工作内容、进度延误的原因或责任类型。明确只有非承包人的原因或责任造成的延误才有可能批准延期。

（5）工程费用监理。介绍了工程费用的基本特点和工程费用的监理要点，监理工程费用控制的内容。本节的重点就是工程计量控制和费用支付控制。工程计量控制应了解工程计量的原则、依据、范围和条件。

熟悉和掌握工程计量的依据、程序、方法、计量方式和内容，费用支付的基本原则、程序、内容等，工程量清单内的支付和工程量清单外的支付内容。

（6）合同管理事项。介绍工程变更、工程延期、费用索赔、工程分包、工程暂停、工程复工、争端的解决、违约处理、工程保险等事项的概念和内容，理解和熟悉合同的主要内容，对监理工程师、业主、承包人都十分重要。

重点掌握工程延期、费用索赔、工程分包、工程暂停等内容，注意区分工程延期与延误、一般分包与特殊分包。对危及工程质量、安全、合同履行的行为，有权要求承包人暂停施工。

某市外环线工程建设项目，某咨询监理公司承接了其中JL2标的施工监理任务。JL2标共有两个施工标段，一标为特大桥1座、路基路面工程3km，二标为一座大型互通立交工程。JL2标的建安费共计约7亿元，合同工期为24个月。签订监理合同后，监理单位即安排监理人员进场，开始组建项目监理机构。监理机构共安排了具有监理资格证书的监理工程师6人，监理员7人，明确了总监理工程师为监理单位的最高负责人。根据本工程的具体情况，设置了二级监理机构，设置了一标段驻地办和二标段驻地办，明确驻地工程师和专业监理工程师的职责和权限。总监理工程师主持召开了第一次工地会议，并发布了工程开工令。

在施工监理过程中，监理的主要工作内容包括：工程质量监理、施工安全监理、施工环境保护监理、工程进度监理、工程费用监理、合同其他事项监理等内容。

问题：

1. 监理工程师对钻孔灌注桩分项工程的施工准备工作审核内容有哪些？监理工程师对施工质量进行监理的基本方法有哪些？

2. 施工单位自行搭建了一座临时便桥，压路机通过时便桥发生坍塌，发生一人重伤的事故。简述该事故的处理程序，并分析监理在该事故中是否存在责任。

3. 桥梁施工队在进行钻孔灌注桩基础施工时，未将钻孔产生的泥浆外运，而是直接排入河中，导致河床抬高，河道通航受到影响。（1）简答监理工程师对环境污染和生态破坏事故的处理程序。（2）监理工程师对该环境污染有无责任？为什么？

4. 在进行月度进度检查时，监理发现实际进度计划已滞后，并对工期产生了影响。为确保进度目标的实现，施工单位自行采取了加快工程进度的措施，事后向工程师提出因加快工程进度措施而增加施工费用。试问，施工单位的做法是否正确？

5. 在监理规划中，工程费用监理的目标是将工程费用控制在合同价格内，是否正确？

6. 施工过程中，现场周围居民称承包方施工噪声对他们造成干扰，阻止承包方的混凝土浇筑工作。承包方按实际损失提出工期延期5天与费用补偿1万元的要求。监理工程师该如何处理？

分析：

1. 分项工程开工前，监理工程师必须对分项工程的施工准备工作进行审核，审查内容有以下六项工作。

（1）审查工程分包。

（2）审批施工测量放线。

（3）审批工程原材料与混合料。

（4）审查分项（或分部）工程施工组织及人员配备。

(5) 审批施工机械设备。
(6) 审查施工方案及主要工艺。

监理工程师对施工质量监理的基本方法有以下几项：
(1) 审核技术文件。
(2) 现场巡视。
(3) 旁站监理。
(4) 测量控制。
(5) 试验与抽检。
(6) 指令文件。
(7) 工序控制。
(8) 计量与支付。

施工阶段的质量监理主要是以分项工程的施工全过程为单位进行的，有关质量监理的内容将在第4.1节中全面学习。

2. 这是一起安全生产事故，监理在这起事故中负有不可推卸的责任，有关安全管理的内容将在第4.2节中学习。

3. 环保监理工程师存在严重失职行为。在施工阶段，环保监理工程师的职责包含以下几点：

(1) 环保监理工程师根据环境保护设计的要求，指导承包人编制切实可行的环境保护措施和方案，着重在水土保持、防大气污染、防水质污染、防噪声污染以及绿化等方面进行审核，达到环保要求后，再予以批准。

(2) 在施工过程中，环保监理工程师根据承包人编制的环境保护措施和方案，核查环境保护措施实施情况。

(3) 配合环保职能部门做好施工期间施工现场的环境监测和监督工作，及时掌握环境质量动态，随时调整环保监控力度。

(4) 对承包人存在的造成环境破坏或污染的施工活动，监理工程师应发出监理指令，要求承包人整改，严重的环境问题，应同时向业主汇报。

第4.3节将介绍有关环境保护监理的知识，这里不多讲解了。

4. 工程延误分为承包人原因和非承包人原因两种。因承包人原因或责任造成的进度延误，监理的处理方式如下。

(1) 若延误对工期没有影响，则应及时提醒承包人，使其加强管理。

(2) 若延误已对工程工期产生影响并将产生工期拖延，且承包人未获得延期批准，则应指令承包人采取措施，加快施工进度；或指令承包人调整后续工程进度计划，在后续的施工中抢回延误的时间。承包人提出和采取的加快工程进度的措施必须经过监理工程师批准。批准时应注意以下事项。

1) 只要承包人提出的加快工程进度的措施符合施工程序并能确保质量，监理工程师应予批准。

2) 此情况下，因采取加快工程进度措施而增加的施工费用应由承包人自负。

第4.4节介绍进度管理方面的内容。

5. 这种看法是错误的。由于工程项目的各种复杂因素，实际发生的费用总是与合同价不符。工程费用监理的目标是使实际支付的费用合理，并符合合同的要求。费用监理的目的是在监理计划的指导下，通过对工程费用目标的动态控制，使其能最优地实现。

工程费用控制的内容在第 4.5 节中学习。

6. 处理费用索赔是监理合同事项管理的一个非常重要的内容。费用索赔是指工程实施过程中，非承包人自身原因造成的费用损失或增加，根据合同的有关规定，承包人通过合法的途径和程序，正式向业主提出认为应该得到额外费用的一种手段。费用索赔定义中就包含了索赔成立的几个条件。

（1）索赔事件非承包人自身原因造成的。

（2）索赔事件造成了费用损失或增加。

（3）符合合同的有关规定，承包人通过了合法的途径和程序。

（4）正式向业主提出费用索赔申请。

监理工程师应对承包人提出的符合合同规定条件的费用索赔意向和申请予以受理。该例中，索赔是因为承包方自身原因造成的，故不应给予任何费用补偿和工期补偿。

合同其他事项管理的内容在第 4.6 节中学习。

4.1　工程质量监理

知识学习

1. 工程质量

工程质量是指通过工程建设过程所形成的工程符合有关规范、标准、法规的程度和满足业主要求的程度。工程质量的内涵包括工程项目实体质量、功能和使用价值质量和工作质量三个方面。

（1）工程实体质量是从产品形成过程和形成结果方面反映工程项目质量。一般由各道工序的质量集合形成分项工程质量，由各分项工程质量形成各分部工程质量，再由各分部工程质量形成具有能完成独立功能主体的单位工程质量，最后各单位工程的质量集合为工程项目的实体质量。它们的相互关系如图 4-1 所示。

图 4-1　工程项目质量相互关系图

（2）工程项目功能和价值的质量是通过建筑工程产品满足需要的能力来反映产品质量，一般包括：工程项目的适用性、可靠性、安全性、耐久性、经济性、美观性以及与环境的协调性。

（3）工程项目的工作质量则是从工程项目质量因素中最重要、最活跃的要素——人的方面来反映产品质量的。工作质量是指参与工程的建设者，为保证工程项目的质量、达到产品质量标准、减少废品等所从事工作的水平和完善程度。

2. 质量控制

质量控制的定义是：它是质量管理的一部分，致力于满足质量要求。具体地讲，质量控制就是指为满足工程质量要求，通过采取一系列的作业技术和活动对产品形成的过程实施的控制。围绕产品形成的全过程的每一个阶段，对影响其质量的人、机械、材料、方法和环境因素进行控制，并对质量活动的成果进行分阶段验证，以便及时发现问题，查明原因，采取相应的纠正措施，防止不合格产品的产生。

质量控制要坚持预防为主与检验把关相结合的原则。质量控制应贯穿于产品形成和体系运行的全过程。

按工程质量控制的主体划分，工程项目施工的质量控制可分为项目法人的质量控制、承包人的质量控制和政府的质量控制。"政府监督、法人管理、社会监理、企业自检"就构成了公路工程项目的质量保证体系。

【例1】 试简述公路工程质量和公路工程质量监理各自的特点是什么。

分析：

1. 公路工程质量的特点

公路工程质量的特点是由公路工程产品本身和工程施工过程的特点决定的，具有以下特点。

（1）影响因素多。凡与决策、设计、施工和竣工验收等环节有关的各种因素都将影响工程质量。如人、机械、材料、测量器具、施工工艺、技术措施、管理制度、施工工期、工程造价和施工环境等，均直接和间接地影响工程质量。

（2）质量波动性大。公路工程以露天作业为主，施工流动性大，无稳定的生产设备和生产环境，与有固定的生产流水线的一般工业产品相比，产品质量更容易产生波动。同时由于影响工程质量的偶然性因素和系统性因素比较多，其中任一因素发生变动，都会使工程质量产生波动，因此要防止出现系统性因素的质量变异，要把质量波动控制在偶然性因素内。

（3）容易产生两类判断错误。公路工程在施工过程中，施工工序多，分项工程交接多、隐蔽工程多，因此质量存在隐蔽性。若在施工中不及时进行工序交接间的检查并发现其存在的问题，事后只能从表面上检查，就很难发现内在的质量问题，就可能产生判断错误。这种判断错误分为第一类判断错误（将合格判断为不合格）和第二类判断错误（将不合格判断为合格）。尤其是第二类判断错误将造成质量隐患，给工程的使用安全带来风险，应进行严格控制，避免发生此类判断错误。

（4）竣工验收的局限性。由于公路工程的位置固定性和结构整体性的特点，工程项目建成以后不能像一般工业产品那样依靠终检判断产品质量，或将其拆卸、解体来检查其内在的质量。工程项目的竣工验收难以发现那些工程内在的、隐蔽的质量缺陷。因此，工程项目的竣工验收存在一定的局限性。这就要求工程质量的控制应以预防为主，加强事先、事中控制。

（5）评价方法的特殊性。工程质量是在承包人按合同规定的质量标准自行检查评定的基础上，由监理工程师组织进行检查验收并进行评定，并由质量监督站进行最终的现场检查验收和质量评定。这种评定方法体现了"验评分离、强化验收、完善手段、过程控制"的指导思想。

2. 工程质量监理的特点

以国际通用的 FIDIC 合同条件为基础的工程质量监理与传统的质量管理相比具有以下特点。

（1）监理工程师对工程质量的监理权受法律保护。在承包人和业主签订的施工合同中详细、明确地规定了监理工程师在质量监理中的地位和权力，这就以合同形式赋予了监理工程师采取各种手段进行工程质量监理的权力，使质量管理变得有法可依和依法办事，减少了质量管理中的扯皮现象。

（2）工程质量监理强调事先监理和主动监理。质量监理的重点放在施工前的准备阶段和施工阶段，即对原材料、施工机械和施工技术方案等的检验和审查，以及对施工过程中各环节的质量监理，以便及早发现问题，防患于未然。这与过去工程结束后再进行检查验收的事后监督办法是完全不同的。

（3）工程质量监理是全过程、全方位和全天候的全面质量管理。这与内部质量管理和质量监督部门的抽查是完全不一样的。这样能使工程质量形成过程中的每一环节和各种因素均处于受控状态，使工程的所有部分的质量得到有效、全面的监理。

（4）工程质量监理与工程计量支付挂钩。质量好坏直接关系到承包人的经济利益，这是工程监理制度最显著的特点。按合同条款规定，未经监理工程师验收并签字认可的工程项目，一律不予支付费用。监理工程师有了这个权力，就能运用经济杠杆的作用有效地保证工程质量，形成了监理工程师对施工全过程、全方位质量监理的特征。

【例2】试述施工阶段质量监理的主要内容。

分析：

合同工程开工之日至合同工程交工验收申请之日为施工阶段。在施工阶段，质量监理的主要工作分为五个方面，如图 4-2 所示。

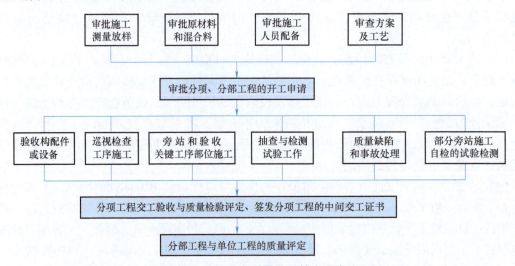

图 4-2 施工阶段质量监理的主要内容

1. 审查分部工程及主要分项工程开工申请

监理机构应对施工单位提交的分部工程及主要分项工程开工申请进行审查，并在规定期限内批复。审查应包括下列基本内容：

（1）审查施工测量放线。监理工程师应审查施工单位提交的施工测量放线数据和成果，对从基准点引出的工程控制桩的重点桩位应复测不少于 30%，经复测不符合规定时应要求其重新测设。

（2）审查工程原材料与混合料试验资料。监理机构应审查施工单位报审的原材料和混合料试验资料，对主要原材料独立取样进行平行试验，对主要混合料的配合比和路基填料的击实试验结果进行验证，审验合格、经批复后方可在工程上使用。

（3）审查施工机构人员配备。监理工程师应审查该分项工程的技术、质量和安全管理人员及主要操作人员等的配备是否满足施工合同要求和施工需要。

（4）审查施工方案及主要施工工艺。监理工程师应审查施工单位提交的分项、分部工程的施工方案及主要施工工艺控制要点等是否符合有关技术标准。

2. 对分项工程施工过程实施质量监理

施工阶段的质量监理主要是以分项工程的施工全过程为单位进行的，其工作内容主要包括以下几个方面。

（1）验收工程构配件或设备。对施工单位外部采购和委托制作的主要工程构配件或设备，监理工程师应核查产品合格证明文件和施工单位自检报告，进场后对关键项目进行抽检，验收合格后方可使用。对在施工现场不具备检测条件的，监理工程师应按合同约定到厂监督检验。

（2）巡视。巡视是指监理工程师对施工现场进行的定期或不定期的巡回检查活动。监理工程师应采取以巡视为主的方式进行施工现场监理，按计划定期或不定期巡视施工现场，对施工的主要工程每天不少于1次，并填写巡视记录（格式见《公路工程施工监理规范》附录B.1）。当天问题未及时处理的，应在处理完成之日及时补记。巡视应包括下列主要内容。

1）施工现场管理人员特别是质量、安全管理人员是否到位，特种作业人员是否持证上岗。

2）使用的原材料或混合料、构配件和主要施工机械设备是否与批准的一致。

3）是否按技术标准、工程设计文件、批准的施工组织设计和方案施工。

4）质量、安全、环保和施工标准化等措施是否落实，施工自检和工序交接是否符合规定。

（3）旁站和检测见证。旁站是指监理人员对旁站项目的施工过程进行的现场监督活动。检测见证是指监理人员对施工单位关键项目检测过程进行的现场监督活动。监理机构应依据《公路工程施工监理规范》及工程项目的特点，确定本合同工程旁站的项目（见《公路工程施工监理规范》附录A），制订旁站计划并认真实施，对主要工程的关键项目进行检测见证。对发现的问题应责令立即改正，当可能危及工程质量、安全或环境时，应予以制止并及时向驻地监理工程师或总监理工程师报告。旁站监理人员应按规定的格式如实、准确、详细地填写旁站记录（格式见《公路工程施工监理规范》附录B.2），签认检测见证结果。

（4）抽检。抽查是指监理机构按规定的项目和频率对工程材料或实体质量进行的平行或随机检验活动。监理机构应在施工单位自检合格的基础上按下列规定进行抽检，并填写抽检记录。

1）对钢筋、水泥、沥青、石灰和碎石等原材料及水泥混凝土、沥青混合料和无机结合料稳定材料等混合料，抽检频率按批次应不低于规定施工检验频率的10%。

2）对分项工程中的关键项目和结构主要尺寸，抽检频率应不低于规定施工检验率的20%。

3）当监理工程师对工材料或实体质量有疑问时，应进行抽检。

（5）隐蔽工程验收。监理工程师应对施工单位报验的隐蔽工程进行检查验收、留存影像资料，合格后监理工程师予以签认。未经验收或验收不合格的不得进行下一道工序施工。

(6) 质量违规的处理。监理机构在监理过程中发现施工不符合法律法规、技术标准及施工合同约定的，应要求施工单位改正，并应符合下列规定。

1) 质量不合格的材料、构配件不得在工程上使用。

2) 对工程质量缺陷，监理机构应签发监理指令单（格式见《公路工程施工监理规范》附录D)，要求施工单位整改。

3) 对质量不合格的工程，监理机构应签发监理指令单，要求施工单位返工处理。

4) 对可能危及结构安全或存在重大隐患的质量问题，应签发停工令并向建设单位报告。

5) 当发生质量事故时，监理机构应依法按有关规定报告和处理。

6) 监理机构应建立质量问题处理台账。

3. 分项工程交工验收与质量评定，并签发中间交工证书

驻地办在收到分项工程交工或中间交工验收申请后，应对施工单位的检验评定资料进行检查，组织施工单位在监理抽检、检测见证和隐蔽工程验收基础上进行质量评定，对评定合格的签发"分项工程（中间）交工证书"。同一个分项工程中间验收不宜超过2次。

4. 分部工程、单位工程的质量评定

驻地办应及时对已完分部工程进行质量检验评定，总监办应及时组织对单位工程和合同段进行质量评定。

【例3】试述公路工程施工质量监理程序。

分析：

1. 监理程序

监理程序是用来指导、约束监理工程师工作，协调业主、监理单位和承包人工作关系的规范性文件。

公路工程施工质量监理与单纯的工程质量验收不一样，不仅仅是最后的检验，而是对施工全过程的监理。施工过程中，要认真做好事前检查审批、事中抽查监督、事后验收评定等工作，严格工作程序和工作制度的管理。要求监理工程师从承包人提出开工申请到"中间交工证书"的签发，直至工程项目竣工验收，都必须严格执行监理程序。

2. 施工质量监理的基本程序

合同工程开工前，总监理工程师应在监理交底会或第一次工地会议上向承包人明确本工程质量监理程序，以供所有监理人员、承包人的自检人员和施工人员共同遵循，使质量监理工作程序化。在施工过程中，质量监理一般应按以下程序进行。

(1) 审批"开工申请单"。在分项（或分部）工程开工之前，监理工程师应要求承包人提交"工程开工申请单"并进行审批。收到开工申请后，监理工程师应在合同规定的时间内，检查承包人的施工准备工作情况，审查其是否具备开工条件。如果确认满足合同要求和具备施工条件，则批复开工申请并签发开工令。承包人在接到监理工程师签发的开工令后即可开工。

(2) 填报"工序质量检验通知单"在每道工序完工之后，监理工程师应要求承包人的自检人员按照监理工程师批准的工艺流程和提出的工序检查程序，首先进行自检，自检合格后，填写工序质量检验通知单，并附上工序自检资料，报请监理工程师进行检查认可。

(3) 签发"工序质量验收单"监理工程师在收到承包人提交的"工序质量检验通知单"并检查该工序的质量自检资料后，对已完工的每道工序进行检查，并按规定的抽检频

率进行抽检，检验合格后，签发质量验收单。质量验收单签发后承包人即可进行下道工序的施工。对不合格的工序监理工程师应指示承包人进行缺陷修补或返工。前道工序未经检查认可，不得进行后道工序。

（4）填报"中间交工报告"。当分项（或分部）工程的全部工序完工后，承包人的自检人员应再进行一次系统的自检，归总各道工序的检查记录及测量和抽样试验的结果，填写中间交工报告，提出中间交工申请，报请监理工程师进行中间交工验收。自检资料不全的交工报告，监理工程师应拒绝验收。

（5）签发"中间交工证书"监理工程师在收到承包人提交的中间交工申请并检查该工程中每道工序的质量验收单后，应对该工程进行一次系统的检查验收。检查合格并按合同规定进行质量等级评定后，监理工程师签发"中间交工证书"。未经中间交工检验或检验不合格的工程，不得进行下一分项（或分部）工程的施工。

施工过程中工程质量监理的程序流程如图4-3所示。

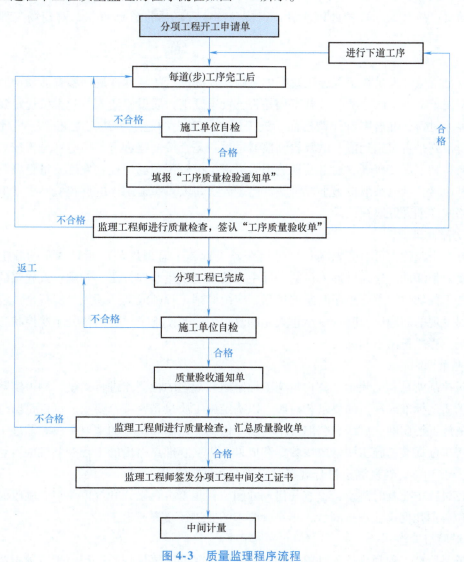

图4-3 质量监理程序流程

【例4】简述公路工程施工质量监理的主要方法。

分析：

公路工程施工质量监理主要有以下方法。

1. 审核技术文件

审核承包人的各种技术文件是项目监理机构对工程质量进行全面监督、检查与控制的重要手段。审核的主要内容有：审批承包人的开工申请书，检查其施工准备工作质量；审批承包人的施工方案、施工组织设计，控制工程施工质量有可靠的技术措施保障；审批承包人提交的有关材料、半成品和成品构件的质量证明文件，确保工程质量有可靠的物质基础；审核承包人提交的有关工序检验纪录及试验报告、工序交接检查、隐蔽工程检查、分部分项工程质量检查报告等文件、资料，以确保和控制施工过程的质量；审批有关工程变更修改图纸等，以确保设计及施工图纸的质量；审批有关工程质量事故（问题）的处理报告，以确保质量事故（问题）的处理质量；审核并签认现场质量检验资料，对现场工程质量进行确认。

2. 现场巡视

巡视是指监理人员在工程施工过程中对施工现场进行的经常性巡回检查活动。监理人员应重点巡视正在施工的分项、分部工程是否已批准开工；质量检测人员是否按规定到岗；现场使用的原材料或混合料、外购产品、施工机械及采用的施工方法与工艺是否与批准的一致；质量措施是否实施到位；试验检测仪器、设备是否按规定进行了标定；是否按规定进行了施工自检和工序交接等。通过巡视监理人员可了解施工现场情况，发现质量隐患及影响质量的不利因素，及时采取措施加以排除。监理人员每天对每道工序的巡视应不少于1次，并按规定格式详细做好巡视记录。

3. 旁站监理

旁站是指监理人员对旁站项目（见《公路工程施工监理规范》附录A）的施工过程进行的现场监督活动。这是监理人员的一种主要的现场质量监理方法。对承包人施工的隐蔽工程、重要工程部位、重要工序及工艺过程，应由监理工程师或其助理人员实行全过程的旁站监督，对发现的问题应及时责令承包人立即改正，以便使施工过程始终处于受控状态，及时清除影响工程质量的不利因素。

4. 测量控制

测量控制就是利用测量工具，对施工控制网和规定的检测点进行测量，测得实际数据后与规定的质量标准或规范的要求相对照，以确定施工质量是否符合要求。测量是监理人员对承包人的施工控制网、放线、公路及结构物几何尺寸控制和检查的重要手段。监理工程师应审查施工单位提交的施工测量放线数据和成果，对从基准点引出的工程控制桩的重点桩位应复测不少于30%，经复测不符合规定时应要求其重新测设。

施工过程中要及时测量，检查几何尺寸和位置是否符合设计和规范要求。验收时，要对验收部位各项几何尺寸进行测量，不符合要求的要进行整修或返工。

5. 试验与抽检

试验是监理工程师确认各种材料和工程部位质量的主要依据。工程监理以数据为准，用数据说话。监理机构应在施工单位自检合格的基础上按下列规定进行抽检,并填写抽检记录(格式见《公路工程施工监理规范》附录 B.3)。

1)对钢筋、水泥、沥青、石灰和碎石等原材料及水泥混凝土、沥青混合料和无机结合料稳定材料等混合料,抽检频率按批次应不低于规定施工检验频率的 10%。

2)对分项工程中的关键项目和结构主要尺寸,抽检频率应不低于规定施工检验率的 20%。

3)当监理工程师对工程材料或实体质量有疑问时,应进行抽检。

6. 指令文件

指令文件是指监理工程师对承包人发出指示和要求的书面文件,用以向承包人提出或指出施工中存在的问题,或要求和指示承包人应做什么或如何做等。例如施工准备完成后,经监理工程师确认并下达开工令后,承包人才能施工,施工中出现异常情况,经监理指出后,承包人仍未采取措施加以改正时,监理工程师为了保证质量,可以下达暂停施工的指令,要求承包人停止施工,直到问题得到解决为止等。施工过程中,监理工程师发出的各种指令都要有文字记载,并作为主要技术资料存档,使各项事情的处理有根有据。这是按照 FIDIC 条款进行监理的一个特点,也是监理人员对工程施工过程实施质量监理不可缺少的手段。通过发出指令文件,指出施工中存在的各种问题,提请承包人注意,以达到控制质量的目的。

7. 工序控制

工程项目的施工过程,就是完成一道道工序的过程,所以施工过程的质量监理主要就是工序的质量控制,而工序的质量控制又表现为施工现场的质量控制,这也是施工阶段质量监理的重点。因此,工序控制是监理工程师对施工质量进行有效监理的重要手段之一,必须按质量监理程序和质量监理的"四不准"原则进行严格控制,以确保工程质量达到合同要求。

8. 计量与支付

所谓计量与支付是指在向承包人支付各项工程款时,必须由监理工程师对工程进行计量并签发支付证书后,业主才能向承包人支付工程款,否则不能支付。这是监理合同赋予监理工程师的一项权力,监理工程师可以利用这一权力进行质量监理。只有在施工质量达到规定的标准和要求时,监理工程师才进行计量并签发支付证书,否则可拒绝计量并拒签支付证书。监理工程师有了这个权力,就能运用经济的手段对工程质量进行监理。

【例 5】 工程质量事故。

某一跨河大桥,桥跨结构为三联:$(4 \times 20) + (50 + 85 + 50) + (4 \times 20)$ m,主跨为变截面预应力混凝土连续箱梁,两边跨为预应力混凝土连续箱梁。5#和 6#主跨承台下均为群桩,共有 36 根桩,桩径为 1.5m,桩长为 78m。5#桩基施工完成后,在对 18 根桩基进行检测时,发现有 3 根桩的超声波异常,结果如图 4-4 所示,经进一步取芯试验,侧面有夹层,为严重缩径,判为Ⅲ类桩。由于Ⅲ类桩已不满足设计要求,且影响正常使用,这 3 根桩判为报废处理。该次质量事故不仅直接经济损失达 60 万元,而且严重影响了工程进度,是一次很严重的质量事故。

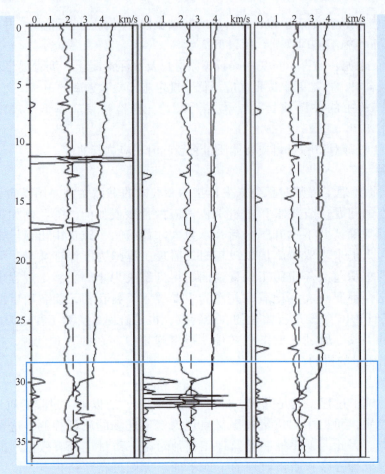

图 4-4 超声波异常显示结果

问题：

1. 何谓工程质量事故？
2. 试述公路工程质量事故的分类，并说明本例中的质量事故属于哪一级。
3. 质量事故处理的原则是什么？质量事故书面报告一般应包括哪些内容？
4. 监理工程师对质量缺陷的现场处理方式是什么？
5. 当发生不属于项目监理机构处理的一般质量事故或重大质量事故时，监理的处理程序是怎样的？

分析：

1. 所谓工程质量事故，是指由于勘测、设计、施工、监理、试验检测等责任过失而使工程在下述时限内遭受损毁或产生不可弥补的本质缺陷，因构造物倒塌造成人身伤亡或财产损失以及需加固、补强、返工处理的事故。

（1）道路工程：现场监理工程师签认至工程项目通车后两年内。

（2）结构工程：施工过程中和设计使用年限内。

2. 公路工程质量事故的分类及其分级标准

（1）质量问题：质量较差，造成直接经济损失（包括修复费用）在 20 万元以下。质量问题有时也称为质量缺陷。

（2）一般质量事故：质量低劣或达不到合格标准，需加固补强，直接经济损失（包括修复费用）在20万元至300万元之间的事故。一般质量事故分为三个等级。

1）一级一般质量事故：直接经济损失在150万~300万元之间。

2）二级一般质量事故：直接经济损失在50万~150万元之间。

3）三级一般质量事故：直接经济损失在20万~50万元之间。

（3）重大质量事故：由于责任过失造成工程倒塌、报废和造成人身伤亡或者重大经济损失的事故。重大质量事故分为三个等级。

1）具备下列条件之一者为一级重大质量事故：① 死亡30人以上；② 直接经济损失在1000万元以上；③ 特大型桥梁主体结构垮塌。

2）具备下列条件之一者为二级重大质量事故：① 死亡10人以上，29人以下；② 直接经济损失在500万元以上，不满1000万元；③ 大型桥梁主体结构垮塌。

3）具备下列条件之一者为三级重大质量事故：① 死亡1人以上，9人以下；② 直接经济损失在300万元以上，不满500万元；③ 中小型桥梁主体结构垮塌。

由此可见，本例中的质量事故直接经济损失为60万元，对照上述分级标准，属于二级一般质量事故。

3. 质量事故处理的原则

（1）质量事故的调查处理实行统一领导、分级负责的原则。国务院交通主管部门归口管理全国公路工程质量事故，省级交通主管部门归口管理本辖区内的公路工程质量事故。

重大质量事故由国务院交通主管部门会同省级交通主管部门负责调查处理；一般质量事故由省级交通主管部门负责调查处理；质量问题原则上由业主或企业负责调查处理。

（2）质量事故发生后，应坚持"四不放过"的原则。质量事故发生后，应坚持"四不放过"的原则，即事故原因调查不清不放过；事故责任者没有受到教育不放过；没有防范措施不放过；相关责任人没受到处理不放过。

（3）质量事故实行报告制度。质量事故发生后，事故发生单位必须以最快的方式，将事故的简要情况同时向业主、监理单位、质量监督站报告。在质量监督站初步确定质量事故的类别性质后，再按下述要求进行报告。

1）质量问题：质量问题发生单位应在2天内书面上报业主、监理单位、质量监督站。

2）一般质量事故：事故发生单位应在3天内书面上报质量监督站，同时报企业上级主管部门、业主和省级质量监督站。

3）重大质量事故：事故发生单位必须在2小时内速报省级交通主管部门和国务院交通主管部门，同时报告省级质量监督站和部级质量监督站，并在12小时内报出《公路工程重大质量事故快报》。

质量事故书面报告一般应包括以下内容：工程项目名称，事故发生的时间、地点及建设、设计、施工、监理等单位名称；事故发生的简要经过、造成工程损失状况、伤亡人数和直接经济损失的初步估计；事故发生原因的初步判断；事故发生后采取的措施及事故控制情况；事故报告单位。

4. 质量缺陷的现场处理方式

发现工程项目存在着可由项目监理机构处理的质量缺陷时，现场监理人员应根据质量缺陷的性质和严重程度，按如下方式处理。

（1）当因施工而引起的质量缺陷处于萌芽状态时，应及时制止，并要求承包人立即更换不合格的材料、设备；或撤换不称职的施工人员；或改变不正确的施工方法及操作工艺。

（2）当发生因施工而引起的质量缺陷时，监理工程师应立即向承包人发出暂停施工的指令，并要求其立即书面报告质量缺陷的发生时间、部位、原因及已采取的措施和进一步处理方案；监理工程师应对处理方案进行审核后报业主批准，承包人实施处理方案并采取了能足以保证施工质量的有效防范措施后，监理工程师应对处理方案的实施进行监理并予以验收，验收合格后发出复工指令。

（3）当质量缺陷发生在某道工序或分项工程完工以后，而且质量缺陷的存在将影响下道工序或分项工程质量时，监理工程师应向施工单位发出工程暂时停工指令，并要求承包人写出质量问题调查报告，由设计单位提出处理方案，并征得业主同意，批复承包人处理。处理结果需重新验收，验收合格后发出复工指令。

（4）在交工使用后的缺陷责任期内发现施工质量缺陷时，监理工程师应及时签发监理工程师通知，指令承包人进行修补、加固或返工处理。

质量缺陷的修补与加固，一般应先由承包人提出修补方案，经监理工程师批准后方可进行。对因设计原因而产生的质量缺陷，应通过业主由设计单位提出处理方案，由承包人进行修补。修补措施及方法要保证质量控制指标和验收标准，并应是技术规范允许的或是行业公认的良好工程技术。

5. 施工过程中，当发生不属于项目监理机构处理的一般质量事故或重大质量事故时，监理可按以下程序处理。

（1）总监理工程师应立即签发工程暂时停工指令，并要求承包人停止质量事故部位和与其有关联部位及下道工序的施工，并要求采取必要的措施，保护事故现场，抢救人员和财产，防止事故扩大，做好相应记录。

（2）监理工程师要求承包人尽快提出质量事故的报告并按规定速报相应的主管部门。

（3）监理工程师应积极配合质量事故调查组进行质量事故调查，客观地提供相应证据。

（4）监理工程师接到质量事故调查组提出的质量事故技术处理意见后，审核签认有关单位提出的质量事故技术处理方案。

（5）监理工程师指示承包人按照批准的工程质量事故处理方案对事故进行处理。

（6）监理工程师对承包人实施质量事故处理方案或对加固、返工、重建的工程进行监理，并进行检查验收。经检验合格后，总监理工程师签发工程复工令，恢复正常施工。

案例分析

【案例1】某工程项目，建设单位与施工单位签订了施工承包合同，合同中规定钢材由建设单位指定厂家，施工单位负责采购，厂家负责运输到工地，并委托了监理单位进行施工阶段的监理。当第一批钢筋运到工地时，施工单位认为是由建设单位指定用的钢筋，在检查了产品合格证、质量保证书后即可以用于工程，认为如有质量问题均由建设单位负责。监理工程师认为必须进行材质检验。此时，建设单位现场代表正好到场，认为监理工程师多此一举，但监理工程师坚持必须进行材质检验，可施工单位不愿进行检验。于是监理工程师按规定进行了抽检，存在钢筋原材有气孔、焊接不合格等现象，如图4-5所示。检验结果未达到设计要求，遂要求对该批钢筋进行处理。建设单位现场代表认为监理工程师故意刁难，要求监理单位赔偿材料的损失，并支付试验费用。

a) 原材有气孔

b) 焊接不合格

图4-5 钢筋不合格

问题：
1. 施工单位的做法是否正确？说明理由。
2. 若施工单位将该批材料用于工程，造成质量问题其是否有责任？说明理由。
3. 监理工程师的行为是否正确？若监理单位同意将该批材料用于工程，而造成质量问题其是否应承担责任？说明理由。
4. 监理的基本试验工作有哪些？对进场的钢筋，监理应进行哪种试验？
5. 若该批材料用于工程，造成质量问题建设单位是否有责任？说明理由。
6. 建设单位现场项目管理代表要求监理单位赔偿相应损失是否合理？说明理由。
7. 材料的损失由谁承担？试验费由谁承担？
8. 该批钢筋应如何处理？

分析：
1. 我国有关建设工程的法律法规均对进场材料有明确的检验要求。承包人对所有的进场材料均需进行试验，不管这种材料是自购的还是指定的。凡未经检验或检验不合格的，均不得用于本工程。

2. 施工单位必须确保其施工质量，不管这种质量问题是由材料还是工艺造成的。

3. 根据监理程序中的"四不准"要求，未经检查认可的材料不准使用。材料未经检查认可，监理同意使用，存在明显的失职行为，视造成的质量问题的严重程度，监理应承担相应责任。

4. 考查对监理基本试验的内容的掌握。

5. 考查建设单位是否对具体的质量问题负责。在质量保证体系中，建设单位处于主体地位，但建设单位不是质量控制的行为主体，不对质量问题负责，除非是由其错误指令造成的。业主只指定钢材厂家，其余一切采购、试验等均由施工单位负责，施工单位对自己的施工行为负责。

6. 前面分析过，监理行为是正确的，建设单位现场代表要求监理单位赔偿损失肯定就不合理了。控制材料质量是监理工程师的职责，监理工程师履行了职责，实际上是维护了建设单位的权益。

7. 不再详述。

8. 对于不合格的材料，只有令其退场。如施工单位提出，也可根据其强度进行降级使用。

答案：

1. 不正确。对到场的材料，施工单位必须进行抽样检验。

2. 有责任。施工单位对用于工程的原材料必须确保其质量。

3. 监理工程师的做法是正确的。有责任，监理对进场原材料必须进行检查，未经监理检验合格的材料不准用于工程项目。

4. 监理的基本试验工作包括验证试验、标准试验、工艺试验、抽样试验和验收试验。对进场的钢筋，监理应在施工单位自检合格的基础上进行验证试验。

5. 没有。建设单位只是指定厂家，其余一切活动包括采购及试验均由施工单位负责。

6. 不合理。材料质量由厂家和施工单位负责，控制材料质量是监理工程师的职责，监理工程师履行了职责，维护了建设单位的权益。

7. 材料的损失由厂家承担，试验费用由施工单位承担。

8. 退场或降级使用。

【案例2】 某公路工程项目在施工前，监理工程师要求承包人建立自检系统。在施工过程中，当某一分项工程施工结束后，承包人的自检人员当时不在现场，为了能够提前进行下一分项工程的施工，承包人报请监理工程师对其进行检查验收，被监理工程师拒绝。

问题：

1. 承包人的自检系统表现在哪里？

2. 监理工程师拒绝承包人的报请是否妥当？为什么？

答案：

1. 承包人是施工质量的直接实施者和责任者，应建立完善的质量自检体系。承包人的自检体系表现在以下几点。

（1）施工作业活动的作业者在作业结束后必须自检。

(2) 不同工序交接、转换必须由相关人员交接检查。

(3) 承包人的专职质检员的检查验收。

2. 监理工程师拒绝承包人的报请是妥当的。因为监理工程师的质量检查与验收，是对承包人施工作业活动质量的复核与确认；监理工程师的检查决不能代替承包人的自检，而且监理工程师的检查必须是在承包人自检并确认合格的基础上进行的。承包人的自检人员没有检查或检查不合格，不能报请监理工程师。不符合上述规定，监理工程师一律拒绝进行检查。

【案例3】分项工程审核内容、监理工作方法、质量问题处理。

某监理公司承接了一段高速公路的施工监理任务，签订了监理委托合同，并在业主要求的时间内进驻现场，组建了项目监理机构和监理工地试验室。对施工单位开工前的施工准备工作进行督促检查。因时间紧促，施工单位在总体施工组织设计没有批复的情况下，对桥梁的钻孔灌注桩分项工程进行了开工申报。专业监理工程师对钻孔灌注桩分项工程的施工准备工作进行了审核，同意先予施工。

在桥梁钻孔灌注桩施工过程中，监理工程师对其施工过程进行了巡视检查。在检查中，发生了如下几个事件。

1. 0#桥台2号桩钻孔后，未经监理验收就开始浇筑了混凝土，监理巡视发现后，施工单位拿不出钻孔记录和监理验收证明。施工单位承诺，桩身深度绝对没问题，出了问题施工单位承担所有责任，与监理无关。

2. 编号为1#-3的桩位超出设计坐标12cm，总监理工程师致函设计单位请求验算，设计单位计算后认为可以通过变更消除该偏差造成的影响。于是设计院对桩位坐标和承台配筋出具了变更图纸。

3. 施工单位对编号为2#-1的钻孔桩做了2组试块，28d试验强度合格，但监理做的1组平行试块28d试验强度不合格。

问题：

1. 监理工程师对钻孔灌注桩分项工程的施工准备工作审核内容有哪些？

2. 监理工程师对施工质量监理的基本方法有哪些？对桥梁钻孔灌注桩施工应采取何种监理方法？

3. 本例钻孔灌注桩施工中存在什么问题？

4. 试分析发生的3个事件，你作为监理工程师应如何处理？

答案：

1. 分项（或分部）工程开工前，监理工程师必须对分项（或分部）工程的施工准备工作进行审核，审查内容有以下六项工作。

(1) 审查工程分包。

(2) 审批施工测量放线。

(3) 审批工程原材料与混合料。

(4) 审查分项（或分部）工程施工组织及人员配备。

(5) 审批施工机械设备。

(6) 审查施工方案及主要工艺。

2. 监理工程师对施工质量监理的基本方法有：
（1）审核技术文件。
（2）现场巡视。
（3）旁站监理。
（4）测量控制。
（5）试验与抽检。
（6）指令文件。
（7）工序控制。
（8）计量与支付。

对桥梁钻孔灌注桩的施工进行监理，需综合运用上述8种监理方法。
（1）对桥梁钻孔灌注桩的开工申请，监理应审核技术文件。
（2）对灌注桩的钻孔施工，监理工程师应经常进行现场巡视。
（3）对灌注桩钢筋笼下放及首盘混凝土浇筑，监理必须进行旁站监理。
（4）对桩位及高程，监理必须进行测量控制。
（5）对灌注桩施工的所有原材料、混凝土，监理应进行抽检与平行试验。
（6）对灌注桩施工中的违规行为，监理可以下发监理通知、工程暂停令等指令文件。
（7）监理应对钻孔灌注桩施工中的每道工序进行检查验收，通过工序控制来控制施工质量。
（8）只有经监理工程师验收且钻孔灌注桩施工质量达到规定的标准和要求时，监理工程师才进行计量并签发支付证书，计量与支付权力是监理工程师的一个重要的工作手段。

3. 本例钻孔灌注桩施工中存在以下问题。
（1）在施工组织设计及总进度计划没有批复的情况下，分项工程不能审批及开工。
（2）分项工程的开工申请应由专业监理工程师审核，总监批复。
（3）0#桥台2号桩钻孔后，施工单位未报请监理验收就进入下道工序。
（4）0#桥台2号桩浇筑混凝土前，没有报请监理对混凝土浇筑进行旁站监理。
（5）对编号为1#-3的桩位测量控制不严，桩位偏差超出施工规范规定的5cm要求。

4. 监理对三个事件的处理如下。

对事件1：由于施工单位对0#桥台2号桩未报监理验收，且擅自浇筑混凝土，属严重违反监理程序。考虑到会留下质量隐患，总监理工程师应立即向承包人下达工程暂停令，并要求其立即书面报告质量缺陷的发生时间、部位、原因及已采取的措施和进一步处理方案。监理工程师应对处理方案进行审核后报业主批准，承包人实施处理方案并采取了能足以保证施工质量的有效措施后，监理工程师应对处理方案的实施进行监理并予以验收，验收合格后发出复工指令。

对事件2：编号为1#-3的桩位超出设计坐标12cm，即超出规范许可的偏差为7cm。该桩为不合格桩，且影响下道工序施工和分项工程质量，监理工程师应向施工单位发出工程暂时停工指令，并要求承包人写出质量问题调查报告，由设计单位提出处理方案，在征得业主同意后，监理工程师批复承包人处理方案，并监督其实施。处理结束重新验收，验收合格后发出复工指令。

需说明的是监理不能直接与设计单位联系，必须上报业主，由业主与设计单位联系。

对事件3：当监理试验室试验结果与施工单位的试验结果出现不一致时，一般应以监理试验室的试验结果为准，则该编号为2#-1的钻孔桩试块强度为不合格。如果施工单位不接受监理试验室的结果，则试验监理工程师可与施工单位在有资格的政府监督部门的试验室进行校核试验，并以此作为批准或认定的依据，其试验费用按合同条款规定办理。

拓展案例

【案例1】 在某工程项目施工阶段的监理中，监理工程师对承包商在施工现场制作的水泥混凝土预制空心板进行质量检查中，抽查了500块，发现其中存在以下问题（表4-1）。

表 4-1

序　号	存在问题项目	数　量
1	蜂窝麻面	23
2	局部露筋	10
3	强度不足	4
4	横向裂缝	2
5	纵向裂缝	1
合计		40

问题：

1. 计算所列质量问题相应的频率和累计频率并绘制排列图。
2. 根据排列图分析影响预制空心板质量的主要因素、次要因素和一般因素。
3. 针对影响预制空心板质量的因素，监理工程师应如何处理？
4. 常用的质量管理统计分析方法还有哪些？

答案：

1. （1）数据计算如下（表4-2）：

表 4-2

序号	存在问题项目	数　量	频率（%）	累计频率（%）
1	蜂窝麻面	23	23	57.5
2	局部露筋	10	33	82.5
3	强度不足	4	37	92.5
4	横向裂缝	2	39	97.5
5	纵向裂缝	1	40	100
合计		40		

（2）根据上述计算结果，绘制排列图（图4-6）

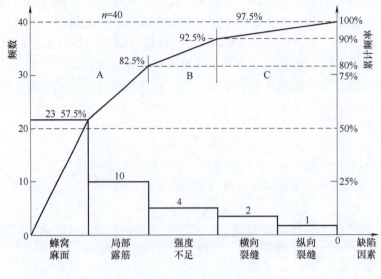

图 4-6 排列图

2. 由以上排列图的分析可知，主要质量问题是水泥预制板的表面出现蜂窝麻面和局部露筋问题，次要因素是混凝土强度不足，一般因素是横向和纵向裂缝。

3. 监理工程师应要求施工单位提出具体的质量改进方案，制定具体的措施提交监理工程师审查，经监理工程师审查确认后，由施工单位实施改进。执行过程中，监理工程师应严格监控。

4. 常用的质量管理统计分析方法有 7 种，分别是：分层法、排列图法、因果分析图法、频数分布直方图法、控制图法、相关图法和统计调整表法。

【案例 2】某监理公司承接了一段 15km 的二级公路的施工监理任务，经过 2 年的施工，该项目基本完成，准备进行交工验收。根据《公路工程质量检验评定标准》（JTG F80/1-2017）要求，针对土方路基，试回答下列问题。

问题：

1. 分项工程质量检验的内容有哪些？试分别说明这几个方面的有关要求。
2. 对分项工程进行质量检验评定的前提条件是什么？

答案：

1. 分项工程质量检验内容包括基本要求、实测项目、外观质量和质量保证资料 4 个部分。

（1）基本要求检查。分项工程所列基本要求，对施工质量优劣具有关键作用，应按基本要求对工程进行认真检查。经检查不符合基本要求规定时，不得进行工程质量的检验和评定。

（2）实测项目计分。对规定检查项目采用现场抽样方法，按照规定频率和计分方法对分项工程的施工质量直接进行检测计分。《公路工程质量检验评定标准》规定：

1）关键项目的合格率应不低于 95%（机电工程为 100%），否则该检查项目为不合格。

2）一般项目的合格率应不低于 80%，否则该检查项目为不合格。

3）有规定极值的检查项目，任一单个检测值都不能突破规定极值，否则该检查项目为不合格。

4）采用本标准附录 B 至附录 S 所列方法进行检验评定的检查项目，不满足要求时，该检查项目为不合格。

检查项目除按数理统计方法评定的项目以外，均应按单点（组）测定值的要求进行评定，并按合格率计分。

（3）外观缺陷减分。对工程外表状况应逐项进行全面检查，如发现外观缺陷，应进行减分。对于较严重的外观缺陷，施工单位须采取措施进行整修处理。

（4）资料不全减分。分项工程的施工资料和图表残缺，缺乏最基本的数据，或有伪造涂改者，不予检验和评定。资料不全者应予减分。

2. 对分项工程进行质量检验评定的前提条件是：其使用的原材料、半成品、成品、施工工艺符合基本要求的规定，且无严重外观缺陷，质量保证资料真实并基本齐全。

案例总结

本节的知识点较多，包括：工程质量的特点；公路工程质量监理的特点；施工阶段质量监理的主要内容；分部分项工程开工前准备工作的审查或审批；施工质量监理的基本程序；工程质量事故的概念、分类；质量事故处理的原则；监理工程师对质量缺陷的现场处理方式；工程质量事故的处理程序；施工质量监理的主要方法。

通过对本节质量案例的解析，应重点掌握施工阶段质量监理的主要内容、施工质量监理的基本程序、对质量缺陷的现场处理方式、工程质量事故的处理程序，以及施工质量监理的主要方法。

限于篇幅限制，还有一些质量监理方面的知识没有讲到。在拓展案例中，也仅对质量的数理统计和质量评定的内容稍有涉及，感兴趣的同学可以深入学习一下，对监理工作还是大有帮助的。

自我测评

一、判断题

1. 工程项目由于监理工程师的签认而出现工程质量问题，监理工程师就应负责。（　　）
2. 质量监理主要是对每道工序的检验。（　　）
3. 在工程施工中，无论何种原因造成的工程质量事故，监理工程师都有不可推卸的责任。（　　）
4. 在工序质量控制中应做到前道工序未经检查认可，后道工序不准动工。（　　）
5. 对施工质量问题较大、无法通过整修达到规范要求的工程，监理工程师应责令坚决返工。（　　）
6. 监理工程师对施工中使用的主要原材料的抽检频率应不低于施工单位自检频率的30%。（　　）
7. 涉及结构安全和使用功能的重要实测项目，其合格率不得低于75%。（　　）

二、单项选择题

1. 质量问题是指质量较差、造成直接经济损失（包括修复费用）在（　　）以下。
   A. 10万元　　　B. 15万元　　　C. 20万元　　　D. 25万元

2. 监理工程师对从基准点引出的工程控制桩的重点桩位应复测不少于（　　）。
   A. 10%　　　B. 20%　　　C. 30%　　　D. 40%

3. 工程质量控制的目的，就是要查找并消除（　　）因素的影响，以免发生质量问题。
   A. 系统性　　　B. 偶然性　　　C. 随机性　　　D. 无法控制

4. 施工前，监理工程师应审查施工单位申报的原材料、混合料试验资料，对原材料应独立取样进行（　　）。
   A. 标准试验　　　B. 平行试验　　　C. 工艺试验　　　D. 验收试验

5. 由于责任过失造成工程倒塌、报废和造成人身伤亡或者重大经济损失的事故，称为（　　）。
   A. 质量问题　　　B. 一般质量事故　　　C. 重大质量事故　　　D. 严重质量事故

6. 与分项工程评分值无关的是（　　）。
   A. 基本要求检查得分　　　B. 分项工程得分
   C. 外观缺陷减分　　　D. 资料不全减分

7. 《建设工程质量管理条例》规定，施工单位必须建立、健全（　　）制度，严格工序管理，做好隐蔽工程的质量检查和记录。
   A. 合同管理　　　B. 施工技术交底　　　C. 质量预控　　　D. 质量检验

8. 因质量缺陷需要修补时，施工单位应该（　　）。
   A. 自行修补并继续施工
   B. 向业主上报修补方案，并继续施工
   C. 提出修补方案，经监理工程师批准后方可执行
   D. 向监理申报修补方案，并继续施工

三、多项选择题

1. 分项、分部工程开工前的质量监理工作包括（　　）等。
   A. 审批施工测量放线　　　B. 审查工程分包
   C. 审批工程原材料与混合料　　　D. 审查施工机械设备
   E. 工序签认

2. 施工阶段质量监理的工作包括（　　）等。
   A. 审批承包人的施工方案及注意工艺是否符合要求
   B. 审查承包人的施工机械设备是否符合要求
   C. 检查承包人申报的原材料、混合料是否符合要求
   D. 对关键工序签认
   E. 审批工程单元划分

3. 以下各项工作，属于公路工程施工阶段质量监理内容的是（　　）。
   A. 审查工程分包　　　B. 召开监理交底会
   C. 审批分项工程施工方案　　　D. 审批施工进度计划
   E. 中间交工验收

4. 按造成损失的严重程度，公路工程质量事故可分为（　　）。
   A. 质量问题　　　　　　　　　　B. 一般质量事故
   C. 重大质量事故　　　　　　　　D. 特别重大质量事故
   E. 严重质量事故

5. 由于责任过失造成工程倒塌、报废和造成人身伤亡或者重大经济损失的事故，称为重大质量事故。以下条件中，不属于一级重大质量事故条件的是（　　）。
   A. 死亡 30 人以上　　　　　　　　B. 特大型桥梁主体结构垮塌
   C. 死亡 10 人以上，29 人以下　　　D. 直接经济损失 1000 万元以上
   E. 直接经济损失 500 万元以上，不满 1000 万元

6. 在对公路工程质量事故进行处理时，应坚持的原则主要包括（　　）等。
   A. 预防为主、动态管理　　B. 三不放过　　C. 四不放过
   D. 统一领导、分级负责　　E. 实行报告制度

7. 在工程施工控制中，（　　）为监控主体。
   A. 建设单位　　　　　　　　　　B. 施工单位
   C. 设计单位　　　　　　　　　　D. 监理单位
   E. 政府主管部门及质量监督机构

四、复习思考题

1. 公路工程质量监理的特点有哪些？
2. 简述施工阶段质量监理的主要内容。
3. 分项（或分部）工程开工前，监理工程师必须审查或审批的准备工作有哪些？
4. 公路工程施工质量监理的主要方法有哪些？
5. 简述工程质量事故的处理程序。
6. 何谓工程质量事故？试述公路工程质量事故的分类。
7. 质量事故处理的原则是什么？
8. 简述监理工程师对质量缺陷的现场处理方式。

五、案例实训：

某桥梁工程在施工过程中，施工单位未经监理工程师事先同意，订购了一批锚具。锚具运抵施工现场后监理工程师进行了检验，检验中监理人员发现锚具质量存在以下问题。

1. 施工单位未曾提交产品合格证、质量保证书和检验证明资料。
2. 实物外观粗糙，标志不清且有锈斑。

问题：监理工程师应如何处理上述问题？

考核要点：对于监理工作中发现的工程材料质量问题，如何妥善处理，以及监理工作中对类似质量问题处理程序、方法等内容的掌握程度。解答这类问题，应首先从监理工作的基本程序和处理步骤着手，回答处理过程中监理工程师应提出什么要求，发送哪些书面文件，并分析这一事件可能引起的经济、法律责任等。

4.2 施工安全监理

知识学习

公路工程施工安全监理是指工程监理单位受建设单位（或业主）的委托，依据国家有关的法律、法规和工程建设强制性标准及合同文件，对交通建设工程安全生产实施的监督检查。

安全生产关系到人民群众的生命财产安全，是以人为本、构建和谐社会的重要基础，也是交通建设永恒的主题和追求的目标。作为交通建设履约行为的重要的一方，监理单位对安全生产应该起到关键的监督作用。但是在工程项目施工过程中，一些监理单位只注重对施工质量、进度和投资的监控，忽视对施工安全的监控，有的只是把安全监理作为质量控制内容的一部分，由质量工程师代管。这样，施工安全监控的效果往往较差，施工现场因违章指挥、违章作业而发生的伤亡事故局面难以得到有效的控制。近几年来，建筑物倒塌、大桥垮塌事件时有发生，有的在建设过程中发生，有的已经投入生产使用后发生。

造成安全事故的原因很多，有的是认识不到位、责任不落实、监管不力，也有的是施工过程中违章指挥、违章作业等。根据"安全第一、预防为主、综合治理"的安全方针，要扭转工程建设项目事故多发的被动局面，施工单位必须首先提高认识、健全机构、加强监管、落实责任、照章作业。同时，监理单位加强安全监理工作，使安全监理成为工程建设监理的一项重要监理内容，而且要配备这方面的人才，加强这方面的管理工作。这样做了，才能从源头上和管理中减少安全事故的发生。

《建设工程安全生产管理条例》明确规定了工程监理单位的安全责任以及工程监理单位和监理工程师应对建设工程安全生产承担监理责任。因此，监理单位在监理过程中必须开展安全监理工作，使安全监理成为工程监理重要的一部分。

监理人员的安全管理工作是消除安全事故因素的外部力量。工程的安全事故与工程施工生产密切相关，为了真正能够预防工程安全事故，必须消除施工生产过程中的人的不安全行为和物的不安全状态。然而监理人员的管理活动属外部管理，是安全管理工作中的外部原因，外部原因必须通过施工单位这一内因方能发挥作用。监理人员的安全管理必须通过施工管理人员的贯彻才能成为有效的措施。

【例1】安全生产的方针，安全生产管理的原则。

我国安全生产方针经历了一个从"安全生产"到"安全第一、预防为主、综合治理"的产生和发展过程，现代安全管理强调在生产中要做好预警预防工作，尽可能将事故消灭在萌芽状态。安全生产绝非一个单位、一个部门或一个工序、一个环节的安全管理可以实现的，安全生产管理是一个从项目可行性研究到缺陷责任期的全过程、由全体相关人员共同参与的管理系统过程，它必须遵循一些基本原则。

问题：
1. 试对安全生产方针的内容进行阐述。
2. 安全生产管理必须遵循哪些基本原则？

分析：

1. 我国工程安全生产应当坚持"安全第一、预防为主、综合治理"的方针。

（1）"安全第一"是原则和目标。"安全第一"是原则和目标，是从保护和发展生产力的角度，确立了生产与安全的关系，肯定了安全在公路建设工程生产活动中的重要地位。安全第一，就是在生产过程中把安全放在第一重要的位置上，切实保护劳动者的生命安全和身体健康。它要求所有参与工程建设的人员必须树立安全的观念，不能一味追求经济利益而牺牲安全。当安全与生产发生矛盾时，必须先解决安全问题，在保证安全的前提下从事生产活动，只有这样才能使生产正常进行。施工现场安全标识如图 4-7 所示。

图 4-7　安全标识

（2）"预防为主"是手段和基本途径。预防为主，就是把安全生产工作的关口前移，超前防范，建立预教、预测、预想、预报、预警、预防的递进式、立体化事故隐患预防体系，改善安全状况，预防安全事故。在工程建设活动中，根据工程建设的特点，对不同的生产要素采取相应的管理措施，有效地控制不安全因素的发展和扩大，把可能发生的事故消灭在萌芽状态，以保证生产活动中人的安全与健康。

（3）"综合治理"是落实安全生产方针政策和法律法规的最有效手段。综合治理是指为适应安全生产的需要，要自觉遵循安全生产规律，正视安全生产工作的长期性、艰巨性和复杂性，抓住安全生产工作中的主要矛盾和关键环节，综合运用经济、法律、行政等手段，人管、法治、技防多管齐下，并充分发挥社会、职工、舆论的监督作用，有效解决安全生产领域的问题。

"安全第一、预防为主、综合治理"的安全生产方针是一个有机的统一整体。安全第一是预防为主、综合治理的统帅和灵魂，没有安全第一的思想，预防为主就失去了思想支撑，综合治理就失去了整治依据。预防为主是实现安全第一的根本途径，只有把安全生产的重点放在建立事故隐患预防体系上，超前防范，才能有效减少事故及损失，实现安全第一。综合治理是落实安全第一、预防为主的手段和方法，只有不断健全和完善综合治理机制，才能真正把安全第一、预防为主落到实处，不断开创安全生产工作的新局面。

2. 安全生产管理的原则

安全生产管理必须遵循以下原则。

（1）管生产必须管安全。安全寓于生产之中，并对生产发挥促进与保证作用。一切与生产有关的机构、人员，都必须参与安全管理并在管理中承担责任。安全生产人人有责。各级人员安全生产责任制度的建立和健全，管理责任的认真落实，是贯彻"管生产必须管安全"的原则和具体体现。

（2）目标管理。安全管理的内容是对生产的人、物、环境因素状态的管理，有效地控制人的不安全行为和物的不安全状态，消除或避免事故，达到保护劳动者的安全与健康的目的。因此，应明确安全管理的目标，实施目标管理。没有明确目标的安全管理是一种盲目的行为。

（3）预防为主。强调预防为主，就是要把预防生产安全事故的发生放在安全生产工作的首位，切实做到安全生产管理防患于未然。要端正对生产中不安全因素的认识和态度，在生产活动和各项工作中严格遵守有关安全生产的法规和操作规程，加强安全生产的监督管理，经常检查并及时发现不安全因素，采取措施，明确责任，尽快地、彻底地予以消除。

（4）动态安全管理。生产活动中必须坚持全员、全过程、全方位、全天候的动态管理。安全管理涉及生产活动的方方面面，涉及从开工到竣工交付的全部生产过程，涉及全部的生产时间，涉及一切变化着的生产因素。它是一种动态管理，必须坚持持续改进的原则，以适应变化的生产活动，及时发现并消除新的危险因素。

（5）安全具有否决权。安全具有否决权，是指安全生产工作是衡量工程项目管理的一项基本内容，它要求在对项目各项指标考核、评优创先时，首先必须考虑安全指标的完成情况，安全指标没有实现，其他指标即使顺利完成，该项目也不能认为是已实现了最优化目标，安全工作具有一票否决的作用。

（6）事故处理"四不放过"。国家有关法律、法规明确要求，在处理事故时必须坚持和实施"四不放过"原则，即：事故原因分析不清不放过；事故责任者和群众没有受到教育不放过；没有整改预防措施不放过；事故责任者和责任领导不处理不放过。

【例2】安全监理的安全责任。

监理单位应当按照法律、法规和工程建设强制性标准进行监理，对工程安全生产承担监理责任，应当编制安全生产监理计划，明确监理人员的岗位职责、监理内容和方法等。对危险性较大的工程作业应当加强巡视检查。监理工程师若有违反监理安全责任的行为，就需承担一定的法律责任。

问题：

1. 简述公路工程监理的安全责任。
2. 对监理违法行为的法律责任有哪些？

答案：

1. 公路工程监理的安全责任

《建设工程安全生产管理条例》第 14 条规定了监理单位的安全责任如下。

（1）应当审查施工组织设计中的安全技术措施或者专项施工方案是否符合工程建设强制性标准。

（2）在实施监理过程中，发现存在安全事故隐患的，应当要求施工单位整改；情况严重的，应当要求施工单位暂时停止施工，并及时报告建设单位；施工单位拒不整改或者不停止施工的，应当及时向有关主管部门报告。

（3）应当按照法律、法规和工程建设强制性标准实施监理，并对建设工程安全生产承担监理责任。

2. 监理单位和监理工程师违反了上述安全责任就是安全监理的违法行为。安全监理的违法行为，需承担一定的法律责任。

（1）行政责任。对于监理单位的上述安全违法行为，责令限期改正；逾期未改正的，责令停业整顿，并处 10 万元以上 30 万元以下的罚款；情节严重的，降低资质等级，直至吊销资质证书。

（2）刑事责任。我国《刑法》第 137 条规定：建设单位、设计单位、施工单位、工程监理单位违反国家工程建设规定，降低工程质量标准，造成重大安全事故的，对直接责任人员，处 5 年以下有期徒刑或者拘役，并处罚金；后果特别严重的，处 5 年以上 10 年以下有期徒刑，并处罚金。这里的刑事责任针对的是监理单位的直接责任人员，承担刑事责任的前提是造成了重大安全事故。

（3）民事责任。工程监理单位的违法行为往往也是违约行为，如果因此给建设单位造成损失，监理单位应当对建设单位承担赔偿责任。承担民事责任的前提是必须造成建设单位的损失，而不是工程监理单位的违法行为，只有当这种违法行为造成建设单位的损失时，监理单位才承担民事责任。

【例 3】
简述施工安全监理的职责和工程安全监理的工作内容。

分析：

1. 施工安全监理的职责

（1）工程监理单位对本单位所承接的工程建设项目安全监理工作负责，督促承包人建立健全安全生产责任制。

（2）审查施工方案及安全技术措施并督促其实施。

（3）项目总监理工程师对该项目的安全监理工作全面负责。

（4）项目监理人员在总监理工程师的领导下，按照职责分工，履行现场安全监督检查的职责，并对各自承担的安全监理工作负责。

（5）监理工程师按照法律、法规和工程建设强制性标准实施监理，并对建设工程安全生产承担监理责任。

（6）定期组织施工现场安全生产专项检查，每月向工程安监站报告工地安全生产情况。

2. 监理单位实施工程安全监理的工作内容主要有以下几方面。

（1）审查施工组织设计或专项施工方案。工程开工前，监理工程师应审查施工单位编制的施工组织设计中的安全技术措施或专项施工方案是否符合强制性标准，审查合格后方可同意工程开工。审查重点有以下 10 点内容。

1）安全管理和安全保证体系的组织机构，包括项目负责人、专职安全管理人员、特种作业人员配备的数量及安全资格培训持证上岗情况。

2）施工单位是否在其内部各种管理制度的基础上，有针对性地建立了施工安全生产管理体系和运行机制，制订了安全管理规章制度、安全操作规程。

3）施工单位的安全防护用具、机械设备、施工机具是否符合国家有关安全规定。

4）是否制订了施工现场临时用电方案的安全技术措施和电气防火措施。

5）施工场地布置是否符合有关安全要求。

6）生产安全事故应急救援方案的制订情况，针对重点部位和重点环节制订的工程项目危险源监控措施和应急方案。

7）施工人员安全教育计划、安全交底安排。

8）安全技术措施费用的使用计划。

9）监理工程师，特别是监理机构的负责人，必须结合对施工单位的施工组织审查工作，重点审查其质量保证体系、安全生产保证体系的建立和实施计划，发出相应的修改完善的监理指令。同时应把对施工组织计划的审查意见以正式文件的形式向监理公司本部报告。

10）监理公司的技术负责人和职能管理部门，应当将现场监理机构负责人书面报回的施工组织审查意见，作为考核监理机构和人员的工作水平及能力的重要依据，及时组织相关人员检查、反馈监理机构所上报的审查意见，适时组织学习交流，不断提高监理人员的安全管理水平。

（2）审查工程分包。监理工程师应加强对施工单位工程分包的管理，审查分包合同中是否明确了施工单位与分包单位各自在安全生产方面的责任。

（3）加强对工程施工现场的巡视和旁站检查。监理工程师应加强对施工现场的巡视和旁站检查。在巡视、旁站过程中应监督施工单位按专项安全施工方案组织施工，若发现施工单位未按有关安全、法律、法规和工程强制性标准施工，违规作业时，应予制止。

对危险性较大工程作业要定期巡视检查，如发现安全事故隐患，应立即书面指令施工单位整改；情况严重的应签发"工程暂停令"，要求施工单位暂停施工，并及时报告建设单位。施工单位拒不整改或者不停止施工的，监理工程师应及时向有关主管部门报告。

（4）监督施工单位安全生产自查工作。督促施工单位进行安全生产自查工作，落实施工生产安全技术措施，参加施工现场的安全生产检查。

（5）建立施工安全监理台账。监理机构应建立施工安全监理台账，由专人负责。监理人员每次巡视、检查工作对涉及施工安全的情况、发现的问题、监理的指令及施工单位处理的措施和结果应及时记入台账。总监理工程师和驻地监理工程师应定期检查施工安全监理台账记录情况。

【例4】专项安全施工方案。

《公路工程施工安全技术规范》(JTG F90—2015)中规定了对哪些分部分项工程需编制专项安全施工方案?简述监理工程师对专项安全施工方案的审查程序。

答案:

1. 《公路工程施工安全技术规范》第 3.0.2 条规定:公路工程施工应进行现场调查,应在施工组织设计中编制安全技术措施和施工现场临时用电方案,对下列危险性较大的工程应当编制专项施工方案,并附具安全验算结果。经施工单位技术负责人、监理工程师审查同意签字后实施,由专职安全生产管理人员进行现场监督。危险性较大的工程见表 4-3 所列。

表4-3 危险性较大的工程

序号	类 别	需编制专项施工方案	需专家论证、审查
1	基坑开挖、支护、降水工程	1. 开挖深度不小于 3m 的基坑(槽)开挖、支护、降水工程 2. 深度小于 3m 但地质条件和周边环境复杂的基坑(槽)开挖、支护、降水工程	1. 深度不小于 5m 的基坑(槽)的土(石)方开挖、支护、降水 2. 开挖深度虽小于 5m,但地质条件、周围环境和地下管线复杂,或影响毗邻建(构)筑物安全,或存在有毒有害气体分布的基坑(槽)开挖、支护、降水工程
2	滑坡处理和填、挖方路基工程	1. 滑坡处理 2. 边坡高度大于 20m 的路堤或地面斜坡坡率陡于 1:2.5 的路堤或不良地质地段、特殊岩土地段的路堤 3. 土质挖方边坡高度大于 20m,岩质挖方边坡高度大于 30m,或不良地质、特殊岩土地段的挖方边坡	1. 中型及以上滑坡体处理 2. 边坡高度大于 20m 的路堤或地面斜坡坡率陡于 1:2.5 的路堤,且处于不良地质、特殊岩土地段的路堤 3. 土质挖方边坡高度大于 20m、岩质挖方边坡高度大于 30m 且处于不良地质地段、特殊岩土地段的挖方边坡的挖方边坡
3	基础工程	1. 桩基础 2. 挡土墙基础 3. 沉井等深水基础	1. 深度不小于 15m 的人工挖孔桩或开挖深度不超过 15m,但地质条件复杂或存在有毒有害气体分布的人工挖孔桩工程 2. 平均高度不小于 6m 且面积不小于 1200m² 的砌体挡土墙的基础 3. 水深不小于 20m 的各类深水基础
4	大型临时工程	1. 围堰工程 2. 各类工具式模板工程 3. 支架高度不小于 5m;跨度不小于 10m,施工总荷载不小于 10kN/m²;集中线荷载不小于 15kN/m 4. 搭设高度 24m 及以上的落地式钢管脚手架工程;附着式整体和分片提升脚手架工程;悬挑式脚手架工程;吊篮脚手架工程;自制卸料平台、移动操作平台工程;新型及异型脚手架工程 5. 挂篮 6. 便桥、临时码头 7. 水上作业平台	1. 水深不小于 10m 的围堰工程 2. 高度不小于 40m 的墩柱、高度不小于 100m 索塔的滑模、爬模、翻模工程 3. 支架高度不小于 8m;跨度不小于 18m,施工总荷载不小于 15kN/m²;集中线荷载不小于不 20kN/m 4. 50m 及以上落地式钢管脚手架工程。用于钢结构安装等满堂承重支撑体系,承受单点集中荷载 7kN 以上 5. 猫道、移动模架

（续）

序号	类别	需编制专项施工方案	需专家论证、审查
5	桥涵工程	1. 桥梁工程中的梁、拱、柱等构件施工 2. 打桩船作业 3. 施工船作业 4. 边通航边施工作业 5. 水下工程中的水下焊接、混凝土浇筑等 6. 顶进工程 7. 上跨或下穿既有公路、铁路、管线施工	1. 长度不小于40m的预制梁的运输与安装，钢箱梁吊装 2. 跨度不小于150m的钢管拱安装施工 3. 高度不小于40m的墩柱、高度不小于100m的索塔等的施工 4. 离岸无掩护条件下的桩基施工 5. 开敞式水域大型预制构件的运输与吊装作业 6. 在三级及以上通航等级的航道上进行的水上水下施工 7. 转体施工
6	隧道工程	1. 不良地质隧道 2. 特殊地质隧道 3. 浅埋、偏压及邻近建筑物等特殊环境条件隧道 4. Ⅳ级及以上软弱围岩地段的大跨度隧道 5. 小净距隧道 6. 瓦斯隧道	1. 隧道穿越岩溶发育区、高风险断层、沙层、采空区等工程地质或水文地质条件复杂地质环境；Ⅴ级围岩连续长度占总隧道长度10%以上且连续长度超过100m；Ⅵ级围岩的隧道工程 2. 软岩地区的高地应力区、膨胀岩、黄土、冻土等地段 3. 埋深小于1倍跨度的浅埋地段；可能产生坍塌或滑坡的偏压地段；隧道上部存在需要保护的建筑物地段；隧道下穿水库或冲沟地段 4. Ⅳ级及以上软弱围岩地段跨度不小于18m的特大跨度隧道 5. 连拱隧道；中夹岩柱小于1倍隧道开挖跨度的小净距隧道；长度大于100m的偏压棚洞 6. 高瓦斯或瓦斯突出隧道 7. 水下隧道
7	起重吊装工程	1. 采用非常规起重设备、方法，且单件起吊重量在10kN及以上的起重吊装工程 2. 采用起重机械进行安装的工程 3. 起重机械设备自身的安装、拆卸	1. 采用非常规起重设备、方法，且单件起吊重量在100kN及以上的起重吊装工程 2. 起吊重量在300kN及以上的起重设备安装、拆卸工程
8	拆除、爆破工程	1. 桥梁、隧道拆除工程 2. 爆破工程	1. 大桥及以上桥梁拆除工程 2. 一级及以上公路隧道拆除工程 3. C级及以上爆破工程、水下爆破工程

对于达到一定规模的危险性较大的各分部、分项工程，施工单位对以上所列工程的专项施工方案，还应当组织专家进行论证、审查（见表4-3）。

2. 监理工程师对专项安全施工方案的审查

（1）施工单位应当分别编写危险较大的各分部、分项工程的专项安全施工方案，在施工前向监理报审。

（2）监理工程师应按下列方法主持审查。

程序性审查——专项安全施工方案按规定须经专家认证、审查的，是否执行；专项安全施工方案是否经施工单位技术负责人签认，不符合程序的应退回。

符合性审查——专项安全施工方案必须符合强制性标准的规定，并附有安全验算的结果。须经专家认证、审查的项目应附有专家审查的书面报告，专项安全施工方案应有紧急救护措施等应急救援预案。

针对性审查——专项安全施工方案应针对本工程特点以及所处环境、管理模式，具有可操作性。

（3）专项安全施工方案经专业监理工程师审查后，应在报审表上填写监理意见，并由监理工程师签认。

（4）特别复杂的专项安全施工方案，项目监理机构应报监理单位的技术负责人主持审查。

（5）对施工单位事故应急救援预案的审查。

在施工过程中需要对专项安全施工方案进行修改的，必须请原批准部门同意，不得擅自修改。

【例5】 试解释在施工安全管理中，对新职工的三级安全教育和安全施工的"三类人员"的含义以及事故处理"四不放过"原则是什么？

分析：

（1）监理工程师必须监督施工安全技术措施的落实，其中监督安全生产教育培训制度的落实非常重要。对新职工必须进行公司、工地和班组三级安全教育培训，这是安全生产基本教育制度。内容包括：安全生产方针、政策、法规、标准；安全技术知识、设备性能、安全制度、严禁事项；安全操作规程。

（2）三类人员是指施工单位的主要负责人、项目负责人和专职安全生产管理人员。施工单位的主要负责人对本单位的安全生产工作全面负责，项目负责人对所承包项目的安全生产工作全面负责，专职安全生产管理人员直接、具体承担本单位日常的安全生产管理工作。三类人员在施工安全方面的知识水平和管理能力直接关系到本单位、本项目的安全生产管理水平。从事管理建设工程的三类人员必须经交通主管部门对其安全知识和管理能力考核合格后方可任职。

（3）国家有关的法律、法规明确要求，在处理事故时必须坚持和实施"四不放过"原则，即，事故原因分析不清不放过；事故责任者及群众没受到教育不放过；没有整改预防措施不放过；事故责任者和责任领导不处理不放过。

【案例1】 专项安全施工方案的编制及监理审查。

某公路工程建设项目包括路基路面、桥涵、隧道工程。某交通工程公司进行了施工总承包，某监理公司承揽了该项目的施工监理任务，监理合同中明确了监理的安全责任。在工程施工阶段，监理工程师做了下面几项工作。

1. 编制了施工用电专项施工方案。
2. 要求施工单位编制桥梁预应力张拉施工的专项安全施工方案。

3. 监理工程师对专项安全施工方案进行了符合性的审查。

……

问题：

1. 试对上述监理工作的正确与否进行评判，并说明理由。
2. 监理工程师对专项安全施工方案进行审查的方法有哪些？
3. 在工程施工阶段，安全监理的工作有哪些？画出施工阶段监理安全工作程序框图。

分析：

1. （1）错误。施工用电专项施工方案由施工单位编制，不是监理的工作内容。

（2）正确。除了《公路工程施工安全技术规范》第3.0.2条规定的工程应当编制专项安全施工方案外，针对交通建设工程特有的、危险性较大的工程，如预应力张拉施工、港口码头工程等工程，也必须督促施工单位编制专项安全施工方案。

（3）错误。监理工程师对专项安全施工方案必须进行程序性、符合性和针对性的审查。

2. 监理工程师对专项安全施工方案进行审查的具体方法如下。

（1）程序性审查——专项安全施工方案按规定须经专家论证、审查的，是否执行了；专项安全施工方案是否经施工单位技术负责人签认，不符合程序的应退回。

（2）符合性审查——专项安全施工方案必须符合强制性标准的规定，并附有安全验算的结果。须经专家论证、审查的应附有专家审查的书面报告，专项安全施工方案应有紧急救护措施等应急救援预案。

（3）针对性审查——专项安全施工方案应针对本工程特点以及所处环境、管理模式，具有可操作性。

3. 安全生产贯穿于工程施工的全过程，安全监理是对施工安全进行过程控制，应以预防为主。在工程施工过程中，监理工程师在巡视、旁站过程中应对施工生产安全情况、承包人安全保证体系运转情况进行检查，监督承包人按照工程建设强制性标准和专项安全施工方案组织施工，制止违规作业。具体应注意以下几个方面。

（1）监督承包人按照工程建设强制性标准和经审批的安全施工方案组织施工，落实施工生产安全技术措施，制止违规施工作业。

（2）在施工阶段实施监理过程中，若发现有违规施工，应责令其改正；对危险性较大的工程作业等要定期巡视检查，若发现施工单位未按有关安全法律、法规和工程强制性标准施工，存在安全事故隐患的，应当要求承包人整改并检查整改结果，签署复查意见；情况严重的，应当签发"工程暂停令"，要求施工单位暂停施工，并及时报告业主；承包人拒不整改或不停止施工的，应及时向安全监督部门报告。

（3）督促承包人做好洞口、临边、高处作业等危险部位的安全防护工作，并设置明确的安全警示标志，审查承包人使用的建筑起重机械，它们必须具有建设行政主管部门安全监督机构发放的"建筑起重机械设备备案牌"和法定检测机构发给的"检测合格标志"。

（4）督促承包人定期组织施工安全自查工作。

（5）在定期召开的工地例会上，评述安全生产管理现状及存在的薄弱环节和问题，并提出意见和建议，把安全作为工地例会的主要内容之一，把预防落到实处。

（6）对高危作业，易发生安全事故的危险源和薄弱环节作为安全监控的重点，可采取旁站、巡视和平行检查等形式，加大检查监控力度。

（7）对危险性较大的分部、分项工程进行安全巡查、检查，每天不少于一次，发现违规施工和存在安全事故隐患的，及时要求承包人整改，并检查整改结果，签署复查意见；承包人拒不整改或者不停止施工的，现场监理应及时向当地建设行政主管部门报告。

（8）分部、分项工程交工验收时，如安全事故的现场处理未完成，不得签发"中间交工证书"。

（9）建立施工安全监理台账。监理机构应建立施工安全监理台账，并由专人负责。

施工阶段监理安全工作程序如图4-8所示。

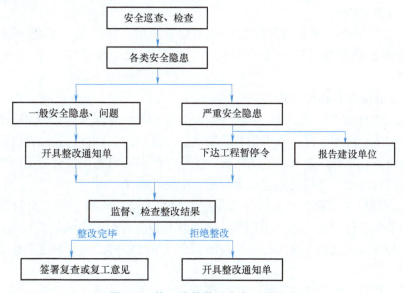

图4-8　施工阶段监理安全工作程序

【案例2】监理的违约行为及处罚。

某工程咨询监理公司承揽了某工程建设项目的施工监理任务，监理合同中明确了监理的安全责任及对违约行为的处罚。在施工准备阶段，监理工程师在监理计划中编制了安全监理的内容。在日常安全监理中，通过加强督促、巡视检查、书面指令和监理会议等手段，实施对工程项目的安全管理。

问题：

1. 为引起对安全工作的重视，监理机构提出了"安全第一"的口号。请问，它与"质量第一"是否矛盾？简要说明。

2. 作为一个完整的监理安全管理体系，监理单位应建立哪些安全管理制度？

3. 安全生产技术交底制度指每项工程实施前，监理单位负责项目安全管理的监理人员对有关的施工技术要求向施工作业班组、作业人员详细说明并由双方签字确认的制度。这种说法是否正确，为什么？

4. 试列举出有关法律、法规中，对监理安全责任的要求及相应的法律责任。

答案：

1. "安全第一"与"质量第一"这两种说法并不矛盾。安全第一是从保护生产要素的角度出发，而质量第一则是从关心产品成果的角度出发。安全为质量服务，质量需要安全保证。

安全与质量是同步的。安全是质量的基础，工程施工质量与其产生的安全效应成正比。质量是"标"，安全是"本"，只有标本兼治，才能使工程项目达到设计标准要求。从广义上看，质量包含安全工作质量，安全概念也包含着质量，两者交互作用，互为因果。

2. 监理单位应建立五项安全管理制度：一是安全技术措施审查制度；二是专项施工方案审查制度；三是安全隐患处理制度；四是严重安全隐患报告制度；五是按照法律、法规与强制性标准实施监理制度。

3. 错误。安全生产技术交底制度指每项工程实施前，施工单位负责项目管理的技术人员对有关的施工技术要求向施工作业班组、作业人员详细说明并由双方签字确认的制度。

监理安全工作交底包括以下内容。

（1）监理工程师在第一次工地例会上应将监理方案中的与安全监理相关的工作内容、工作制、工作程序、监理工作过程中的有关用表，以及对开工审批、监理日常检查、机械设备和安全设施核查、特殊作业人员进场认可、安全生产和文明施工措施费用的中间计量等要求向施工单位进行交底，并将此内容在会议纪要中反映出来。

（2）监理工程师在危险性较大的分部分项工程开工前，应将专项安全监理细则中的相关内容向施工单位进行交底（可用书面签认或召开专题会议形成会议纪要）。

监理工程师或安全监理人员对施工单位的安全技术交底的记录资料定期或不定期组织检查，并做好相关记录。

4. 《建设工程安全生产管理条例》第57条规定，工程监理单位有下列行为之一的，责令限期改正；逾期未改正的，责令停业整顿，并处10万元以上30万元以下的罚款；情节严重的，降低资质等级，直至吊销资质证书；造成重大安全事故，构成犯罪的，对直接责任人员，依照刑法有关规定追究刑事责任；造成损失的，依法承担赔偿责任。

（1）未对施工组织设计中的安全技术措施或者专项施工方案进行审查的。

（2）发现安全事故隐患未及时要求施工单位整改或者暂时停止施工的。

（3）施工单位拒不整改或者不停止施工，未及时向有关主管部门报告的。

（4）未依照法律、法规和工程建设强制性标准实施监理的。

拓展案例

【**案例1**】某一级公路互通立交工程，在大桥主体工程基本完成以后，开始进行现浇箱梁下部支架的拆除工作。该项目部领导安排部分作业人员去进行拆除作业。杨某（瓦工）被安排上支架拆除万能杆件，其在用割枪割断连接弦杆的钢筋后，就用左手往下推被割断的一根弦杆（弦杆长1.7m，重80kg），弦杆在下落的过程中，其上端的焊刺将其左手套挂住（帆布手套），杨某被下坠的弦杆拉扯着从18m的高处坠落，头部着地，当即死亡。

问题：

1. 试对该安全事故的原因进行分析。
2. 根据上述安全事故的原因分析，该如何定性该事故的性质与责任划分？
3. 针对该次施工安全事故，你觉得应采取哪些预防对策？

答案：

1. 从下列两方面来进行安全事故原因分析：

（1）技术方面

1）进行高处拆除作业前，没有编制支架拆除方案，也未对作业人员进行安全技术交底，加之人员少，安排从未进行过拆除作业的瓦工冒险爬上支架进行拆除工作，是事故发生的主要原因。

2）作业人员杨某安全意识淡薄，对进行高处拆除作业的自我安全防护漠然置之，不系安全带就爬上支架，擅自用割枪割断连接钢筋后，图省事用手往下推扔弦杆，被挂坠地是事故的直接原因。

（2）管理方面

1）进行高处拆除作业，必须有人监护，但施工现场却无人进行检查和监护工作，对违章作业无人制止，是事故发生的主要原因。

2）施工现场安全管理混乱，"三违"现象严重，隐患得不到及时整改。

3）对作业人员未进行培训和教育：不进行安全技术交底，盲目蛮干，管理失控。

4）监理单位对高处拆除作业监督不力。

2. 事故的结论与责任划分

（1）事故主要原因。本次事故主要原因是个人严重违章操作，高处作业不系安全带，现场无人监护，冒险蛮干导致事故的发生。

（2）事故性质。本次事故属于责任事故。该项目忙于赶工期、抢进度，忽视了安全管理，既没有制订详细的拆除方案，也不对作业人员进行安全拆除技术交底和培训，对违章作业无人监督检查，现场管理失控。

（3）主要责任

1）项目负责人施工前不编制安全拆除方案，也不进行安全技术交底工作，负有管理失误的责任。

2）作业者杨某高处作业不系安全带，冒险蛮干，应负直接责任。

3）现场管理人员不进行检查监督，对违章作业不及时纠正和制止，应负违章指挥责任。

4）监理工程师没有尽到施工安全监理的职责，没有按照法律、法规和工程建设强制性标准实施监理，没有审查施工方案及安全技术措施并督促其实施，应对该安全事故承担监理责任。

3. 事故的预防对策

（1）施工前编制拆除方案，制订安全技术措施。《中华人民共和国安全生产法》有明确规定，对危险性大的、专业性强的作业都要预先编制安全技术措施和方案，分析施工中可能出现的问题，预先采取有效措施。

《公路工程施工安全技术规范》（2015版）规定，对大型临时工程中的大型支架、模板架设与拆除、桥梁拆除、爆破工程等危险性较大的工程，应当编制专项施工方案。

《建设工程安全生产管理条例》第26条明确规定，对脚手架工程、拆除、爆破工程等危险性较大的工程应当编制专项施工方案。

专项施工方案经施工单位技术负责人、监理工程师审查同意签字后实施，由专职安全生产管理人员进行现场监督。

（2）先培训后上岗。项目部应对高处拆除作业的人员进行相关知识的培训和教育后才能上岗。施工操作前一定要进行安全技术交底，讲清危险源及安全注意事项。同时，在作业过程中安全管理人员一定要进行现场监督检查，一旦发现不安全行为，要立即制止和纠正。

（3）监理工程师必须认真履行安全监理职责，严格按照法律、法规和工程建设强制性标准实施监理，认真审查施工方案及安全技术措施并督促其实施，发现违规行为或安全事故隐患及时要求施工单位整改或者暂时停止施工。

【案例2】 试述施工准备阶段、交工验收阶段安全监理的工作内容。

分析：

1. 施工准备阶段安全监理的工作内容

首先，施工准备阶段，项目监理机构内部要做好安全监理的准备工作。

（1）组织监理人员开展安全教育，确定工作内容。

（2）安排能满足施工现场安全管理要求的相关监理人员进驻现场。

（3）组织监理人员熟悉设计文件，对监理人员进行安全交底和进入工地现场的自身安全教育。

（4）监理工程师编制监理计划中的安全监理方案，并根据工程特点和高危作业的施工，编制专项安全监理细则。

（5）建立和完善安全监理组织网络。

其次，工程开工前，监理工程师应严格审查承包人的安全保证方案，审查重点是：

（1）督促业主与承包人签订工程项目安全施工责任书，督促总包单位与分包单位签订工程项目安全施工责任书。

（2）审查总包单位、分包单位的安全生产许可证或专业主管部门颁发的安全生产资质。

（3）督促承包人建立健全施工现场安保体系。

（4）督促施工总承包单位对分包单位的安全生产工作统一领导，统一管理，提出明确的安全生产制度、管理措施，并认真实施监督检查。

（5）审查承包单位是否对危险性较大的工程编制了专项安全施工方案，审查施工承包单位编制的施工组织设计中的安全技术措施或专项安全施工方案是否符合工程建设强制性标准。审查合格后方可同意工程开工。审查重点共有10点（同前，省略）。

（6）审查承包人安全技术措施费用的使用计划。

（7）督促承包人做好逐级安全技术交底工作和开展经常性的安全教育培训活动。

（8）复查承包人的大型施工机械、安全设施验收手续，并签署意见。

2. 交工验收阶段安全监理的工作内容

交工验收阶段安全监理的主要工作内容包括：

（1）协助业主落实工程项目"三同时"的规定。工程建设项目中的劳动安全卫生设施符合国家规定的标准，必须与主体工程同时设计、同时施工、同时投入生产和使用。

（2）审查安全设施等是否按设计要求与主体工程同时建成交付使用。

（3）承担交工验收阶段至竣工验收阶段质量缺陷和问题修复施工的安全管理责任。

案例总结

通过对本节案例的分析，应熟悉安全生产方针、安全生产管理必须遵循的基本原则、公路工程监理的安全责任及安全事故处理"四不放过"原则。重点掌握的内容包括：施工安全监理的职责和工程安全监理的工作内容、监理违法行为的法律责任、需编制专项安全施工方案的分部分项工程、专项安全施工方案的审查程序、施工阶段的安全监理工作内容等。

拓展案例中增加了施工准备阶段、交工验收阶段安全监理的工作内容，以及对安全方面的工程实例的具体分析，使学生知识更全面，工程实践能力更强。

目前，安全管理已成为工程监理工作的重中之重，不管将来从事的是施工，还是监理，或者是工程管理，都必须进行系统的安全管理教育。

自我测评

一、判断题

1. 安全与施工进度是相互矛盾、不可调和的。（ ）
2. 政府是安全生产的监控主体，企业是安全生产的责任主体。因此，安全生产工作必须建立、落实政府行政首长负责制和企业法定代表人负责制。（ ）
3. 监理单位和监理工程师应当按照法律、法规和工程建设强制性标准实施监理，并对建设工程安全生产承担监理责任。（ ）
4. 监理单位未对施工组织设计中的安全技术措施进行审查就构成违法行为。（ ）
5. 没有安全的项目根本没有质量可言，监理人员在进行施工方案审查、质量检查、工序验收等工作中，首要注意安全状况，然后才是质量水平。（ ）
6. 特别复杂的专项施工方案，项目监理机构应请监理单位技术负责人主持审查。
（ ）

二、单项选择题

1. 在我国安全生产工作基本责任制度中，政府是安全生产的监管主体，（ ）是最主要的安全生产责任主体。

A. 建设单位　　　　B. 监理单位　　　　C. 施工单位　　　　D. 质量安全监督机构

2. 以下责任中，不属于监理单位的安全责任的是（ ）。

A. 审查施工方案

B. 向施工单位提供资料

C. 发现存在安全事故隐患，应当要求施工单位整改

D. 按照法律、法规和工程建设强制性标准实施监理

3. 建设工程施工总承包单位依法将工程分包给其他单位的，（   ）。
   A. 分包工程现场的安全生产由分包单位负总责
   B. 分包工程的生产安全事故由分包单位承担责任
   C. 分包单位应当接受监理人员的安全生产管理
   D. 总承包单位和分包单位对分包工程安全生产承担连带责任

4. （   ）负责对安全生产进行现场监督检查，对违章指挥、违章操作的，应当立即制止。
   A. 监理工程师   B. 项目经理
   C. 监督检查机构   D. 专职安全生产管理人员

5. 监理工程师应对危险性较大的工程作业定期巡视检查，如发现严重的安全事故隐患，监理工程师应（   ）。
   A. 签发工程暂停令，并报告建设单位   B. 指令继续施工，但应整改
   C. 不予理睬   D. 通知施工单位自行处理

6. 安全生产技术交底制度是指每项工程实施前，（   ）对有关的施工技术要求向施工作业班组、作业人员详细说明并由双方签字确认的制度。
   A. 总监理工程师或驻地监理工程师   B. 建设单位技术负责人
   C. 施工单位负责项目管理的技术人员   D. 外聘专家

7. 监理工程师在实施监理过程中，发现存在一般安全事故隐患的，应当（   ）。
   A. 要求施工单位整改   B. 发出要求施工单位暂停施工的指令
   C. 向建设单位书面报告   D. 向有关行政主管部门书面报告

8. 《公路水运工程安全生产监督管理办法》（交通运输部令2017年第25号）明确规定，施工现场应当按照每（   ）万元施工合同额配备一名的比例配备专职安全生产管理人员，不足的至少配备一名。
   A. 6000   B. 5000   C. 4000   D. 3000

9. 项目监理机构应对（   ）分部分项工程在施工开始前编制专项安全监理实施细则。
   A. 工程项目所有的   B. 监理工程师指定的
   C. 危险性较大的   D. 质量要求高的

10. 监理单位发现施工现场存在严重安全事故隐患而没有采取措施处理的，政府行政主管部门责令限期改正；逾期未改正的，责令停业整顿，并处（   ）的处罚。
    A. 5万元以上10万元以下   B. 10万元以上20万元以下
    C. 5万元以上20万元以下   D. 10万元以上30万元以下

三、多项选择题

1. 监理机构在编制项目监理计划时，应将安全监理方案单独列为一个章节，且应具有对安全监理工作的指导性。安全监理方案的内容应包括（   ）。
   A. 安全监理工作目标
   B. 安全监理工作的方法及措施
   C. 安全监理人员的安排与分工
   D. 安全监理工作制度

E. 安全监理工作内容

2. 施工中发生安全事故时，建筑施工企业应当按照有关规定及时向有关部门报告，对事故的处理做到（　　）。

A. 事故原因不清不放过

B. 事故责任者未受到处罚不放过

C. 事故隐患未消除不放过

D. 没有防范措施不放过

E. 事故责任者和群众没有受到教育不放过

3. 工程监理单位的安全生产管理的主要责任和义务有（　　）。

A. 监督检查建设单位的安全生产投入是否到位

B. 审查设计文件是否执行工程建设强制性标准

C. 审查施工组织设计中的安全技术措施是否符合工程建设强制性标准

D. 安全生产事故隐患报告义务

E. 对建设工程安全生产承担连带责任

4. 达到一定规模的（　　）分部分项工程，施工单位应当编制专项施工方案。

A. 土方开挖工程　　　　B. 起重吊装工程　　　　C. 脚手架工程

D. 主体结构工程　　　　E. 临时用电工程

5. 施工单位制定的基坑支护、土方开挖、爆破等工程的专项施工方案，必须经（　　）签字方可实施。

A. 建设单位负责人　　　B. 施工单位负责人　　　C. 监理单位负责人

D. 施工单位技术负责人　　E. 总监理工程师

6. 根据《建设工程安全生产管理条例》的规定，监理单位应建立的安全管理制度包括（　　）等。

A. 安全技术措施审查制度

B. 专项施工方案审查制度

C. 安全隐患处理制度

D. 严重安全隐患报告制度

E. 按照法律法规和强制性标准实施监理制度

7. 监理单位在实施安全监理过程中的违法行为包括（　　）。

A. 发现安全事故隐患未及时处理

B. 发现严重安全事故隐患未及时报告

C. 未依照法律、法规和工程建设强制性标准实施监理

D. 未对施工组织设计中的安全技术措施或专项施工方案进行审查

E. 未向施工单位提供安全生产费用

8. 监理单位在安全生产监理中承担的法律责任包括（　　）等。

A. 行政责任　　　　　　B. 民事责任　　　　　　C. 刑事责任

D. 行政处分　　　　　　E. 行政处罚

9. 监理工程师对专项施工方案的审查主要包括（　　）等方面。

A. 程序性审查　　　　　B. 符合性审查　　　　　C. 针对性审查

D. 完备性审查　　　　　　　E. 安全性审查

10. 日常安全监理实施程序包括（　　）等环节。

A. 签发书面通知、指令　　　B. 发出口头通知　　　C. 签发"工程暂停令"

D. 召开专题监理例会　　　　E. 向建设主管部门报告

四、简答题

1. 安全生产管理必须遵循的原则有哪些？
2. 工程安全监理工作内容主要有哪些方面？
3. 施工单位应对哪些分部分项工程编制专项施工方案？
4. 项目监理机构编制的安全监理方案应包括的内容有哪些？
5. 监理单位安全生产监理的范围应包括哪些方面？

4.3 施工环境保护监理

知识学习

在公路施工过程中，由于公路工程本身特有的性质和一些其他因素，对项目地区环境会产生较大的影响，不仅造成了长期的如植被破坏、水土流失，而且由于施工方式不当，对地方造成的短期影响也很大，严重的会造成大量纠纷，导致工程停工，从而造成更大的经济损失。

为了有效控制工程施工阶段的环境影响，真正做到公路建设与环境的协调发展，做到全过程地监控公路建设中的环境问题，《公路工程施工监理规范》已明确将环境保护监理纳入工程监理管理体系中。因此，监理工程师有责任督促承包人做好环境保护工作。

监理工程师应督促承包人结合工程实际情况，提出施工期环境保护要求、措施和建议，并在施工过程中不断完善环境保护措施，规范化施工，以保证尽可能地缓解和减轻施工对环境的影响，保证工程的顺利进行。

1. 环境保护监理的概念

施工环境保护监理，是指监理单位受建设单位的委托，依法对施工单位在施工过程中影响环境的活动进行监督管理，确保各项环保措施满足施工环境保护的要求。

2. 环境保护监理的任务

公路施工环境保护监理的任务主要有两个方面。

1）根据有关法律法规，对工程建设过程中污染环境、破坏生态的行为进行监督管理，如噪声、废气、污水等污染物排放应达标，减少水土流失和生态环境破坏，也称为"环保达标监理"。

2）对建设项目配套的环保工程进行监理，确保"三同时"的实施，如对水处理设施、声屏障、绿化工程、自然保护区的保护等进行监理，也称为"环保工程监理"。

【例1】 公路施工对环境的影响因素。

公路施工期对环境的影响因素主要包括（　　）。

A. 水土流失　　　　　　　B. 植被破坏　　　　　　C. 各种污水直接排放

D. 沥青路面的摊铺　　　　E. 夜间施工机械噪声　　F. 灰土拌和

分析：

环境保护涉及范围广，根据可持续发展的理论，项目地区环境因素包括：自然环境、生态环境和社会环境。公路施工期对环境的影响因素主要有以下几点。

（1）对生态环境的主要影响因素：水土流失、植被破坏。

（2）对声环境的主要影响因素：夜间施工机械噪声。

（3）对水环境的主要影响因素：挖泥、取砂、材料冲洗引起水质混浊；施工机械的含油污水及油料泄漏造成油污染；施工人员的生活污水、垃圾直接排入水体；沥青、油料、化学品等因保管不善进入水体。

（4）对大气环境的主要影响因素：灰土拌和、扬尘、沥青烟、废气。

（5）对社会经济的主要影响因素：临时占地及施工作业对周边农田的损坏，对沿线河道、人工渠道的施工干扰，加重了地区道路的负荷等。

公路工程施工监理过程中，应着重检查、控制施工对生态环境、水环境、大气环境的影响。

答案： ABCEF

【例2】公路工程环境保护监理的工作内容。
试简述公路建设项目环境保护监理的工作内容。

分析：

该题考核点就是对环境保护监理工作内容的熟悉程度，应从施工准备阶段、施工阶段、交工及缺陷责任期三个方面进行简述。

1. 施工准备阶段的环境保护监理的工作内容

（1）参加设计交底，熟悉环境评价报告和设计文件，掌握沿线重要的环境保护对象，了解建设过程的具体环保目标，对敏感的目标做出标志。

（2）审查施工单位提交的施工组织设计和开工报告，对施工方案中环保目标和环保措施提出审查意见。

（3）审查施工单位的临时用地方案是否符合环保要求，历史用地的恢复是否可行。

（4）审查施工单位的环保管理体系是否责任明确，切实有效。

（5）编制监理计划中的环保监理内容，根据工程项目特点明确环保监理的范围，制订环保监理工作程序和制度，确定监理人员的监理职责及分工。

（6）根据监理计划中的环保监理内容，编制各单位工程的环境保护监理细则。

（7）参加第一次工地会议，提出环保监理目标、环保监理措施及要求。

2. 施工阶段的环境保护监理内容

（1）审查施工单位编制的分部（分项）工程施工方案中的环保措施是否可行。

（2）对施工现场、施工作业进行巡视或旁站监理，检查环境保护措施的落实情况。

（3）监测各项环境指标，出具检测报告或成果。

（4）向施工单位发出环境保护工作指令，并检查指令的执行情况。

（5）编写环保监理月报。

（6）参加工地例会。

（7）建立、保管环保监理资料档案。
（8）处理或协助主管部门和建设单位处理突发环保事件。

3. 交工及缺陷责任期的环境保护监理内容

（1）参加交工检查，确认现场清理工作、临时用地的恢复等是否达到环保要求。
（2）检查施工单位的环保资料是否达到要求。
（3）评估环保任务或环保目标的完成情况，对尚存在的主要问题提出继续监测或处理的方案和建议。
（4）完成缺陷责任期环境保护监理工作：检查施工单位对环保遗留问题的整改，检查已交工环保工程的维护和修复、环境恢复，督促完善环保资料。

> **【例3】** 环境保护监理职责和监理措施。
>
> 公路建设在我国正在迅猛发展，而破坏生态环境的速度也十分惊人，随着人们对环境要求的提高，对公路的绿化、美化和被破坏的土地复耕等生态环境保护也越来越重视，要求对环境的保护始终贯穿于公路建设的设计、施工过程中。
>
> 施工环境保护应贯彻"预防为主、防治结合、综合治理"的原则，树立"原始的就是最美的，不破坏就是最好的保护，力求施工中最小程度的破坏，施工后最大限度的恢复"的环保理念。作为公路工程项目的监理工程师，担负着施工过程的环境监理职责，必须采取必要的环境保护监理措施，按照事前指导、过程控制检查和施工验收三个环节，对施工全过程进行严格把关，才能有效控制施工行为对环境的影响和破坏。
>
> 问题：
> 1. 简述环境保护监理工程师的职责。
> 2. 监理工程师对环境保护的监理措施有哪些？

分析：

1. 环境保护监理工程师的职责如下。

环保监理工程师应积极与业主配合。在施工准备阶段，参加设计交底，熟悉环评报告和设计文件；对沿线环境保护对象进行调查收集，认真审核设计单位的工程设计和环境保护设计，进行现场核对和检查，对达不到环保要求的设计提出修改意见和建议。

在施工阶段，环保监理工程师根据环境保护设计的要求，指导承包人编制切实可行的环境保护措施和方案，着重在水土保持、防大气污染、防水质污染、防噪声污染以及绿化等方面进行审核，达到环保要求后，再予以批准。

在施工过程中，环保监理工程师根据承包人编制的环境保护措施和方案，核查环境保护措施实施情况；检查工程设计中不利于环保的各种工程隐患；检查环境保护工程设计是否得以实施，质量是否达到要求；检查环保工程资金是否到位，是否落到实处；配合环保职能部门做好施工期间施工现场的环境监测和监督工作，及时掌握环境质量动态，随时调整环保监控力度。此外，对承包人存在的造成环境破坏或污染的施工活动，监理工程师应发出监理指令，要求承包人整改，严重的环境问题，应同时向业主汇报。

2. 监理工程师应按照事前指导、过程控制检查和施工验收三个环节，对施工全过程进行严格把关，有效地控制施工对环境的影响。

(1) 施工前期的控制

1) 监理工程师应审查施工组织设计是否按照设计文件和环境影响评价报告的有关要求制订了施工环境保护措施，审查合格后方可同意工程开工。

2) 检查承包人的环保人员及质检人员是否已进行了环保教育，特别是环保管理体系是否健全有效，环保人员是否已到位，环保应急预案是否合理可行。

3) 检查、督促承包人的各项开工准备工作，如临时用地征地情况、临时排水设施等，各项检查合格后方允许承包人开工。

4) 对全线设计的取、弃土场进行实地踏勘，做到心中有数，提出切实有效的控制措施；对变更的取、弃土场，除了实地调研外，在承包人上报征地报告时，即要求其提出环保措施，监理工程师认为方案可行后，方可批准征地。

(2) 施工过程中的控制

1) 规范承包人操作，合理指导施工。

2) 加强对承包人的监督管理，以便在施工中能保护现场周围的环境，防止自然环境遭到破坏，防止和减轻粉尘、噪声等对周围环境的污染和危害。如发现施工中存在违反有关环保规定、未按合同要求落实环保措施的情况，监理工程师应书面指令施工单位整改；情况严重的，应签发"工程暂停令"要求施工单位暂时停工，并及时报告建设单位。

3) 施工中发现文物时，监理工程师应要求承包人依法保护现场，并报告有关部门和业主，以免文物损坏。

4) 监理工程师应要求施工单位依法取得砍伐许可证后方可按照砍伐许可的面积、株数、树种进行砍伐，并注意保护野生动物、植物。

5) 经常检查承包人环境保护工作的进度和质量，及时纠偏，对达不到合同要求或不符合规范要求的项目不予计量。

(3) 后期的控制

1) 督促承包人整理有关环境保护的合同条件和技术档案资料。

2) 督促承包人完善有关项目的环境保护工作。

【例4】环境保护监理工作程序。

简述项目实施过程中的施工环境保护监理工作程序，并画出流程图。

答案：

施工环境保护监理一般应按照下列工作程序进行。

(1) 根据施工环保监理目标及任务，建立施工环保监理机构。

(2) 依据监理合同、施工合同、设计文件、环评报告、水土保持方案等编制施工环保监理计划。

(3) 按照施工环保监理计划、工程建设进度、各项环保对策措施编制施工环保监理实施细则。

(4) 依据编制的施工环保监理计划和实施细则，开展施工期环保监理。

(5) 工程交工后编写施工环保监理总结报告，整理监理档案资料，提交建设单。

(6) 参与工程竣工环保验收。

环保监理工作程序如图4-9所示。

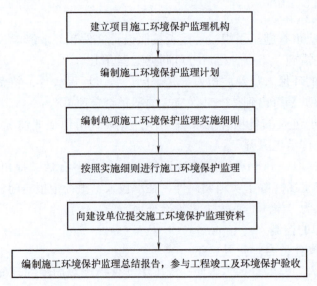

图 4-9 施工环境监理工作程序示意图

案例分析

【**案例 1**】监理工程师在巡视、旁站中,应随时检查施工单位制定的环境保护措施的落实情况,检查的主要内容有哪些?

答案:
《公路工程施工监理规范》5.3.2 条规定了检查的主要内容有:
(1) 是否落实了施工环境保护责任人。
(2) 是否对施工人员进行了环保教育。
(3) 施工场地的布设是否符合相关环保要求。
(4) 职业危害的防护措施是否健全。
(5) 施工现场(含临时便道、拌和站、预制场等)和料场等是否洒水防尘。
(6) 是否按有关要求采取降噪措施。
(7) 材料堆场设置环境的合理性及采取措施减少运输漏撒情况。
(8) 施工废水、渣土、生活污水、垃圾的处置是否合理。
(9) 是否按照批准在拟定的取(弃)土场取(弃)土,取土结束后是否采取了有效的排水防护和植被恢复措施。

【**案例 2**】在某工程项目实施过程中,桥梁施工队在进行钻孔灌注桩基础施工时,未将钻孔产生的泥浆外运,而是直接排入河中,导致河床抬高,河道通航受到影响。事故发生后,该施工项目部受到环保、水利、交通等部门的处罚。

问题:
1. 简答监理工程师对环境污染和生态破坏事故的处理程序。
2. 监理工程师对该环境污染有无责任?为什么?
3. 监理工程师对环境保护监理的工作方式有哪些?

答案：

1. 当施工过程中出现环境污染或生态破坏事故时，监理工程师应按下列程序处理：

（1）事故发生后，应立即通知施工单位暂停该工程的施工，并要求尽快提出书面报告，报告应初步反映该工程名称、部位、事故原因、应急环保措施等。

（2）立即报告建设单位，并要求施工单位按有关规定向环保主管部门报告，并根据环保主管部门有关意见，采取有效的环保措施。

（3）对事故进行深入调查分析，并和有关方面商讨，提出事故处理的初步方案后报建设单位批准，并交环保主管部门审查备案。

（4）督促施工单位做好善后工作。

2. 环保监理工程师存在严重失职行为。在施工阶段，环保监理工程师的职责包含以下几点：

（1）环保监理工程师根据环境保护设计的要求，指导承包人编制切实可行的环境保护措施和方案，着重在水土保持、防大气污染、防水质污染、防噪声污染以及绿化等方面进行审核，达到环保要求后，再予以批准。

（2）在施工过程中，环保监理工程师根据承包人编制的环境保护措施和方案，核查环境保护措施实施情况。

（3）配合环保职能部门做好施工期间施工现场的环境监测和监督工作，及时掌握环境质量动态，随时调整环保监控力度。

（4）对承包人存在的造成环境破坏或污染的施工活动，监理工程师应发出监理指令，要求承包人整改，严重的环境问题，应同时向业主汇报。

很明显，在施工过程中，环保监理工程师没有认真核查环境保护措施实施情况。

3. 监理工程师一般应常驻工地，对施工活动的环保工作进行动态管理。工作方式以巡视为主，根据施工区污染源分布情况，监理工程师定期进行巡视。对特别关心的节点可以进行旁站监理，必要时还可以进行环境监测。巡视和旁站监理的情况，均应予以详细记录。

案例总结

通过对本节知识的学习和对案例的分析，学生应熟悉公路施工对环境的主要影响因素、环境保护监理工程师的职责、监理工程师对环境保护的监理措施、施工环境保护监理工作程序。重点掌握公路建设项目环境保护监理的工作内容，以及监理工程师对环境保护的监理工作方式。

目前，环境保护也已逐渐成为工程监理的重要工作，不管将来从事的是施工，还是监理，或者是工程管理，很有必要进行系统的环境保护教育。因此，建议对工程监理工作感兴趣的学生可以自学一下《公路施工环境保护监理》，了解公路工程环境保护监理的基本知识，提高实际生活中的环保意识。

一、判断题

1. 在我国境内建设的所有公路工程建设项目都必须进行环境影响评价，编制环境影响

评价文件。   （ ）

2. 公路建设项目环境影响评价工作应当由建设单位承担。   （ ）

3. 监理工程师应要求承包人依法取得砍伐许可后方可对砍伐许可的面积、株数、树种进行砍伐。   （ ）

二、单项选择题

1. 公路建设项目环境影响评价文件一般应在（   ）报有关环境保护行政主管部门审批。

   A. 项目设计阶段   B. 编制项目建议书阶段
   C. 项目招标投标阶段   D. 项目可行性研究阶段

2. 下列监理工作中，属于环境保护监理的是（   ）。

   A. 对施工工程废水、废气排放进行监理
   B. 对水处理工程进行施工监理
   C. 对绿化工程进行施工监理
   D. 对声屏障工程进行施工监理

3. 公路工程施工过程中，监理工程师对施工现场废气、污水、噪声等污染物排放进行控制，这称之为（   ）。

   A. 环境监测监理   B. 环保达标监理
   C. 环境控制监理   D. 环保工程监理

4. 施工环境保护监理的工作方式不包括（   ）

   A. 以监理巡视为主   B. 试验检测及工序控制
   C. 对重要的环保工程及可能引起重大环境影响的施工工序进行旁站
   D. 必要时进行环境监测

5. 下列监理工作中，不属于施工阶段的环保监理工作内容的是（   ）。

   A. 编写环保监理月报
   B. 审查施工单位的环保管理体系是否责任明确，切实有效
   C. 审查施工单位的分项、分部工程施工方案中的环保措施是否可行
   D. 监测各项环境指标，出具监测报告

三、多项选择题

1. 以下各项工作中，属于公路施工阶段环境保护监理工作内容的是（   ）。

   A. 审查分部工程施工方案中的环境保护措施是否可行
   B. 审查施工组织设计
   C. 对施工现场进行巡视检查
   D. 监测各项环境指标，出具监测报告
   E. 审查施工单位的环保管理体系

2. 施工环境保护监理工作记录，是监理工程师作出决定的重要基础资料，其主要内容有（   ）。

   A. 工地会议记录   B. 监理日记   C. 巡视及旁站记录
   D. 气象及灾害记录 E. 施工记录

3. 如发现施工过程中存在违反环保规定、未按合同要求落实环保措施，或出现环境污

染或生态破坏的情况，监理工程师可能采取的手段或方法有（　　）。

A. 继续旁站，暂不需发布监理指令

B. 召开工地会议了解情况

C. 报告建设单位

D. 应发布书面指令，要求施工单位整改

E. 签发工程暂停令，要求施工单位暂停施工

4. 现阶段我国环境保护的基本原则包括（　　）。

A. 经济建设与环境保护协调发展的原则　　B. 预防为主、防治结合的原则

C. 污染者付费的原则　　D. 政府对环境质量负责的原则

E. 依靠群众保护环境的原则

5. 施工环保监理的工作方式主要包括（　　）等。

A. 以巡视为主

B. 对重要的环保工程及可能引起重大环境影响的施工过程进行旁站

C. 对已经发生环境污染和生态破坏等情况，应书面指令施工单位整改或暂时停工

D. 必要时进行环境监测

E. 试验测量及工序控制

四、复习思考题

1. 简述公路建设项目环境保护监理的工作内容。
2. 环境保护监理工程师的职责有哪些？
3. 简述监理工程师对环境污染和生态破坏事故的处理程序。

4.4　工程进度监理

知识学习

公路工程项目的特点是工程费用大、建设周期长、涉及范围广，而工程进度又直接影响着业主、监理单位和施工单位的重大利益。如工程进度符合合同要求，施工速度既快又科学，则有利于承包人降低工程成本，并保证工程质量，也会给承包人带来好的工程信誉。

公路工程施工过程中，承包人应编制符合客观实际、贯穿合同条件及技术规范的施工进度计划，并在计划执行过程中，通过计划进度与实际进度的比较，定期地、经常地检查和调整进度计划。

施工进度监理是公路工程施工监理的一个重要环节。监理工程师的主要任务是审批承包人编制的施工进度计划，并对已批准的进度计划的执行情况进行监督，从全局出发，掌握影响施工进度计划所有条件的变化情况，对进度计划的执行进行监理。

业主应根据合同要求及时提供施工场地和图纸，并尽可能地改善施工环境，为工程顺利进行创造条件。只有通过这三方面的互相配合，才能确保工程进度目标的实现。

公路工程施工过程中，工程进度监理不仅仅要考虑时间计划的管理和控制问题，同时还

需要考虑劳动力、材料、机械设备等所必需的资源能否最有效、合理、经济地配置和使用，使工程在预定的工期内完成，并早日投入使用从而获得最佳投资效益等问题。因此，进度监理的作用就是在考虑了工程施工管理三大因素的同时，通过贯彻施工全过程的计划、组织、协调、检查与调整等手段，努力实现施工过程中的各个阶段目标，从而确保总的工期目标的实现。

因此，工程进度监理的主要环节是：施工进度计划的审批；施工进度计划的执行检查；审核修改后的进度计划。

> 【例1】进度监理的基本方法。
> 项目监理机构在对所监理项目实施管理中，进度监理的基本方法有（　　　）。
> A．横道图法　　　　　　B．S曲线法　　　　　　C．斜条图法
> D．网络计划图法　　　　E．计划评审法

分析：

工程进度计划可采用横道图、网络图、斜条图及进度曲线等方法表示，其中横道图、网络图为常用的两种表示方法。以下对这几种表示方法进行说明。

1. 横道图法

横道图也称甘特图，它是以横轴表示时间，纵轴表示各分项工程或施工工序，并按先后施工顺序和工艺流程，用带时间比例的水平横道线表示对应项目或工序持续时间的施工进度计划图表，如图4-10所示。

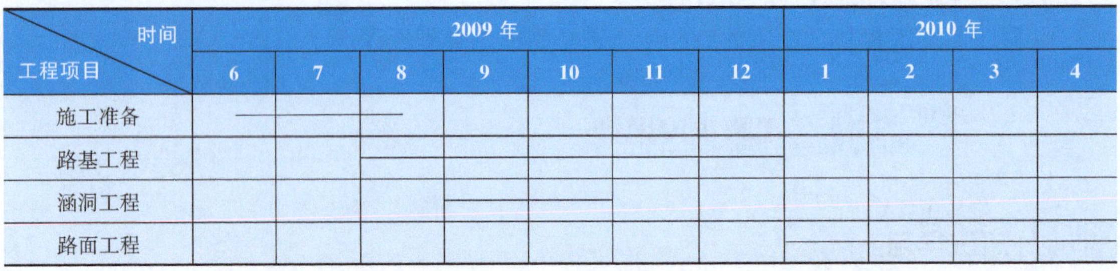

时间\\工程项目	2009年							2010年			
	6	7	8	9	10	11	12	1	2	3	4
施工准备											
路基工程											
涵洞工程											
路面工程											

图4-10　横道图

横道图编制施工进度计划的优点为：

（1）横道图可以方便地表达出施工计划的总工期和各分项工程或施工工序的持续时间，每项工作何时开始、何时完成一目了然，便于计算完成施工计划所需的劳动力、材料、机械设备及资金等各种资源用量，具有简单、形象、直观、易懂的特点。

（2）它可以进行实际进展与计划要求的对比，便于检查和计算资源用量。它是一种理想的控制进度的工具。

横道图编制施工进度计划的不足表现在：

（1）不容易看出工作之间的相互依赖、相互制约的关系，仅反映工作之间的前后衔接关系。

（2）无法反映工作的机动使用时间，反映不出关键工作及哪些工作决定总工期。

（3）不能实现定量分析，因而无法采用计算机计算。

（4）计划执行过程中偏离原计划时，只能进行局部简单的调整。

（5）无法进行施工组织及施工技术方案的比较与优化。

因此，横道图只适宜于编制集中性工程进度计划、材料供应计划或者简单的工程进度计划。

2. S 曲线法

S 曲线即工程进度曲线，又称为现金流动曲线，因其曲线形状大致呈 S 形故而得名。S 曲线是以时间为横轴，以累计完成的工程费用的百分比或累计完成的工程量的百分比为纵轴的图表化曲线。

S 曲线的在公路工程施工监理中的作用如下：

（1）在审批施工进度计划时，可用 S 曲线判断承包人编制的施工进度计划是否合理。

（2）在监控施工进度计划实施阶段，可用 S 曲线判断实际进度情况属于正常、提前或滞后。

（3）S 曲线可作为工程计量和费用支付的依据。

3. 斜条图法

斜条图法又称垂直图法或垂直坐标表示法。斜条图以纵坐标表示施工期限，横坐标表示里程或工程位置，而各分项工程或施工工序的施工进度则相应地以不同形式的斜条线表示。

斜条图与横道图相似，其实是横道图的另一种表示方法。它仅是编制道路、隧道等线形工程施工进度计划的一种较好形式。

4. 网络计划图法

网络计划技术是 20 世纪 50 年代国外陆续出现的一些计划管理的新方法。由于这些方法将计划的工作关系建立在网络模型上，把计划的编制、协调、优化和控制有机地结合起来，所以称为网络计划技术。

网络计划图是以加注工作持续时间的箭线和节点组成的网状流程图来表示施工进度计划。基本原理是：首先根据工作间的相互关系及其工作先后顺序流程绘制工程项目施工进度计划网络图；其次通过计算找出计划中的关键工作及关键线路；最后通过不断调整、改善网络计划，选最优的方案付诸实施。

网络计划图法的主要特点是：能够反映各项工作之间的相互制约、相互依赖的关系；可以区分关键工作和非关键工作，并能找出关键线路，反映出各项工作的机动时间，因而可以更好地调配人、材、机等各种资源；能够进行计划的优选比较，从而选择最佳方案。

网络计划图分为双代号网络计划图和单代号网络计划图。

总体进度计划及关键项目的工程进度计划，一般宜采用网络计划图法表示；对于高等级大型项目，一般应采用网络计划图法表示，标注关键路线和时间参数；年度、月（季）进度计划可采用横道图、进度曲线及有关形象进度图法表示。总体进度计划及月进度计划中应绘制资金流量 S 曲线。

答案：ABCD

【例 2】进度监理工程师的职责。

问题：简述进度监理工程师的职责。

分析：

根据《公路工程施工监理规范》（JTG G10—2016）的规定，监理工程师在工程进度监理方面的主要职责包括以下内容。

1. 审批施工单位提交的进度计划

总体进度计划应由总监审批，月进度计划等应由驻地监理工程师审批并报总监办。审查施工进度计划应包括下列内容：①是否符合施工合同工期管理约定，阶段性施工进度计划是否满足总体进度目标控制要求；②主要工程项目是否有遗漏，劳动力、材料、机械设备等是否满足进度需要；③是否适合建设单位提供的资金、施工场地等条件。

2. 检查进度计划的执行情况

监理机构应检查施工进度计划的执行情况，按月进行实际进度与计划进度的比较分析评价，主要结论应写入监理月报。

3. 审批进度计划的调整

进度计划调整应符合下列规定：①对总体进度起控制作用的分项工程的实际进度严重滞后时，监理机构应签发监理指令单，要求施工单位采取措施保证工程进度，并向建设单位报告工期延误风险。需要调整进度计划的应重新审批；②由于施工单位原因造成工程进度延误，且在监理机构签发监理指令后未有明显改进、工程在合同工期内难以完成的，监理机构应及时向建设单位报告，并按合同约定处理；③建设单位或施工单位提出工程进度重大调整时，应按合同或签订的补充合同执行。

4. 定期向建设单位报告工程进度情况

当施工进度可能导致合同工期严重延误时，监理有责任提出中止执行施工合同的详细报告，供业主采取措施或作出相应的决定。

【例3】进度监理工作内容。
简述工程进度监理的主要工作内容。

分析：

1. 工程施工进度计划的编制

工程施工进度计划是表示施工项目中各个单位工程或分项工程的施工顺序、开竣工时间以及相互衔接关系的计划，它是施工项目实施阶段进行进度控制的行为标准，也是监理工程师实施进度监理的基础条件。承包人中标后，应按照合同规定的总工期编制工程进度计划表，并在规定的期限内送交监理工程师审核，经监理工程师审查、承包人修订后，得以批准，便可据此执行。

工程进度计划可根据项目实施的不同阶段，分别编制总体进度计划及年、月进度计划；对于某些起控制作用的关键工程项目还应单独编制工程进度计划。

（1）编制原则。工程进度计划应贯彻合同条件及技术规范；必须真实、可靠并符合实际；清楚、明确并便于管理；表达施工中的全部活动及其他的相关联系；反映施工组织及施工方法；充分使用人力和设备；预料可能的施工阻碍及变化。

（2）编制的主要依据。工程进度计划编制的主要依据有：施工合同中规定的合同工期、开工日期及竣工日期；投标书中确认的工程进度计划及施工方案；主要材料和设备的采购合同及供应计划；工程现场的特殊环境及气候条件；施工人员的技术素质及设备能力；已建成的同类工程的实际进度及经济指标等。

（3）工程进度计划的基本内容。

1）总体进度计划的内容一般应包括：工程项目的合同工期；完成各单位工程及各施工

所需要的工期、最早开工和最迟结束的时间；各单位工程及各施工阶段需要完成的工程量及现金流动估算；各单位工程及各施工阶段所需要配备的人力和机械数量；各单位工程或分部工程的施工方案和施工方法等。

2）年度进度计划的内容包括：本年度完成的单位工程及施工阶段的工程项目内容、工程数量及投资指标；施工队伍和主要施工设备的数量及调配顺序；不同季节及气温条件下各项工作的时间安排；在总体进度计划下对各分项工程进行局部调整或修改的详细说明等。

3）月（季）进度计划的内容包括：本月（季）计划完成的分项工程内容及顺序安排；完成本月（季）及各分项工程的工程数量及投资额；完成各分项工程的施工队伍及人力和主要设备的配额；在年度计划下对各单位工程或分项工程进行局部调整或修改的详细说明等。

4）关键工程进度计划的内容一般包括：具体施工方案和施工方法；总体进度计划及各道工序的控制日期；现金流动估算；各施工阶段的人力和设备的配额及运转安排；施工准备及结束清场的时间安排；对总体进度计划及其相关工程的控制、依赖关系和说明等。

（4）进度计划的表示方法。进度计划应有文字说明、进度图表和保证措施等，工程进度计划可采用横道图、网络图、斜条图及进度曲线等方法表示，其中横道图、网络图为常用的两种表示方法。

总体进度计划及关键项目的工程进度计划，一般宜采用网络计划图方法表示；对于高等级大型项目，一般应采用网络计划图表示，标注关键路线和时间参数；年度、月（季）进度计划可采用横道图、进度曲线及有关形象进度图表示。总体进度计划及月进度计划中应绘制资金流量 S 曲线。

2. 工程施工进度计划的审批

监理工程师在接到承包人提交的工程施工进度计划后，应对进度计划进行认真的审核。审核计划的目的是检查承包人所制订的工程进度计划是否合理，是否适合工程项目的实际条件和施工现场情况，避免以不切实际的工程施工进度计划来指导施工。因此，监理工程师在对承包人提交的施工进度计划进行审批时，应重点核实承包人实施计划的能力以及施工时间安排的合理性等方面，并在合同规定或满足施工需要的合理时间内审查完毕。

（1）进度计划的提交。在施工合同签订后，合同规定的时间内，监理工程师应要求承包人提交总体进度计划，总体进度计划包括以下文件。

1）一份详细的格式符合要求的工程总体进度计划及必要的各项关键工程的进度计划。

2）一份有关全部支付的现金流动估算。

3）一份有关实施性施工安排和施工方案的总说明（可通过施工组织设计提出）。

在将要开工以前或开工以后合理的时间内，监理工程师应分阶段要求承包人提交以下文件：年度进度计划及现金流动估算；月（季）度进度计划及现金流动估算；分项（或分部）工程进度计划等。这些文件将成为阶段性进度计划的组成部分。

（2）进度计划的审查

1）进度计划的审查程序。监理工程师应组织有关监理人员对承包人提交的各项进度计划进行审查，审查工作应按以下程序进行：① 阅读文件，列出问题，进行调查了解；② 提出问题，与承包人进行讨论或澄清；③ 对有问题的部分进行分析，向承包人提出修改意见；④ 审查批准承包人修改后的进度计划。

2）进度计划的审查内容

① 工期和时间安排的合理性：施工总工期的安排应符合合同工期；各施工阶段或单位工程（包括分部、分项工程）的施工顺序、时间安排要与材料、设备的进场计划相协调；易受冰冻、低温、炎热、雨季等气候影响的工程应安排在适宜的时间，并应采取有效的预防和保护措施；对动员、清场、假日及天气影响的时间，应有充分的考虑并留有余地。

② 施工准备的可靠性：所需主要材料和设备的运送日期已有保证；主要骨干人员及施工队伍的进场日期已经落实；施工测量、材料检查及标准试验的工作已经安排；驻地建设、进场道路及供电、供水等已经解决或已有可靠的解决方案。

3）计划目标与施工能力的适应性：各阶段或单位工程计划完成的工程量及投资额应与承包人的设备和人力实际状况相适应；各项施工方案和施工方法应与承包人的施工经验和技术相适应；关键线路上的施工力量安排应与非关键线路上的施工力量安排适应。

（3）进度计划的批准。当监理工程师通过调查了解，落实了对工程进度计划有关的条件和因素，并经过分析评价后，如确认承包人为完成工程而提供的工程进度计划是合理的，而且是切实可行的，能满足施工要求，应在合同规定的期限内或合理的时间内批准承包人提出的施工进度计划。总体进度计划应由总监理工程师审批；月进度计划等应由驻地监理工程师审核并报总监办。经批准的进度计划即作为进度监理的依据。

3. 工程施工进度计划的检查与调整

（1）进度计划的检查。进度计划的检查是计划执行信息的主要来源，是施工进度调整和分析的依据，也是进度控制的关键步骤。进度计划检查的方法主要是对比法，即将实际进度与计划进度进行比较，从中发现是否出现偏差以及进度偏差的大小，以便调整或修改计划。在整个施工监理过程中，应做好以下工作。

1）在工程项目的施工中，专业监理工程师应要求承包人每日按单位工程、分项工程或工点对实际进度进行记录，并予以检查，以作为掌握工程进度和进行决策的依据。每日进度检查记录应包括以下基本内容：当日实际完成及累计完成的工程量；实际参加施工的人力、机械数量及生产效率；施工停滞的人力、机械数量及其原因；承包人的主要技术及管理人员到达现场的情况；当日发生的影响工程进度的特殊事件或原因；当日的天气情况等。

2）驻地监理工程师应要求承包人根据现场提供的每日施工进度记录，及时进行统计和标记，并通过分析和整理，每月向总监理工程师和业主提交一份月工程进度报告。该报告应包括以下主要内容：工程进度概况或总说明（应以记事方式对计划进度执行情况提出分析）；编制出工程进度累计曲线和完成投资额的进度累计曲线；显示关键路线（或主要工程项目上）一些施工活动及进展情况的工程图片；反映承包人的现金流动、工程变更、价格调整、索赔、工程支付及其他财务支出情况的财务报告；影响工程进度或造成延误的其他特殊事项、因素及解决措施。

3）监理工程师应编制和建立各种用于记录、统计、标记，反映实际工程进度与计划进度差距的进度控制图及进度统计表，以便随时对工程进度进行分析和评价，并作为要求承包人加快工程进度、调整进度计划或采取其他合同措施的依据。

工程实施期间，如果实际进度（尤其是关键线路上的实际进度）与计划进度基本相符时，监理工程师不应干预承包人对进度计划的执行，但应及时掌握和控制影响和妨碍工程进展的不利因素，促进工程按计划进行。

（2）进度计划的调整。工程施工过程中，由于承包人的机械变化、人力变化、管理失误、恶劣气候、地质条件或业主的原因等因素的影响，都将给施工进度计划的实现带来困难。因此，如果监理工程师发现工程现场的组织安排、实际进度、施工顺序或人力和设备与进度计划上的方案有较大的不一致时，应要求承包人对原工程进度计划及现金流动计划予以调整，以符合实际，并保证满足合同工期的要求。调整后的工程进度计划必须报监理工程师重新审核。

施工单位获得延期批准后，监理工程师应要求施工单位根据延期批复调整工程进度计划。调整后的工程进度计划应报监理工程师审批。

建设单位或施工单位提出工程进度重大调整时，应按合同或签订的补充合同执行。

（3）加快工程进度。对总体工程进度起控制作用的分项工程的实际工程进度明显滞后于计划进度且施工单位未获得延期批准时，监理工程师认为实际工程进度过慢，将不能按照进度计划预定的竣工期完成工程时，应签发监理指令，要求承包人采取措施加快工程进度，以赶上工程进度计划中的阶段目标或总体目标。承包人提出和采取的加快工程进度的措施必须经过监理工程师批准，承包人无权要求为采取这些措施支付附加费用。

由于施工单位自身原因造成工程进度延误，在监理工程师签发监理指令后施工单位未有明显改进，致使合同工程在合同工期内难以完成时，监理工程师应及时向建设单位提交书面报告，并按合同规定处理。

【例4】影响公路工程施工进度的因素。

影响公路工程施工进度的因素很多，按照FIDIC管理模式可分为承包人的原因、业主的原因、监理工程师的原因和特殊原因。

1. 承包人的原因

在工程施工过程中，承包人未能按施工合同的要求组织施工，或由于自身的过错、疏忽及失误等原因，会导致施工进度受到影响，例如：

（1）承包人在合同规定的时间内，未按时向监理工程师提交符合监理工程师要求的施工进度计划。

（2）工程施工过程中，由于各种原因使得工程进度不符合工程施工进度时，承包人未按监理的要求，在规定的时间提交修订的工程施工进度计划，使后续工作无章可循。

（3）承包人技术力量以及设备、材料的变化，工程承包合同以及施工工艺等不熟悉，造成承包人违约而引起的停工或缓慢施工。

（4）承包人的质检系统不完善和质量意识不强，将对工程施工进度造成严重影响。

2. 业主的原因

在工程施工过程中，除承包人的原因外，业主未能按工程承包合同的规定履行义务，也将影响工程施工进度，甚至造成承包人终止合同，例如：

（1）监理工程师同意承包人提交的工程施工进度计划后，业主未按施工进度计划随工程进展向承包人提供施工所需的现场和通道。承包人的施工进度计划难以实现，容易导致工程延期和索赔事件的发生。

（2）由于业主的原因，监理工程师未能在合理的时间内向承包人提供图纸和指令，给工程施工带来困难；或承包人已进入施工现场并开始施工，而设计发生变更，变更设计图无法按时提交承包人；工程施工过程中，业主未能按合同规定的期限支付承包人应得的款项，造成承包人暂停施工或缓慢施工，导致影响工程施工进度。

3. 监理工程师的原因

在施工过程中，监理工程师的失职、判断或指令错误以及未按程序办事等也会影响工程施工进度。

4. 其他特殊原因

（1）额外或附加工程的工程量增加。如土石方数量增加、土石比例发生较大变化、涵洞改为桥梁等，均会影响工程施工的进度。

（2）工程施工中，承包人碰到异常恶劣的气候条件。

（3）有经验的承包人无法预测和防范的任何自然力的作用，以及特殊风险的出现，诸如战争、地震、暴乱等。

【例5】工作延误与工期延误。

关于工作延误与工期延误的概念，正确的是（　　　　）。

A. 工作延误必然导致工期延误
B. 工作延误不一定导致工期延误
C. 产生工作延误一定是承包人的原因或责任
D. 产生工作延误不一定是承包人的原因或责任
E. 工作延误与工期延误没有关系

分析：

1. 进度延误的原因或责任类型

延误是指施工中实际进度与计划进度相比的拖延，从处理延误的最终结果来看，延误可分为两大类。

（1）非承包人的原因或责任造成的延误。

（2）由承包人的原因或责任造成的延误。

2. 进度延误对工期的影响

（1）延误发生在关键线路工作上，对工期有影响，将导致工期拖延。

（2）延误发生在非关键工作上，但延误的时间超过其总时差，此时关键线路发生变化，已转变到该工作之上，则对工期有影响，将导致工期拖延。

（3）延误发生在非关键工作上，且延误时间没有超过其总时差，则对工期没有影响。

答案： BD

案例分析

【案例1】进度管理曲线。

已知某段公路填筑土方，总填方量为10000m³，需要10天完成，土方填筑的计划见表4-4。

表 4-4

时间	1	2	3	4	5	6	7	8	9	10
每日完成工程量/m³	300	700	1100	1500	1700	1800	1600	900	300	100

问题:
1. 试绘制该土方填筑计划的S曲线图。
2. S曲线图是否可作为工程计量和费用支付的依据,为什么?

答案:

1. (1) 计算每日累计计划完成工程量,见表4-5。

表 4-5

时间	1	2	3	4	5	6	7	8	9	10
每日完成工程量/m³	300	700	1100	1500	1700	1800	1600	900	300	100
累计完成工程量/m³	300	1000	2100	3600	5300	7100	8700	9600	9900	10000

(2) 根据时间(每日)计划累计完成填筑方量绘制S曲线图(图4-11)。

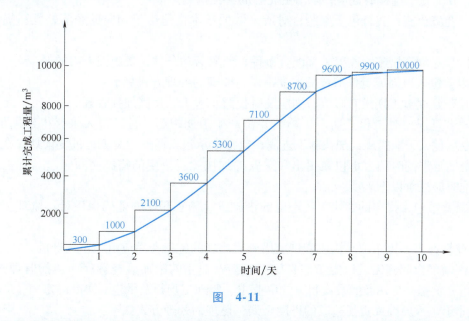

图 4-11

2. S曲线图可作为工程计量和费用支付的依据。S曲线图是工程进度与累计完成的工程量(费用)的百分比表示曲线,也是工程项目实施中进度与现金流动关系曲线。项目实施期间实际完成了多少工程量或工作量,在实际进度曲线上一目了然,据此可方便地进行中期工程量的计量与支付。

【案例2】 在某公路工程项目施工过程中,监理通过对现场施工情况的检查和分析,发现原有进度计划已不能适应实际情况,并出现了进度延误。为确保进度控制目标的实现,必须对原有进度计划进行调整,并以新的进度计划作为进度控制的新依据。

问题:

1. 通过压缩网络计划图中关键线路上工作的持续时间来缩短工期的具体措施有哪几种?具体做法是什么?

公路工程监理

2. 如背景资料中的进度延误是由施工单位的原因或责任造成的，监理工程师应如何处理？

3. 如背景资料中的进度延误是非施工单位的原因或责任造成的，则监理工程师应如何处理？

4. 施工中凡是非承包人原因或责任造成的工作持续时间延长，监理工程师就可以批准工程延期。这种说法是否正确？为什么？

答案：

1. 缩短工期的具体措施有下列四种。

（1）组织措施：增加工作面，组织更多的施工队伍；增加每天的施工时间；增加劳动力和施工机械的数量。

（2）技术措施：改进施工工艺或施工技术，缩短工艺技术间隙时间；采用更先进的施工方法，减少施工过程的数量；采用更先进的施工机械。

（3）经济措施：实行包干奖励；对所采取的技术措施给予相应的经济补偿；提高奖金数额。

（4）其他配套措施：改善外部配合条件；改善劳动条件；实施强有力的调度。

2. 因承包人原因或责任造成的进度延误，监理的处理方式如下：

（1）若延误对工期没有影响，则应及时提醒承包人，使其加强管理。

（2）若延误已对工程工期产生影响并将产生工期拖延，且承包人未获得延期批准时，则应指令承包人采取措施，加快施工进度；或指令承包人调整后续工程进度计划，在后续的施工中抢回延误的时间。承包人提出和采取的加快工程进度的措施必须经过监理工程师批准。批准时应注意以下事项：

① 只要承包人提出的加快工程进度的措施符合施工程序并能确保质量，监理工程师应予批准。

② 此情况下，因采取加快工程进度措施而增加的施工费用应由承包人自负。

③ 因增加夜间施工或法定节假日施工而涉及业主的附加监督管理（包括监理）费用，应由承包人负担，费用数额及支付方式由业主、监理工程师及承包人协商确定。

3. 非承包人原因或责任造成的进度延误，监理的处理方式如下：

（1）若延误对工期没有影响，则应提醒业主严格履行合同，监理工程师应加强监管。

（2）若延误对工期已造成影响，则应督促业主采取措施。

（3）分析产生延误的原因，并审查是否属于合同条款所规定可以提出延期的原因。

（4）审查承包人提出的延期申请是否符合合同规定的有关程序和要求。

4. 这种说法不正确。虽然造成工作持续时间延长的原因或责任不属承包人，但工作持续时间延长不等于工程就会延期。当非关键线路上工作持续时间的延长未超过其总时差，则对工期没有影响，监理工程师就不能批准其工程延期申请。

【案例3】 工程进度计划。

某监理单位承担了国内某公路工程的施工监理任务，该工程由某施工单位承担了全部的施工任务。施工、监理单位进场后，施工单位在规定的时间内向监理工程师提交了2份工程进度计划。监理工程师组织有关人员对承包人提交的各项进度计划进行了审查。

第四章 公路工程监理的主要工作内容

试问：

1. 甲施工单位在规定的时间内向监理工程师提交了 2 份工程进度计划，具体应在什么时间内提交？监理工程师应在收到该进度计划后的多少天内审查同意或提出修改意见？

2. 在下列提交的进度计划内容中，（　　）属于总体进度计划的内容。（　　）属于本年度进度计划内容。

　A. 本年度完成的单位工程及施工阶段的工程项目内容、工程数量及投资指标
　B. 工程项目的合同工期
　C. 完成各单位工程及各施工所需要的工期、最早开工和最迟结束的时间
　D. 各单位工程或分部工程的施工方案和施工方法等
　E. 施工队伍和主要施工设备的数量及调配顺序
　F. 不同季节及气温条件下各项工作的时间安排
　G. 各单位工程及各施工阶段所需要配备的人力和机械数量

3. 在工程实施过程中，监理通过对桥梁承台实际施工进度的检查，发现其实际施工进度明显滞后于计划进度且施工单位未获得延期批准，监理工程师要求承包人采取措施加快工程进度，以赶上下部结构进度计划中的阶段目标。

承包人认为，自己提出和采取的加快工程进度的措施可以不要经过监理工程师批准，如经监理工程师审核批准，则承包人有权要求为采取这些措施支付附加费用。试分析承包人的观点是否正确，并说明理由。

分析：

1. 本题主要考核对《公路工程标准施工招标文件》（2018 版）合同条款的熟悉程度，尤其要熟悉承包人提交工程进度计划和监理审查进度计划的时间要求。记住时间问题就很好回答。

2. 本题考核对总体进度计划和年度进度计划的内容的区分，比单纯考核总体进度计划和年度进度计划的内容要复杂一点。但对比它们的不同之处，还是比较容易区分的。

（1）总体进度计划的内容一般应包括：工程项目的合同工期；完成各单位工程及各施工所需要的工期、最早开工和最迟结束的时间；各单位工程及各施工阶段需要完成的工程量及现金流动估算；各单位工程及各施工阶段所需要配备的人力和机械数量；各单位工程或分部工程的施工方案和施工方法等。

（2）年度进度计划的内容包括：本年度完成的单位工程及施工阶段的工程项目内容、工程数量及投资指标；施工队伍和主要施工设备的数量及调配顺序；不同季节及气温条件下各项工作的时间安排；在总体进度计划下对各分项工程进行局部调整或修改的详细说明等。

3. 根据《公路工程施工监理规范》（JTG G10—2016）第 5.6.4 条，计划调整应符合规定：对总体工程进度起控制作用的分项工程的实际工程进度严重滞后时，监理机构应签发监理指令单，要求施工单位采取措施保证工程进度，并向建设单位报告工期延误风险。需要调整进度计划的应重新审批。

由于进度滞后是因承包人自身原因造成的，承包人提出和采取的加快工程进度的措施，承包人无权要求为采取这些措施支付附加费用。

答案：

1.《公路工程标准施工招标文件》合同条款规定：承包人应在签订合同协议后 28 天

公路工程监理

内,向监理工程师提交2份其格式和内容符合监理工程师规定的工程进度计划。监理工程师应在收到该进度计划后的14天内审查同意或提出修改意见。

2. (B、C、D、G)属于总体进度计划的内容。(A、E、F)属于本年度进度计划内容。

3. 承包人的观点是错误的。根据《公路工程施工监理规范》(JTG G10—2016)第5.6.2条、第5.6.4条进度监理规定,不管是进度计划的申报,还是计划调整,都必须经监理工程师审核批准。因进度滞后,承包人提出和采取的加快工程进度的措施,承包人无权要求为采取这些措施支付附加费用。

拓展案例

> 某公路工程,由某施工总承包工程公司(以下简称承包人)中标并与业主签订了施工承包合同,总工期为365天。承包人在第一次工地会议上提交施工组织设计及总体进度计划等文件,其中B分项工程的自由时差为20天,开工前分别经总监理工程师和业主审查、批准。施工中,由于业主办理的拆迁工作未按期完成,影响B分项工程比原计划推迟10天开工,造成承包人的施工机械和人员待工。为此,承包人向总监理工程师提出书面索赔报告,要求业主赔偿因拆迁问题不能按时提供施工场地造成的窝工损失和工程延期。总监理工程师核实后,认为情况属实,业主应负主要责任,应赔偿承包人的损失并顺延工期,于是就在承包人的书面索赔报告上签署"同意此索赔报告,请业主支付"的意见报给业主。
>
> 试结合监理工程师对进度计划的审查和网络计划的有关知识分析判断:
> 1. 监理工程师对进度计划的审查内容主要有哪些?
> 2. 总监理工程师对该事件的处理是否妥当,为什么?
> 3. 你认为如何处理更合适?

分析:

1. 考查监理工程师对进度计划审查内容这个知识点的熟悉程度,概括起来有三点:工期和时间安排的合理性、施工准备的可靠性和计划目标与施工能力的适应性。回答时可适当说明一些具体审核内容。

2. 要评判总监理工程师对该事件的处理是否妥当,必须首先对所发生的事件和是否符合延期索赔相关条件进行分析,包括延期及索赔的申请程序是否正确。只有把这些时间的内涵搞清楚了,才能评判监理工程师的处理是否妥当。

3. 根据前面的分析,总监理工程师要根据延期索赔申请成立与否,采取相应的处理方法。如索赔成立则应审核签认,如索赔不成立,则应采取减少因拆迁问题对承包人造成损失的指令。

答案:

1. 监理工程师对进度计划的审查内容主要有:

(1)工期和时间安排的合理性:施工总工期的安排应符合合同工期;各施工阶段或单位工程(包括分部、分项工程)的施工顺序、时间安排,要与材料、设备的进场计划相协调;易受冰冻、低温、炎热、雨季等气候影响的工程应安排在适宜的时间,并应采取有效的预防和保护措施;对动员、清场、假日及天气影响的时间,应有充分的考虑并留有余地。

（2）施工准备的可靠性：所需主要材料和设备的运送日期已有保证；主要骨干人员及施工队伍的进场日期已经落实；施工测量、材料检查及标准试验的工作已经安排；驻地建设、进场道路及供电、供水等已经解决或已有可靠的解决方案。

（3）计划目标与施工能力的适应性：各阶段或单位工程计划完成的工程量及投资额应与承包人的设备和人力实际状况相适应；各项施工方案和施工方法应与承包人的施工经验和技术相适应；关键线路上的施工力量安排应与非关键线路上的施工力量安排适应。

2. 总监理工程师对该事件的处理不妥当。

从背景资料中可知，B 分项工程是非关键工序，有 20 天的自由时差，工程虽然推迟 10 天，但不会造成总工期的增加，所以不需批准延长工期。

对于费用索赔要根据具体情况处理，可能赔偿，也可能不予赔偿；对征地拆迁不及时，有一重要条件（合同条款42.1），就是承包人要在提交工程进度计划的同时，提交一份按施工先后次序所需的永久占地计划。监理工程师应在收到此计划后的 14 天内审核并转报业主核备。如果业主没有按照永久占地计划提交现场，此时才能延期和索赔。因此根据题意，承包人没有提交永久占地计划，虽然 B 分项工程推迟开工造成承包有窝工，但这部分损失是不能赔偿的。此索赔不成立，不应批准。

3. 应该要求：

（1）承包人尽快提交永久占地计划。

（2）B 分项工程推迟开工时，监理工程师应指示承包人将窝工的机械和人员调到合同内其他分项工程中使用，以减少承包人的损失。

案例总结

本节的知识点主要有：监理机构对进度监理的基本方法；进度监理工程师的职责；工程进度监理的主要工作内容；影响公路工程施工进度的因素；进度延误的原因或责任类型。重点是：工程进度监理的主要工作内容，进度延误的原因或责任类型。明确只有非承包人的原因或责任造成的延误才有可能批准延期。

有关进度方面的知识点还有很多，尤其是常用的一些，如用横道图、考核进度的方法、施工组织的三种基本作业方式、网络计划技术等。有志从事施工、监理及管理的人员必须去学习掌握这方面的知识，完善工程管理的知识体系，为未来的职业发展打下坚实的基础。

自我测评

一、判断题

1. 在施工过程中，监理工程师有权检查进度计划的执行情况，但无权指令承包人修改计划。　　　　　　　　　　　　　　　　　　　　　　　　　　　　　　（　　）

2. 为加快工程进度，承包人采取措施以及夜间或公认的休息日加班，必须取得监理工程师的同意，可以要求业主支付附加费用。　　　　　　　　　　　　　　（　　）

3. 施工中凡是非承包人原因造成的工作持续时间延长，监理工程师就可以批准工程延期。   (   )

4. 当用S曲线比较法进行进度比较时，如果按工程实际进度描出的点落在原计划S曲线的左侧，则表示此时实际进度比计划进度落后。   (   )

5. 如果承包人在延期事件发生后规定时间内未提交延期申请，则监理工程师可以不作出任何延期的决定。   (   )

6. 网络计划中，关键工作延长几天，计划工期就要延长几天。关键工作缩短几天，计划工期就要缩短几天。   (   )

7. 工程进度曲线不仅可以反映工程进展的总体情况，还可以反映各工作的进展情况。
                                                              (   )

二、单项选择题

1. 施工现场进度控制的影响因素很多，被认为最大的影响因素是（   ）。
   A. 资金   B. 技术   C. 人员   D. 设备

2. 在工程项目目标控制中，相对而言，组织协调对（   ）的作用最为突出且最为直接。
   A. 进度控制   B. 费用控制   C. 质量控制   D. 风险控制

3. 当采用S曲线比较法时，如果实际进度点位于计划S曲线的右侧，则该点与计划S曲线的垂直距离为实际进度比计划进度（   ）。
   A. 超前的时间   B. 拖后的时间
   C. 超额完成的任务量   D. 拖欠的任务量

4. 在工程进度的实施过程中，为了加快施工进度，可以采取的组织措施是（   ）。
   A. 改进施工工艺和施工技术   B. 采用更先进的施工机械
   C. 增加劳动力和施工机械的数量   D. 对所采取的技术措施给予经济补偿

5. 不属于横道图优点的是（   ）。
   A. 图像形象直观   B. 搭接关系明确
   C. 逻辑关系严谨   D. 制作方便快捷

6. 下列属于工程进度监理职责与权限的是（   ）。
   A. 主持开工前的第一次工地会议
   B. 签发动员（开工）预付款支付证书
   C. 审批承包人在开工前提交的现金流动计划
   D. 签发各项工程的开工通知单

三、多项选择题

1. 施工进度滞后，监理工程师可建议承包人加快进度的措施有（   ）。
   A. 采取技术措施，缩短工艺流程   B. 增加设备和人员
   C. 改善劳动条件和福利   D. 开辟新工作面
   E. 加强现场管理

2. 在公路工程施工过程中，加快施工进度的组织措施包括（   ）。
   A. 采用先进的施工方法以减少施工过程的数量
   B. 增加工作面，组织更多的专业施工队
   C. 改善劳动条件和外部配套条件

D. 增加劳动力和施工机械的数量
E. 改进施工工艺并实施强有力的调度

3. 关于工作延误与工期延误的概念，正确的是（　　）。
   A. 工作延误必然导致工期延误
   B. 工作延误不一定导致工期延误
   C. 产生工作延误一定是承包人的原因
   D. 产生工作延误不一定是承包人的原因
   E. 工作延误与工期延误没有关系

4. 下列情况中，可用 S 曲线表示的有（　　）。
   A. 单位时间工作量完成情况
   B. 单位时间完成累计工作量情况
   C. 某一时刻完成工作量的百分比情况
   D. 某一时刻完成累计工作量的百分比情况
   E. 某一时刻完成累计工作量情况

5. 监理工程师审查进度计划的内容主要包括（　　）。
   A. 工期和时间安排的合理性
   B. 材料、设备运输的可靠性
   C. 施工准备的可靠性
   D. 施工方案和技术水平的适应性
   E. 计划目标与施工能力的适应性

6. 为了减少或避免工程延期事件的发生，监理工程师应做好的工作包括（　　）。
   A. 及时下达工程开工令
   B. 及时提供施工场地
   C. 妥善处理工程延期事件
   D. 提醒业主履行合同义务的责任
   E. 及时支付工程款

7. 在工程施工过程中，承包人可以提出工程延期的情况可能有（　　）。
   A. 施工方案有明显缺陷
   B. 异常恶劣的气候条件
   C. 施工图纸未按时提供
   D. 施工机械未按时到场
   E. 监理工程师发出工程变更导致工程量增加

四、复习思考题

1. 简述承包人提交的工程总体进度计划中的主要内容。
2. 简述进度监理工程师的职责。
3. 简述工程进度监理的主要工作内容。
4. 试述进度延误对工期可能有的影响。

4.5　工程费用监理

知识学习

公路工程费用监理是我国实行全面监理制度的重要组成部分。质量、费用、进度三者的辩证关系也表明了费用监理的必要性。工程费用监理的实质是使工程建设费用的实际总投资不超过计划投资额。随着全面施工监理制度的推广，费用监理的作用也越来越多地被人们所认识，主要表现在：费用监理是控制施工合同造价的核心环节；是质量控制的重要手段；是进度控制的基础，同时费用监理也是保护承包人合法权益的重要途径。

工程费用监理的目的就是在监理计划的指导下，通过对工程费用目标的动态控制，使目标能够最优地实现。由于公路工程项目的各种复杂因素，通常采用单价合同形式的费用支付方式。由于业主对承包人的付款，是以监理工程师批准的付款证书为凭据的，监理工程师对计量支付有充分的批准权和否决权，这样项目监理机构通过计量支付手段，控制工程按合同进行。公路工程施工过程中费用监理的关键环节是工程计量与支付。

监理工程师作为工程费用监理的控制主体，处于工程计量与支付环节的关键地位。监理工程师除了加强对合同中工程量清单所列工程费用的计量与支付的管理外，还应对合同中所规定的其他费用（如附加工程、工程变更调价、索赔等）加强监督与管理，尽量减少工程施工过程中各种附加性费用的支付。

在整个施工过程管理中，工程费用监理已远超出只对工程费用实施管理的范围，成为对工程项目质量、安全、进度、环保等目标实施全面管理的重要手段和措施。

【例1】下列选项中，（　　）是工程费用的基本特点。
A. 预先定价　　　　　　　　　B. 按照承包人实际工程量计量
C. 以工程成本为基础　　　　　D. 由承包人使用
E. 由监理工程师签认并支付

分析：

工程费用一般指修建工程项目所投入的建设资金，它是工程建设项目在施工过程中形成的工程价值的货币表现，可分为预算工程费用和实际工程费用。它具有以下特点：

（1）预先定价。工程费用必须在实际支付和使用之前预先定价，这是由工程建设的内在规律所决定的。虽然工程费用是在建设过程中花费，但是在花费之前要进行一系列的预测工作，对工程费用进行估算，形成预算工程费用，并以合同价的形式来反映工程费用的预测值。但由于实际情况的千变万化及人们预测能力的局限性，工程施工所最终消耗的实际工程费用不一定恰好就是合同价格。

（2）以工程成本为基础。工程费用是工程价值的货币表现。工程价值的衡量是以完成工程所需的社会标准成本为基础，而非以承包人为完成施工生产的实际成本为基础。

（3）由监理工程师签认。工程项目建设过程中，要发生各种费用开支，但只有经过监理工程师按合同规定签认的工程价款才能构成工程费用。

（4）由承包人使用。承包人是实施工程施工行为的主体，各工程项目必须经过施工过程才能完成由图纸到实物形式的转化，而形成工程价值。因此，工程中所消耗的工程费用是由承包人来实施使用的。

（5）由业主支付。业主是工程项目的投资者或资金筹集者，在承包人完成了既定施工任务，并经监理工程师确认其价值后，应在合同规定的时间内支付工程费用。

按照以上要求，B项的按照承包人实际工程量计量是错误的，E项中由监理工程师签认是正确的，但支付是业主的职责，不属监理工程师的职能。

答案：ACD

【例2】简述工程施工过程中的费用监理要点。

分析：

在公路工程施工中，工程费用除了反映业主和承包人的直接经济关系外，工程费用的支付还反映了工程的进度和质量。因为承包人的工程质量不合格，监理工程师不签字认证验收，业主就不付款；如果由于承包人的原因造成工程拖延，使工程在合同规定的时间内未完成，经过监理工程师检查证明，业主可以扣回承包人的拖期违约罚金等。因此，工程费用的支付是对工程质量、进度的最终评价。

工程施工过程中的费用监理主要是对工程计量与支付的监督与管理。

答案：

施工过程中的费用监理要点如下：

（1）全面熟悉合同文件，特别是熟悉有关监理工程师在计量与支付方面的职责权限条款，这是做好计量支付工作的前提。工程量清单、技术规范、招标文件及附件等均从不同角度对工程计量支付作了规定，忽视任何一点都可能造成支付工作的失误。

（2）根据合同条款，制订工程计量与支付程序，使工程费用监理科学化、规范化。

（3）在工程施工过程中，监理工程师必须对所有已完成的工程细目进行计量和记录，以便检查承包人每月提交的月度结账单。监理工程师还必须对涉及付款的工程事项在施工中发生的一切问题进行详细记录，这对解决支付纠纷至关重要。

（4）工程计量是支付的基础。施工过程中由于地质情况变化或工程变更等可能会使实际工程量与原来的工程量出入较大，所以，施工现场的工程计量就很有必要。监理工程师收到施工单位计量申请后应及时计量，对路基基底处理、结构物基础的基底处理及其他复杂、有争议需要现场确认的项目，应会同建设、设计、施工等单位现场计量。所有计量均需承包人、监理工程单位双方签字，若有争议由监理工程师最后决定。

（5）工程费用的支付是对工程实施控制的核心手段，也是对工程费用实施控制的最后一个环节。通过计量与支付的有效控制来保证工程施工合同的全面履行，监理工程师必须严格按费用支付程序实施各种费用的支付管理。

（6）监理工程师必须熟悉工程的所有支付项目，如开工预付款、材料预付款、工程变更的估价、计日工、暂定金额的支付、各种原因引起的价格调整、保留金的支付、缺陷责任期费用的支付以及缺陷责任期终止后的最后支付等。监理工程师对计量与支付项目、数量的审核应做到不漏、不重、不超。

（7）监理工程师应建立计量与支付台账，根据施工单位申请和有关规定及时登账记录，实行动态管理。当有较大差异时应报建设单位。

【例3】工程计量原则、依据、程序、计量条件。

在某公路工程项目实施过程中，施工单位在完成了其中某桥梁桩基分项工程后，在当月工程计量支付前向项目监理机构提出了计量申请，并提交了质量合格证书等计量所需资料。计量监理工程师审核后，认为其中桩长计算有误，要求承包人进行共同复核。但承包人认为是根据图纸计算的不会有误，未参加监理工程师的监理复核。监理工程师即按监理审核意见进行了计量。

公路工程监理

> 问题：
> 1. 简述工程计量的概念、工程计量的原则。
> 2. 在费用管理中，工程计量的依据及范围是什么？
> 3. 工程计量的方法主要有哪几种？
> 4. 工程计量方式有哪些？本例中监理工程师的计量方式是否适当，为什么？
> 5. 工程计量的一般程序是什么？工程进行计量的条件有哪些？

分析：

1. 工程计量就是监理工程师按照规范规定的方法对承包人符合要求的已完工程的实际数量所进行的测量、计算、核查和确认的过程。工程量清单中的工程数量是在编制招标文件时，在图纸和规范的基础上估算的工程量，作为施工单位编制投标文件时投标报价的共同基础，不能作为工程价款支付的凭据，必须通过监理工程师对已完工程进行计量。

监理工程师对工程计量或对施工单位申报的已完成工程数量的确认，应符合以下原则：

（1）必须按合同文件所规定的方法、范围、内容、计量单位进行。

（2）必须按监理工程师同意的计量方法计量。

（3）不符合合同文件要求的工程不得计量。

2. 计量的依据及范围

工程计量的主要依据有：工程量清单及说明、合同图纸、工程变更令及修订的工程量清单、合同条件、技术规范、有关计量的补充协议、"索赔时间/金额审批表"等。

工程计量的范围包括：工程量清单及修订的工程量清单中的项目、合同文件规定的各项费用支付项目（如费用索赔、各种预付款及其扣回、保留金、违约罚金、材料设备的价格调整等）。

3. 工程计量的方法主要有以下三种。

（1）实地量测计量。此方法是采用符合规定的测量仪器，对已完工程按合同有关规定进行实地量测并计算的一种工程计量方法，如土石方工程、场地清理工程等。当监理工程师欲对工程的任何部位进行量测计量时，应先通知承包人，承包人必须立即派人协助监理工程师进行计量。量测工作按合同中有关规定进行，量测计算后双方签字确认。

如果承包人收到监理工程师发出的计量通知后，不参加或未派人参加实地量测计量工作，监理工程师自己量测或经监理工程师批准的量测结果，即为正确的计量，可作为支付的依据。

（2）按图纸计量。此种方法是根据工程图纸和已完工程的记录进行工程计量的一种计量方法。如对钢筋、工程结构物等，通常可采用此法计算工程量。

（3）根据有关记录、凭证计量。此种方法是根据现场记录、承包人提供的票据凭证进行工程计量的一种计量方法。如计日工及《公路工程标准施工招标文件》（2018 版）中第100 章的大部分内容。

当采用图纸和记录计算法计量时，监理工程师应准备图纸和记录，并通知承包人。承包人应在通知发出后规定时间内派人参加图纸和记录的确认，而且在确认后 14 天内未提出异议。或承包人不参加或不派人参加图纸和记录的确认，则监理工程师按图纸和记录计算的工程量应被认为准确无误。若承包人在 14 天内对图纸和记录提出异议，监理工程师应复查这些图纸和记录，或予以确认或予以修改。无论采用何种方法，其结果必须经监理工程师和承包人双方同意，签字确认，方可进入费用支付环节。

在实际工程计量中，根据具体情况可将计量方法细分为：断面法、图纸法、钻孔取样法、分项计量法、均摊法、凭证法、估价法。

4. 工程计量有以下三种方式。

（1）监理工程师与承包人共同计量。工程达到规定的计量单位时，监理工程师应审查承包人提供计量所需的资料，并与其共同计量。

（2）承包人计量，监理工程师确认。监理工程师必须对计量结果做出准确的记录，并将记录的副本抄送给承包人。

（3）监理工程师独立计量。

通常，一个工程项目的计量往往是以上三种方式综合运用。不论采用何种方式，其结果都须经监理工程师复核确认。对数量有异议的，监理工程师可要求承包人按合同条款的约定进行共同复核和计量。承包人应协助监理工程师进行复核并按监理工程师要求提供补充计量资料。承包人未按监理工程师要求参加复核，监理工程师复核或修正的工程量视为承包人实际完成的工程量。

可见，本例中监理工程师的工程计量方式是适当的，可视为监理工程师独立计量。

5.（1）工程计量的一般程序。分项工程签发"中间交工证书"后，便可对其实施计量。其程序为：

1）承包人提供计量原始报表和计量申请或监理工程师向承包人发出计量通知，监理工程师必须检查承包人为计量准备的有关资料，发现问题或资料不齐全，应退还承包人，暂不进行计量，或计量后暂不予支付。

2）监理人员与承包人共同进入现场测定计量。为了保证计量的准确性，监理人员必须对所计量的工程进行复核修正，共同签字确认。若承包人对修正不同意，可在合同规定的时间内向监理工程师提出书面申述，经双方协商后再签字确认。

3）承包人填写"中间计量单"后报驻地监理工程师办公室。若驻地监理工程师办公室有质疑，可到实地复查。

4）根据"中间交工证书"、监理工程师与承包人共同签认的计量表、监理工程师签认的计日工、价格变更、索赔等填写"中期支付证书"，报上一级监理机构审批。计量工作主要由驻地监理工程师承担，总监理工程师最后审定。

工程计量的主要文件有："中间计量表"、"工程分项开工申请批复单"、"检验申请批复单"及有关的自检资料、"工程质量检验表"及有关的质量评定意见、"工程变更令"、"中间交工证书"等。

（2）工程计量的条件

1）计量的项目应符合合同要求，即只能对满足合同规定的项目进行计量。

2）质量合格。即欲计量的已完分项、分部工程质量已通过自检和监理工程师检验，确认工程质量合格，并签发了中间交工证书。

3）手续齐全。即欲计量的工程的批准的开工申请单，承包人的自检资料，监理的检查验收资料；中间交工证书齐全。

4）符合安全和环保要求。即欲计量的工程无安全和环保问题，或所存在安全与环保问题已按有关规定处理完成且经验收符合要求。

【例4】工程费用支付。

某公路工程建设项目,施工单位在提交了施工履约保函后,与业主签订了标的为5000万的施工承包合同。进场后,承包人申请支付合同价10%的开工预付款,监理审核认为施工单位承诺的主要设备未进场,仅签认支付开工预付款的70%。在第二期的工程款支付时,承包人共完成200万的工程量,监理工程师按规定要求扣留保证金。

问题:

1. 工程费用支付的基本原则有哪些?
2. 工程费用支付的基本程序是什么?
3. 在费用支付中,说明共有哪些款项的支付?
4. 何谓开工预付款?开工预付款的支付和扣回有何要求?本例中开工预付款的支付和扣回有无不妥之处?
5. 何谓保留金?在《公路工程标准施工文件》中对保留金的扣留和返还有何规定?
6. 由于监理工程师在工程费用支付中起着关键的作用,对监理工程师有哪些要求?

分析:

1. 工程费用支付的目标是组织和协调好业主与承包人之间的收支行为,使双方发生的每一笔工程费用都符合合同的规定,并做到公平合理。为了真正做好这一工作,监理工程师必须遵循以下几个基本原则。

(1) 支付必须以工程计量为基础。对于单价合同,没有准确的计量就不可能有准确的支付,质量合格是工程计量的前提,而计量则是支付的基础,所以工程费用支付必须在质量合格和准确计量的基础上进行。

(2) 支付必须以合同为依据。合同文件中,技术规范、工程量清单以及合同条款是办理支付的重要合同依据。

(3) 支付必须严格按规定的程序进行。由于费用支付工作非常重要,且又需要大量的资料和表格,工作十分繁杂,所以一方面必须加强对支付的管理,另一方面支付必须严格遵循规定的程序。

(4) 支付必须及时、准确。及时支付工程费用是合同的基本要求,在《公路工程标准施工招标文件》(2018年版)合同条款中明确规定了各种款项相应的支付期限。另外,根据合同的精神及《公路工程施工监理规范》,支付必须做到准确无误,以确保业主、承包人任何一方的合法权益不受到丝毫损害。

(5) 支付必须经监理工程师核查。工程费用支付的目标是组织和协调好业主与承包人之间的收支行为,使双方发生的每一笔工程费用都符合合同的规定,并做到公平合理。为了确保费用支付公正、准确,最大限度地避免或减少合同双方的纠纷,维护双方的合法利益,支付必须经监理工程师核查。

(6) 支付必须以日常记录为依据。一方面,计量是支付的基础,准确的费用支付是建立在准确的工程计量基础之上的。许多项目的计量是以实际测量数据、现场记录为依据进行的;另一方面,根据支付记录可以了解每一支付项目支付的情况,确保实际费用支付不重、不漏,从而实现准确支付。

(7) 支付不解除承包人应尽的合同义务和责任。费用支付是合同双方等价交换、公平交易的具体体现。通过费用支付对承包人所完成工程价值进行确认和回报，但并不意味承包人对所完成的工程不再承担合同义务和责任。就是说，即便对某一项目支付了费用，但如果该项目由于施工原因其质量不符合合同要求，承包人仍然要承担修复、修补、加固等责任。

2. 工程费用支付基本程序

首先，由承包人提交各类报表和有关的结账单，即由承包人提出支付申请；其次，监理工程师审查并确认支付报表和结账单，根据合同规定，监理工程师有权对支付报表和结账单中的错误和不实之处进行修改指正，然后向业主签发支付证书；最后，业主审批监理工程师签发的支付证书，按合同规定时间向承包人支付款项。

3. 各种款项的支付

（1）开工预付款的支付和扣回。

（2）保险费。监理工程师根据合同规定的工程一切险和第三方责任险的保险范围、投保金额、保险费率等审验承包人提交的保险单后，签发上述两项保险费的支付证书。

（3）工程进度款的支付。根据《公路工程标准施工招标文件》，工程进度款根据工程完成量按月支付。因此，监理工程师在接到承包人月报表后，应立即审查并核实。在合同规定时间内向业主签发"中间支付证书"，证明到期应付给承包人的具体金额。业主在合同规定时间内向承包人付款。

如果承包人应得款额小于投标书附件中规定的每月最小付款金额，则监理工程师不应向业主签发支付证书，该月承包人应得款额移到下月支付。

（4）材料预付款的支付和扣回。材料预付款是业主提供给承包人用于购买永久工程组成部分的材料的一笔无息款额。监理工程师在确认承包人所购永久工程材料的质量及储存方式符合合同要求后，按合同规定将所购材料款额的某一百分比计入下次工程进度款证书中业主根据监理工程师签发的支付证书向承包人付款。

监理工程师应随时了解材料的使用情况，当材料已用于永久工程，材料预付款应在以后的工程进度支付证书中按合同规定逐月扣回。

（5）保留金的支付。工程费用支付的项目还有：工程变更费用的支付、价格调整费用的支付、计日工的支付、暂定金的支付、索赔费用的支付等。

4. 开工预付款是业主提供给承包人用于支付施工初期各种费用的一笔无息款额。监理工程师应在承包人提交了履约担保和签订了合同协议书并提交了相当于开工预付款金额的银行担保（或保函）后14天内，按投标书附录中规定的金额签发开工预付款支付证，并报业主审批。业主应按监理工程师签发的支付证书向承包人付款。监理工程师应根据合同规定，在期中支付证书中逐月扣回开工预付款。

开工预付款的支付是有条件的，根据《公路工程标准施工招标文件》专用条款第17.2款的规定，在承包人完成下述工作后，监理工程师应按项目专用条款中规定的额度，在当期进度付款证书中向承包人签发开工预付款支付证书，并报业主批准：①提交了履约的银行保单，签订了合同协议书；②提交了与开工预付款等额的预付款保函；③承包人承诺的主要设备已进场。

业主应在收到该支付证书后14天内核批，并支付全部开工预付款。

显然，施工单位没有提交开工预付款的担保，监理是不能签认其开工预付款支付申请的。监理审核认为施工单位承诺的主要设备未进场，签认支付开工预付款的70%，是不符合要求的。

5. 保留金是业主为了使承包人履行合同而在承包人应得款额中扣留的部分金额。一旦承包人未履行合同中的责任，则保留金归业主所有，业主可用此金额雇用其他承包人完成工程。保留金的数额及扣留标准合同中应给予明确。

按合同规定，保留金在缺陷责任期满，缺陷责任终止证书签发后合同规定的天数内一次返还。

6. 从各种款额的支付程序中可以看出，每笔费用的支付必须有监理工程师的证明和签认，而费用的支付又涉及业主和承包人的利益。这就要求监理工程师必须严格按合同规定，客观、公正、准确、及时地进行工程计量与支付，以体现公平交易的原则。

【例5】工程量清单及工程费用支付。
按工程费用支付内容分类，属于合同支付的支付项目有（　　）。
A. 开工预付款　　　　B. 暂定金　　　　C. 计日工
D. 质量保证金　　　　E. 逾期交工违约金

分析：
按费用支付内容分类，支付项目可分为工程量清单内的支付和工程量清单外的支付。

1. 工程量清单的定义、性质、特点及作用

（1）工程量清单的定义。工程量清单，是指招标单位按照招标文件中有关要求及技术规范的有关规定，将招标的工程进行合理分解，据此明确工程内容和范围，并将有关工程内容数量化的一套工程数量表。

（2）工程量清单的性质与特点。工程量清单是合同文件组成部分之一，是一份与技术规范相对应的文件，它是单价合同的产物。

工程量清单反映出每一个相对独立项目的主要内容和预算数量，并且通常以每一个体工程为对象，按分部分项工程列出工程数量。

工程量清单中所列的工程数量，它是在施工前由业主根据设计图纸、技术规范及工程量计算规则计算所得到的一种准确性较高的预计数量，而不是承包人在履行合同义务中应予以完成的实际和准确的工程量。

（3）工程量清单的作用
1）为投标人提供投标报价的基础，是投标人报价的主要依据。
2）是合同履行过程中，办理中期支付和结算以及处理工程变更计价的依据。
3）是招标人编制标底的主要依据。

2. 工程量清单内的支付

监理工程师按照合同条件、技术规范和工程量清单的有关规定进行计量，确认已完的实际工程量。再依据已确认的工程数量和报价单中的单价，计算和支付工程量清单中各项工程费用，简称清单支付。

清单支付项目包括：以物理单位计量支付的项目、以自然单位支付的项目、暂定金和计日工四类。

3. 工程量清单外的支付

监理工程师按照合同条件的规定，根据日常记录、现场实证资料和工程实际进展情况，计算和支付工程量清单以外各项费用，故简称为合同支付。

合同支付包括：开工预付款、材料预付款、保留金、工程变更费用、索赔费用、价格调整逾期交工违约金、提前交工奖金和逾期付款违约金共8类。

答案：ADE

案例分析

【案例1】监理公司承接了某公路工程建设项目的施工监理任务，与业主签订了监理合同后，总监理工程师编写了《监理规划》，并组织专业监理工程师编写了监理实施细则。在《费用控制监理实施细则》中，明确了以下内容：

1. 费用控制的依据包括：①工程量清单及说明；②合同图纸；③工程变更令及修订的工程量清单；④监理规划；⑤有关计量的补充协议；⑥施工组织设计；⑦"索赔时间/金额审批表"。

2. 费用监理工程师的职责：

（1）审核承包人的开工预付款申请，按合同要求签发开工预付款支付证书，并报业主审批。

（2）依据监理规定的计量原则对工程量清单进行审核。

（3）认真审核承包人提交的计量申请，按合同规定及时核实已完工程的数量。对于不符合合同规定的项目，应报业主审批。

（4）对承包人提交的工程支付申请进行审核，确认无误后应在合同规定的时间内签发支付证书。

（5）要求承包人建立计量与支付台账。

问题：

1. 试说明费用控制的依据是否正确，如不正确，试指出错误之处并予以改正。

2. 费用监理工程师的职责有无错误之处？如有，试指出错误之处并予以改正。

3. 该公路工程施工合同采用《公路工程标准施工招标文件》合同条款。合同工程量清单上有某桥梁台背和锥坡回填子目及其土方数量，但没有单价。在该子目施工结束后，承包人提出应予单独计量支付。试问其要求是否成立？

答案：

1. 其中的④监理规划和⑥施工组织设计不属于费用控制的依据。费用控制的依据还应包括合同条件和技术规范。

2. 费用监理工程师职责中的第（2）、（3）、（5）条内容是错误的。

（1）第（2）条，"依据监理规定的计量原则对工程量清单进行审核"，计量原则是由合同规定的，不能由监理自行决定。应将这句中的"监理"改为"合同"。

（2）第（3）条，后面一句话中的"应报业主审批"不正确。对于不符合合同规定的项目，监理完全有理由不予计量，不应该再报业主审批。应将这句中的"应报业主审批"改为"监理有权拒绝计量"。

(3) 第 (5) 条,"要求承包人建立计量与支付台账"仅是对承包人的工作要求,不能视为费用监理工程师的职责。应将这句改为"建立监理计量与支付台账"。

3. 根据《公路工程标准施工招标文件》合同条款规定,工程量清单中的所有工程子目,投标人都应填报单价和总额价。承包人未在已标价工程量清单中填入单价和总额价的工程子目,将被认为其已包含在本合同的其他子目的单价和总额价中,发包人将不另行支付。不能支付,也就没有计量的必要。因而不能单独计量支付。

【案例2】在工程项目建设过程中,有关工程费用和费用控制有如下一些说法:
1. 工程施工过程中的费用监理,主要工作是对工程计量与支付的监督和管理。
2. 工程费用监理的目标就是将工程费用控制在合同价格内。
3. 已经支付材料预付款的材料的所有权应属于业主,工程交工时所有剩余材料的所有权也属于业主。
4. 监理工程师可指令承包人按计日工完成特殊的、较小的变更工作。
5. 工程量清单中的工程量是承包人在投标时根据图纸计算而填报的工程量。
6. 属于进度付款证书支付的项目包括开工预付款、工程索赔费用、工程进度款和交工应付款等。

问题:
1. 上述说法中,哪些说法是错误的?哪些说法是正确的?并作简要分析说明。
2. 某工程基础底板的设计厚度为1.5m,施工单位为了保证质量,征得业主同意后,实际做了1.6m。施工单位按1.6m厚度申报计量,监理工程师对增加的部分不予计量,仍按1.5m进行了计量。试问监理工程师的做法是否正确,为什么?

答案:

1. 有关工程费用和费用控制的说法分析如下:

第1条正确。由于工程项目的各种复杂因素,通常采用单价为主的费用支付方式,该支付方式中的费用监理的关键环节是工程计量与支付。因此,工程施工过程中的费用监理,主要就是对工程计量与支付的监督和管理。

第2条错误。由于工程项目的各种复杂因素,实际发生的费用总是与合同价不符。工程费用监理的目标是使实际支付的费用合理,并符合合同的要求。费用监理的目的是在监理计划的指导下,通过对工程费用目标的动态控制,使其能最优的实现。

第3条错误。前一句是正确的,后一句错误。材料预付款是业主提供给承包人用于购买永久工程组成部分的材料的一笔无息款额,已经支付材料预付款的材料的所有权当然应属于业主。工程交工时,业主提供的材料预付款已经被业主全部扣回,实际上已是承包人支付了材料款,所有剩余材料的所有权应属于承包人,不属于业主。

第4条正确。《公路工程标准施工招标文件》第15.7条条款规定:发包人认为有必要时,由监理人通知承包人以计日工方式实施变更的零星工作。采用计日工计价的任何一项变更工作,应从暂列金额中支付。

第5条错误。工程量清单是施工招标文件的组成之一,工程量清单中开列的工程量是招标人在编制招标文件时根据合同及图纸计算出来的,而不是承包人在投标时根据图纸计算而填报的工程量。

第6条错误。根据《公路工程标准施工招标文件》合同条款的规定，开工预付款、材料设备预付款、索赔费用、工程进度款都应在进度付款证书中支付或扣回。交工应付款需要业主签认交工付款证书而单独支付，它并不包含在进度付款证书中。

2. 监理工程师的做法是正确的。按照施工合同条件的规定，对质量合格、符合计量条件的结构物的混凝土的计量应以净值为准，工程计量的几何尺寸要以图纸为依据，监理工程师对对承包人超出设计图纸增加的工程量不予计量。如要按1.6m厚度施工并申报计量，应进行变更申报并取得工程变更令后才可实施，征得业主同意只是其中的一个环节，不是这部分可以施工和计量的充分条件。

拓展案例

【案例1】某工程项目建设单位与施工单位签订了工程施工承包合同。合同中估算工程量为5300m³，原价180元/m³。合同工期为6个月，有关支付条款如下：

1. 开工前，建设单位向施工单位支付估算合同价20%的预付款。
2. 建设单位从第1个月起，从施工单位的工程款中，按5%的比例扣留保留金。
3. 当累计实际完成工程量超过（或低于）估算工程量的10%时，价格应予调整，调整系数为0.9（或1.1）。
4. 每月签发付款证书最低金额为15万元。
5. 预付款从施工单位获得累计工程款超过估算合同价的30%以后的下一个月起至第5个月均匀扣除。

施工单位每月实际完成并经签认认可的工程量表4-6。

表4-6 承包人完成的工程量统计表

月份	1	2	3	4	5	6
完成工程量/m³	800	1000	1200	1200	1200	500
累计完成工程量/m³	800	1800	3000	4200	5400	5900

问题：

1. 估算合同总价是多少？
2. 预付工程款是多少？预付工程款从哪个月起扣留？每月扣预付工程款是多少？
3. 每月工程量价款是多少？应签证的工程款为多少？应签发的付款凭证金额是多少？

答案：

1. 估算合同总价为95.4万元，即5300m³×180元/m³=95.4万元
2. 预付工程款为19.08万元，即95.4×20%万元=19.08万元。

因为第一、二期累计工程款：

1800×180元=32.4万元>95.4×30%万元=28.62万元，根据合同规定：累计工程款超过估算合同价的30%以后的下一个月起至第5个月均匀扣除，可知预付工程款从第3个月开始扣留，3个月扣完，则：

每月应扣预付工程款：19.08/3 万元 = 6.36 万元。

3. 第 1 个月工程款：800 × 180 元 = 14.4 万元。

本月应扣留保留金：14.40 × 0.05 万元 = 0.72 万元。

本月应签证的工程款：14.40 × 0.95 万元 = 13.68 万元 < 15 万元（本月不予付款）

第 2 个月工程款：1000 × 180 元 = 18 万元。

本月应扣留保留金：18 × 0.05 万元 = 0.9 万元。

本月应签证的工程款：18 × 0.95 万元 = 17.10 万元。

本月应签发的工程款：(17.10 + 13.68) 万元 = 30.78 万元。

第 3 个月工程款：1200 × 180 元 = 21.60 万元。

本月应扣留保留金：21.60 × 0.05 万元 = 1.08 万元。

本月应扣预付款：6.36 万元。

本月应签证的工程款：(21.60 × 0.95 − 6.36) 万元 = 14.16 万元 < 15 万元（本月不予付款）。

第 4 个月工程款：1200 × 180 元 = 21.60 万元。

本月应扣留保留金：21.60 × 0.05 万元 = 1.08 万元。

本月应扣预付款：6.36 万元。

本月应签证的工程款：(21.60 × 0.95 − 6.36) 万元 = 14.16 万元。

本月应签发的工程款：(14.16 + 14.16) 万元 = 28.32 万元。

第 5 个月累计完成 5400 m^3，比原估算的工程量超过 100 m^3，但未超过估算 10%，仍按原价估算工程价款：1200 × 180 元 = 21.60 万元。

本月应扣留保留金：21.60 × 0.05 万元 = 1.08 万元。

本月应扣预付款：6.36 万元。

本月应签证的工程款：(21.60 × 0.95 − 6.36) 万元 = 14.16 万元 < 15 万元（本月不予付款）。

第 6 个月累计完成 5900 m^3，比原估算的工程量超过 600 m^3，已超过估算 10%，对超过部分应调整单价。应调整单价的工程量：5900 m^3 − 5300 × (1 + 10%) m^3 = 70 m^3。

本月完成的工程价款：70 × 180 × 0.9 元 + (500 − 70) × 180 元 = 8.874 万元。

本月应扣留保留金：8.874 × 0.05 万元 = 0.4437 万元

本月应签证的工程款：(8.874 − 0.44376.36) 万元 = 8.43 万元。

本月应签发的工程款：(14.16 + 8.43) 万元 = 22.59 万元

 案例总结

本节首先对工程费用的基本特点和工程费用的监理要点作了介绍，然后重点说明监理工程费用控制的内容。本节的重点就是工程计量控制和费用支付控制。工程计量控制应了解工程计量的原则、依据、范围和条件，熟悉和掌握工程计量的依据、程序、方法、计量方式和内容。费用支付控制的内容学生都要熟悉，包括支付的基本原则、程序、内容等，还应熟悉掌握工程量清单内的支付和工程量清单外的支付内容。

本节内容的原则性很强，直接涉及工程费用，要求学生对本节内容要认真学习，要理解透。如果还想学得更深一点，那就要向工程造价方向发展，要从最基本的费用组成开始学起。

自我测评

一、判断题

1. 监理工程师可以通过任何一期"中期付款证书"，对已支付工程中发现的问题或已颁发的支付证书的错误进行纠正。（　　）
2. 在工程计量的三种类型中（监理独立计量、承包人独立计量、联合计量）中，承包人独立计量就是指承包人自行进行的计量。（　　）
3. 工程费用监理的目标就是将工程费用控制在合同价格内。（　　）
4. 监理工程师掌握了计量支付权，就抓住了主要矛盾，掌握了控制施工活动和调控承包人施工行为的最有效的基本手段，抓住了指挥棒。（　　）
5. 工程量清单中的工程量是承包人在投标时通过计算而填报的工程量。（　　）

二、单项选择题

1. 承包人对结构物混凝土体积进行计量，应以（　　）为准。
   A. 场实地测量尺寸　　　　　　B. 与业主协商确定
   C. 合同图纸净尺寸　　　　　　D. 与监理工程师共同确认
2. 《公路工程标准施工招标文件》（2018版）合同条款17.3.3规定，监理工程师在收到承包人进度付款申请单以及相应的支付性证明文件后的（　　）天内完成核查，提出发包人到期应支付给承包人的金额以及相应的支持性材料报业主审查。
   A. 7　　　　　B. 14　　　　　C. 21　　　　　D. 28
3. 工程计量与支付的先决条件是（　　）。
   A. 质量合格　　　　　　　　　B. 试验检测资料齐全
   C. 符合安全和环保要求　　　　D. 须经建设单位同意
4. 有关材料设备预付款正确的表述是（　　）。
   A. 施工过程中，临时工程所需材料可以支付材料设备预付款
   B. 已经支付过材料设备预付款和材料，其所有权归业主
   C. 材料设备预付款的支付可以不考虑剩余永久工程支付金额
   D. 材料设备预付款支付可依据设计工程量计算得来
5. （　　）是一项由业主提供给承包人用作开工费的无息款项。
   A. 暂定金额　　B. 保留金　　　C. 开工预付款　　D. 计日工费用

三、多项选择题

1. 开工预付款的支付条件有（　　）。
   A. 业主与承包人签订了合同协议书
   B. 承包人提供了开工预付款保函
   C. 业主和监理单位签订了合同
   D. 承包人提供了履约保函
   E. 监理工程师出具了进度付款证书

2. 工程计量包括实地量测计算法和记录、图纸计算法，无论何种方法都必须经过（　　）签字确认方可进入支付环节。

　　A. 业主　　　　　　　　B. 承包人　　　　　　　　C. 监理
　　D. 设计单位　　　　　　E. 审计单位

3. 在合同支付项目中，业主先支付给承包人，并在一段期间后又要扣回的款项有（　　）。

　　A. 暂列金额　　　　　　B. 材料预付款　　　　　　C. 质量保证金
　　D. 开工预付款　　　　　E. 计日工

4. 工程计量的主要依据包括（　　）。

　　A. 工程量清单及说明　　　　　　　　　B. 合同图纸
　　C. 工程变更令及修订的工程量清单　　　D. 合同条件
　　E. 技术规范及有关计量的补充协议

5. 公路工程施工合同条款规定计量的工程项目包括（　　）等。

　　A. 工程量清单中的项目
　　B. 工程量清单中的部分项目
　　C. 合同文件中规定的费用支付项目
　　D. 经监理工程师批准的变更项目
　　E. 工程量清单以外的所有项目

四、复习思考题

1. 简述工程费用的基本特点。
2. 论述施工过程中的费用监理要点。
3. 论述施工过程中，中期计量与支付的基本程序。
4. 在工程费用支付中，监理工程师必须遵循哪些基本原则？
5. 工程进行计量的条件有哪些？工程计量的方法主要有哪几种？

4.6　合同事项管理

　　随着社会主义市场经济体制的建立和完善，我国公路工程建设也进入了高速、健康发展的新阶段。市场经济是法制经济，法制经济的特征是社会经济行为的规范性和有序性，而市场经济的规范性和有序性是靠健全的合同秩序来体现的。合同管理制度的普遍实行，极大地促进了工程建设市场的规范和发展，加速推进了工程监理制度的完善和发展。工程合同的科学性、公平性和法律效力，规范了合同各方的行为，使工程建设活动有章可循。十几年来的工程施工监理的实践证明：公路工程施工监理的关键是熟悉合同，掌握合同，利用合同对工程施工过程的进度、质量、费用、安全、环保实施管理。

　　合同事项管理的主要内容包括：工程变更、工程延期、费用索赔、工程分包、工程暂停、工程复工、争端的解决、违约处理、工程保险等。理解和熟悉合同的主要内容，对监理工程师、业主、承包人都十分重要。下面结合我国公路工程施工监理实践，对合同事项管理的主要内容作概括性介绍。

【例1】 工程变更与工程延期。

某公路路基工程项目，合同工期为 12 个月。工程开工后，施工单位发现实际地质与图纸不符，有大面积的软土地基。经监理、业主、设计现场踏勘后，设计院对该段路基的地基处理进行了工程变更，增加了软基处理，软基处理的时间为 3 个月。在合同规定的时间内，承包人提出软基处理属于关键工程，申请工程延期 3 个月。监理工程师审核后认为符合工程延期的条件，予以了批准。

问题：

1. 工程变更的定义是什么？工程变更应由哪方提出？其相应的变更程序是什么？

2. 工程延期的定义是什么？延期的原因有哪些？满足哪些条件后监理才受理工程延期？

3. 监理工程师审批工程延期的依据有哪些？背景资料中监理工程师对延期的审批是否正确？试说明理由。

分析：

1. 工程变更是项目实施过程中合同管理的一个很重要的内容，工程变更涉及的内容比较广泛，监理工程师必须熟练掌握工程变更的内容及变更程序。公路工程施工过程中，工程变更通常是不可预见的。但工程变更一般均会对工程费用、工期产生影响，涉及业主和承包人的利益，因而监理工程师应谨慎地按合同条款实施工程变更管理。

2. 对工程延期与延误要区分开来，由于承包人自身原因造成的工期滞后称为工程延误，非承包人自身原因造成的，经监理工程师书面批准的竣工期限的延长称为工程延期。延期的原因有很多，监理工程师要熟悉合同，熟悉现场，收集相关的进度资料，初步审核施工单位上报的申请资料，只有满足了工程延期需要的条件后，监理工程师才应受理。

3. 审核施工单位上报的工程延期申请资料，必须要有相关的依据。只有满足相关的依据后，工程延期才成立，监理工程师才可审批。不符合审批依据只能算是承包人的延误。对背景资料中监理工程师的审批是否正确的判断，应看它是否满足工程延期的依据。

答案：

1. 工程变更的定义

工程变更是指经监理工程师审查批准并下达变更令后，对工程合同文件的任何部分或工程项目的任何部分所采用的形式上的改变、质量要求上的改变或工程数量上的改变。

变更的内容包括：

1）增加或减少合同中所包括的任何工作的数量。

2）取消合同中任何工作细目，若被取消的工作是由业主或其他承包人实施者除外。

3）改变合同中任何工作的性质、质量及种类。

4）改变工程任何部分的高程、基线、位置和尺寸。

5）实施过程竣工所必需的任何种类的附加工作。

6）改变工程任何部分的任何规定的施工顺序或时间安排。

一般来讲，工程变更要求可以由业主、监理工程师、承包人提出，但必须经过监理工程师的批准才能生效。工程变更程序如下：

（1）业主要求工程变更时，监理工程师应按施工合同规定下达工程变更令，按施工合同要求须由业主批准的隐蔽工程的变更，还应会同建设、设计、施工等单位现场共同确认。

（2）监理工程师认为有必要根据合同有关规定变更工程时，应经业主同意。

（3）承包人要求变更时，应提交变更申报单，报监理工程师审核，必要时报业主同意后，根据合同有关规定办理。

监理工程师颁布工程变更令而引起的费用增减，变更费用应按施工合同约定计算，合同未约定的应由业主和承包人协商确定。

监理工程师下达的工程变更的指令必须是书面的，如果因某种特殊的原因，监理工程师有权口头下达变更命令。承包人应在合同规定的时间内要求监理工程师书面确认。监理工程师在决定批准工程变更时，要确认此工程变更必须属于合同范围，是本合同中的任何工程或服务等，此变更必须对工程质量有保证，必须符合规范。

2. 工程延期，是指按合同有关规定，由于非承包人自身原因造成的，经监理工程师书面批准的合理竣工期限的延长。它不包括由于承包人自身原因造成的工期延误。

延期的原因主要有：额外的或附加的工作；异常恶劣的气候条件；由业主造成的延误或阻碍；不是承包人的过失、违约或由其负责的其他特殊情况；合同中所规定的任何延误原因。

监理工程师必须在确认下述条件满足后才受理工程延期。

（1）由于非承包人的责任，工程不能按原定工期完工。

（2）延期情况发生后，承包人在合同规定期限内向监理工程师提交工程延期意向。

（3）承包人承诺继续按合同规定向监理工程师提交有关延期的详细资料，并根据监理工程师需求随时提供有关证明。

（4）延期事件终止后，承包人在合同规定的期限内，向监理工程师提交正式的延期申请报告。

当工程延期事件发生后，承包人应在合同规定的有效期限内以工程延期意向书的形式书面通知监理工程师，以便使监理工程师尽早了解所发生的事件，及时做出一些减少延期损失的决定，同时对符合合同规定的延期意向或事件做好现场调查和记录，收集各种相关的文件资料及信息。随后，承包人应在合同规定的期限内，向监理工程师提交详细的工程延期申请报告，阐明延期事件发生的原因及发展的过程，申述延期的理由及依据，说明延期天数计算的依据、原则及方法等，并提供真实而全面的延期证据资料。监理工程师在收到延期申请后，对延期原因、发展情况、结果测算等资料进行审核并报业主。

3. 监理工程师审批工程延期的依据主要有以下几方面。

（1）延期事件是否属实。

（2）是否符合合同的规定。

（3）延期事件是否发生在施工进度网络计划图的关键线路上。

（4）延期天数的计算是否正确，证据资料是否充足。

根据监理工程师审批工程延期的依据，结合给出的背景资料，可以判断监理工程师对延期的审批基本是正确的。延期事件是属实的，符合合同的规定，延期事件属关键工作，发生在施工进度网络计划图的关键线路上，延期天数正确，证据资料充足。

第四章　公路工程监理的主要工作内容

【例2】费用索赔与工程分包。

某公路桥梁建设工程，其基础为钻孔桩，该工程的施工任务由甲工程公司总承包，经监理工程师同意，桥梁施工分包给××建筑工程公司（以下简称为乙公司），建设单位委托监理公司进行监理工作。在施工期间，乙公司发现桩基施工图纸有误，需设计单位进行修改，由于图纸修改造成整个桥梁桩基施工停工15天，总承包单位甲工程公司提出工期延期15天费用索赔5万元的要求。

问题：

1. 费用索赔的定义是什么？监理工程师处理费用索赔时，一般分哪几个步骤进行？

2. 处理费用索赔时，作为业主授权的监理工程师应持何种立场？如承包人对监理裁决有意见应怎么办？

3. 工程分包的定义是什么？简述工程分包的两种形式

答案：

1. 费用索赔的定义

费用索赔是指工程实施过程中，非承包人自身原因造成的费用损失或增加，根据合同的有关规定，承包人通过合法的途径和程序，正式向业主提出认为应该得到额外费用的一种手段。监理工程师应对承包人提出的符合合同规定条件的费用索赔意向和申请予以受理，对索赔发生的原因、发展情况、结果测算等资料进行审核，审核后应编制费用索赔报告业主。

监理工程师根据合同规定处理费用索赔时，一般分两个步骤进行。

第一步骤，查证索赔原因、在收到承包人的正式索赔申请时，监理工程师首先应看所要求的索赔是否有合同依据，然后将承包人所附的原始记录、账目等与驻地监理工程师的记录核对，以弄清承包人所声称的损失是否由于自身工作效率低或管理不善所致。

第二步骤，核实索赔费用。如果经监理工程师查证，承包人所提索赔理由成立，则应核实承包人的计算是否正确。在允许索赔事件中，承包人常常有意或无意地在计算上出差错，监理工程师必须严格审查计算过程，特别是承包人计算中所采用的合同条款依据、价格、费率标准和数量等方面。

2. 一般来讲，监理工程师是代表业主的利益来进行工程项目管理。但在处理索赔时，监理工程师必须以完全独立的裁判人身份，对索赔做出公正的裁决，即使索赔对业主不利，也不能偏袒徇私。如果监理工程师的裁决不公正，承包人可将此类裁决诉诸于仲裁，仲裁委员会可以推翻监理工程师的裁决，会使监理工程师的信誉受到损害。

3. 工程分包的定义

工程分包是指承包人经监理工程师批准后，将所承包工程一部分委托其他承包人承建或为实施合同中以暂定金额支付的工程施工任务而由业主通过招标方式选定的其他承包人承担。工程分包有两种形式，即一般分包和特殊分包。

（1）一般分包的管理。一般分包是指由承包人自己选择分包单位，经业主和监理单位同意的一种分包形式。监理工程师应禁止承包人把大部分工程分包出去或层层分包。承包人必须经监理工程师批准，并按规定办理分包工程手续后，才能将部分工程分包出去。所分包的工程不能超过全部工程的一定百分比，该百分比应在合同中予以明确，承包人未经业主同意，不得转让合同或合同的任何部分。这主要表明业主希望工程承包合同由中标的承包人来执行。

在一般分包中，承包人不能因为分包而对所分包出去的工程不承担合同所规定的义务，即承包人应对分包单位的任何行为、违约、疏忽和工程质量、进度等负责。监理工程师应通过承包人对分包工程进行管理，监理工程师也可以直接到分包工程去检查，发现涉及分包工程的各类问题，应要求承包人负责处理，监理工程师应通过"中期支付证书"，由承包人对分包工程进行支付。

监理工程师在获得承包人推荐的分包单位和分包的工程内容及有关的资料后，应对分包单位进行审查。主要审查分包单位的资格情况及证明；分包工程项目及内容；分包工程数目及金额；分包工程项目所使用的技术规范与验收标准；分包工程的工期；承包人与分包单位的合同责任；分包协议。监理工程师完成上述审查工作后，若无问题，签发"分包申请报告单"，批准分包单位。

（2）特殊分包的管理。特殊分包是指为了履行合同中某专业化的工程施工或需特殊专业资质要求的工程施工，以及由于承包人违约业主需雇用其他承包人完成部分工程，业主通过招标方式选定另外的承包人作为特殊分包单位，要求承包人与特殊分包单位签订分包合同而实施的工程分包。分包合同一经签发，特殊分包单位应接受承包人的管理，向承包人负责，承担合同文件中承包人应向业主承担的一切相应责任和义务，并向承包人交纳部分管理费。监理工程师应要求分包单位保护和保障承包人由于特殊分包单位的疏忽、违约造成的一切损失。

若承包人未按合同规定向特殊分包单位支付应得款项，根据监理工程师的证明，业主有权直接向特殊分包单位付款，并在承包人应得款项中扣除。

为保证工程的顺利进行，在特殊分包合同招标前，特殊分包单位最好被业主或监理工程师和承包人共同认可。若承包人有合理的理由，可以拒绝业主通过招标方式选定的分包单位。

当特殊分包单位未能按要求实施分包任务时，业主或监理工程师应采取如下措施：

1）业主应通过招标方式重新选定特殊分包单位。

2）业主支付承包人所受损失的任何附加费。

3）业主应给承包人一个适当的工期延长。

监理工程师应当加强对施工单位工程分包的管理，按合同规定对工程分包计划和协议进行审查，报业主批准。监理工程师发现有非法分包、转包时，应指令施工单位纠正并报告业主。

【例3】工程暂停与复工申请。

某建筑工程公司承包了一座山区公路桥梁工程项目，业主与监理单位签订了施工监理委托合同，施工单位进场后进行施工准备工作，开工前向监理方提交了该工程的施工组织设计和墩柱施工方案。监理工程师审核后予以了批准。在进行山脚下的8#墩柱施工时，施工队考虑到墩柱高度为4.2m，而1节钢模长度为3.0m，2节钢模长度达到6.0m。于是施工单位提出上部3.0m用1节钢模、底部1.2m用砌筑砖胎模的方法，监理工程师认为该方法改变了原方案中的施工工艺，而且安全、质量都没有保障，未予批准。施工单位在征得业主代表同意后按照所提方法进行施工，监理工程师发现后，立即对8#墩柱的施工下达了工程暂停令，但施工单位仍继续施工，在混凝土浇筑过程中，底部砖胎模被胀破，混凝土溢出，整个墩柱模板坍塌，幸无人员伤亡。

施工单位在整改处理后，提出8#墩柱的复工申请。

问题：

1. 工程暂停令的含义是什么？在哪些情况下，监理工程师可以签发工程暂停令？
2. 工程暂停令时应明确哪些内容？必须向哪个部门报备？
3. 对工程而言，暂停范围是如何确定的？本例中，监理工程师仅对8#墩柱的施工下达了工程暂停令是否恰当？
4. 简述复工申请的程序。

答案：

1. 工程暂停令的含义

在工程施工过程中，监理工程师为了保证工程质量、保证施工安全、保证合同能够有效地实施，按照合同的规定有权要求承包人暂停施工。

当发生以下情况时，监理工程师在对暂停工程的影响范围和影响程度的初步评估后，有权根据合同的规定签发工程暂停令。

（1）业主要求暂停施工，且工程确有暂停施工必要时。

（2）工程施工中出现以下质量状态时。

1）未经监理工程师检验或检验合格而进行下一道工序施工的。

2）擅自采用未经监理工程师验收或不合格的材料、构配件和设备的。

3）未经监理工程师批准，擅自变更设计图纸的。

4）未经监理工程师批准，擅自将工程分包给其他单位的。

5）工程出现质量缺陷、质量隐患及质量事故的。

6）没有可靠质量保证措施导致出现施工质量问题，经监理工程师指出，未采取有效整改措施，仍继续施工的。

7）违反国家及交通运输部有关规范、标准、规程而野蛮施工的。

（3）施工中出现安全隐患，监理工程师认为必须停工消除隐患时。

（4）施工中出现违反环保规定、未按合同要求落实环保措施，监理工程师认为必须停工整改时。

（5）由于承包人一方某种违约或过错而导致工程施工无法正常进行时。

（6）由于现场天气条件而导致工程施工无法正常进行时。

（7）施工现场发生了诸如地震、海啸、洪水等不可抗力而导致工程施工无法正常进行时。

（8）工程开挖遇到地下文物古迹等需要保护处理时。

（9）施工现场发生质量、安全、环境污染事故必须停工保护现场或采取防止事态进一步扩大时。

（10）监理工程师认定发生了必须暂停施工的紧急事件或其他情况时。

2. 监理工程师签发的工程暂停令，应明确工程暂停的依据、范围、原因、期限及工程暂停期间承包人应做的工作，并报建设单位。工程暂停令格式见表4-7。

表 4-7　工程暂停令

停工依据：			
停工范围：			
停工原因：			
停工日期：	年　月　日　时		
停工后应做如下处理：			
驻地监理工程师意见：		签字：	日期：
总监理工程师（代表）意见：		签字：	日期：
业主（代表）意见：		签字：	日期：
承包人：	收件日期：		

3. 暂停范围的确定

监理工程师在签发工程暂停令前，应根据停工原因的影响范围和影响程度，慎重确定停工范围。

在必须暂停工程施工的诸多原因中，有些影响是全工地性的，如灾害性天气等，有些影响可能是局部的，如发现质量隐患等。准确地确定影响范围是确定工程停工范围的依据。同时，项目监理机构还要对工程暂停的影响范围作出评估，特别是由于非承包人原因引起的工程停工，因为其容易引起费用索赔和工程延期，监理机构要仔细地如实记录与工程停工有关的情况，对照合同条款，分析工程停工的必要性，对影响程度进行深入研究，在承包人提出费用索赔和工程延期要求时才能有备无患，对费用索赔和工程延期进行公正的审理。

在确定停工原因的影响范围后，监理工程师做出全面停工或部分工程暂停施工的建议。监理工程师签发工程暂停令时应具体说明要求停工的范围，对具备继续施工条件的工程要求承包人继续施工。

本例中，监理工程师仅对 8#墩柱的施工下达了工程暂停令是恰当的。因为 8#墩柱的违规施工没有影响到其他工序的施工，暂停了 8#墩柱的违规施工也就控制了违规施工的继续，而无需再扩大停工的范围。

4. 工程复工申请的程序

在监理工程师签发工程暂停令后，承包人应当按照工程师的要求停止施工，妥善保护已完工工程，并采取措施消除隐患。监理工程师应当在提出暂停施工要求后，在规定的时间内提出书面处理意见。承包人实施监理工程师做出的处理意见后，发生的问题得到处理和解决，可提出书面复工要求。监理工程师应当在规定的时间内给予答复。若批准工程复工，要指示承包人做好进度计划调整，并报业主。

由于承包人原因导致施工暂停，在具备复工条件需要复工时，监理工程师应审查承包人报送的复工申请以及有关资料，并检查施工现场整改的实际情况，符合要求后，方可签发工程复工指令。

由于非承包人原因而发生工程暂停时，监理工程师应如实记录所发生的实际情况。在施工暂停原因消失后具备复工条件时，监理工程师应及时签发工程复工指令（表4-8）。

表4-8　工程复工指令

复工依据：			
复工范围：			
复工原因：			
复工日期：	年　月　日　时		
复工后应做如下工作：			
业主（代表）意见：		签字：	日期：
总监理工程师（代表）意见：		签字：	日期：
驻地监理工程师意见：		签字：	日期：
承包人：	收件日期：		

【例4】价格调整、计日工、工程保险。

某公路工程项目，其合同工期为64个月，其中施工工期40个月，缺陷责任期24个月。甲交通工程公司中得施工标，A监理公司中得监理标。由于工期较长，在施工合同中明确了每季度按照当地物价信息进行一次价格调整。进场后，施工单位办理了合同规定的保险。

在施工过程中，恰逢全国文明城市检查。对其中一段仍在正常通行的旧路的保洁工作，建设方要求由施工方担负起来，费用由业主承担。

问题：

1. 什么情况下可以进行价格调整？实际材料价格与投标时价格不一致，是否就可以进行价格调整？

2. 什么是计日工？监理工程师对计日工的管理应注意哪几个方面？本例中，旧路保洁工作的费用是否可用计日工来进行计价和付款？

3. 何谓工程保险？《公路工程标准施工招标文件》（2018年版）规定应办理的保险种类有哪几种？

4. 监理工程师应从哪几个方面对承包人的保险进行检查？如承包人未在合同规定的时间内办理保险时，监理工程师应采取什么措施？

答案：

1. 价格调整

只有在施工合同中有明确规定，才可根据合同规定的价格调整方法及可调整的项目给予调价，包括因法律改变和成本改变的调整，并将相应的金额增加到合同价格上或合同价格中扣除。

很显然，不是实际材料价格与投标时价格不一致就可以进行价格调整，合同没有规定是不能进行价格调整的。

2. 计日工

计日工作是指在合同清单内容之内，按工种或设备填报单价的日工劳务费和机械台班费，一般用于工程量清单中没有合适项目，且不能安排大批量的流水施工的零星工程。

监理工程师对计日工的管理应注意：

（1）只有当监理工程师指示承包人实施以计日工计价的工作时，承包人才有权获得用日工计价的付款。

（2）对按计日工实施的项目，应要求承包人在该工程持续进行过程中，每天向监理提交：该工作的名称、内容和数量；从事该工作的施工人员姓名、工种、级别和工时的确切清单；投入该工作的施工设备型号、台数和耗用台时；投入该工作的材料类别和数量；监理工程师要求提交的其他资料和凭证。

（3）一般说来，承包人的计日工报价均较高，在工程施工过程中，监理工程师应尽量少用或不用计日工这种形式，可用工程变更的形式来实施有关的工程。

本例中，旧路保洁工作的费用可以用计日工来进行计价和付款。因为一般工程量清单中没有旧路保洁这个项目，而且符合不能安排大批量的流水施工的条件。

3. 工程保险

工程保险是指通过专门机构——保险公司以收取保险费的方式建立保险基金，一旦发生自然灾害或意外事故，造成参加保险者的财产损失或人员伤亡时，即用保险金给以补偿的一种制度。它的好处是使参加者付出一定的小量保险费，遭受大量损失时得到补偿的保障，从而增强抵御风险的能力。监理工程师应根据合同有关规定，督促承包人进行保险。

《公路工程国内招投标文件范本》（2018年版）规定应办理的保险种类有：

（1）工程一切险。工程一切险是为永久工程、临时工程和设备及已运至施工工地用于永久工程的材料和设备所投的保险。通常，保险公司承担赔偿责任的有以下一些原因造成的损失和费用，对这些损失和费用，保险公司将根据保单明细表的规定负责赔偿责任：①自然灾害（包括水灾、冰灾、海啸、风暴、雪暴、雷击等）；②意外事故，如火灾和飞行物体坠落；③盗窃；④职工缺乏经验、疏忽、过失或其他恶意行为；⑤原材料和工艺缺陷引起事故及其他；⑥爆炸及其他不可预料的突然事故等。

（2）第三方责任险。它是对实施本合同工程而造成的财产（本工程除外）的损失或损害，或人员（业主和承包人雇员除外）的死亡或伤残所负责进行的保险。

工程一切险和第三方责任险由承包人与业主联名投保，保险费由业主承担。投保工程从工程开工到竣工颁发竣工证书止进行保险。投保的范围与条件和保险费率由招标人与承保人在所商定的投保协议中确定，并在招标文件中写明。上述保险费在工程量清单第100章中列有一个单独的支付细目，由投标人按招标文件中的规定填写总额价，中标后业主将按承包人实际支付的保险费的保单支付给承包人。

（3）承包人的雇员及装备、材料保险。承包人应在整个施工期间（包括缺陷责任期）为其现场机构雇佣的全部人员投保人身意外伤害险，并应要求其分包人也进行此项保险。

承包人还应为已经运抵现场的承包人装备、材料办理财产保险，其投保金额应足以现场重置。

办理上述保险的一切费用均由承包人（或分包人）承担，并已包括在工程量清单的单价及总额价中，业主不单独支付。在本合同工程的施工和缺陷修复过程中，业主对承包人雇员的人身死亡或伤残，或财产（设备）的损失或损害不予赔偿；业主也不对承包人与此有关的索赔、损害、赔偿及诉讼等费用和其他开支承担任何责任。

有下述情况之一者属例外情况，业主有责任予以赔偿。

（1）由于本工程的征地拆迁工作引起的承包人雇员人身或财产损害。

（2）因业主在本工程范围内实施其他工程引起的人身或财产损害。

（3）由业主或其职工或其他承包人的雇员的行为或疏忽所造成的人身伤亡或财产的损失或损害。

4. 根据合同条件规定，监理工程师应在开工之前检查承包人是否已办妥合同规定的各类保险，及各类保险单是否有效。对承包人的保险办理情况检查的内容包括：

（1）保险种类。合同规定的投保险种有：工程一切险、第三方责任险和施工人员人身意外伤害险。除专用合同条款另有约定外，承包人还应为其施工装备、进场材料和工程设备等办理财产险。

（2）保险的数额应与实际价值相符或应符合合同的规定。

（3）保险的有效期应不少于合同工期或修订的合同工期。

（4）确认承包人已在合同规定的时间内提交保险单及保险费收据给业主，并保留复印件备查。

当监理工程师确认承包人未在合同规定的时间内，按合同规定的内容，向业主提交合格的保险单时，应采取如下措施：

（1）指定承包人尽快补充办理保险。

（2）承包人拒绝办理时，通知建议业主补充办理保险。

（3）保险最终由业主补充办理的，监理工程师应签发扣除承包人相应费用的证明。

（4）如果业主也未补办，监理工程师应书面通知承包人和业主由此带来的危害。根据合同有关规定，未来发生与此有关的一切责任和费用将由责任方承担和赔偿，并督促其尽快办理保险。

【例5】违约行为及处理。

试说明在工程实施中，业主和承包人的违约行为一般有哪些？监理工程师对业主违约和承包人的违约应如何处理？

答案：

由于公路工程项目工程费用大、建设周期长、涉及范围广，施工过程中存在很多不可预见性因素，也就存在着参建各方违约的可能性，其中对工程影响最常见、最为突出的是业主和承包人的违约。有因业主违约而迫使工程不能进展，使承包人不得不采取补救措施的情况，也有因承包人违约而影响工程进展的情况。监理工程师认为违约事件可能发生时，应及时提示施工单位和建设单位。违约事件已发生，监理工程师应调查分析，掌握情况，依据合同规定和有关证据评估损失，提出处理意见。

1. 业主的违约

业主有下列事实时，监理工程师应确认为其违约：

（1）没有在合同规定的时间内根据监理工程师签发的支付证书向承包人付款，也未向承包人说明理由。

（2）无理阻挠或拒绝监理工程师签发支付证书所需的批准。

当监理工程师收到承包人因业主违约而提出的部分或全部中止合同的通知后，应尽快深入调查，收集掌握有关情况，澄清事实。在调查、了解的基础上，根据合同文件要求，同业主承包人协商后，办理部分或全部中止合同的支付。

按照合同规定，因业主未能按时向承包人支付应得款项而违约时，承包人有权按合同有关规定暂停工程或延缓工程进度，由此发生的费用增加和工期延长，经监理工程师与业主、承包人协商后，将有关费用加到合同价中，并应给予承包人适宜的工期延长。如果业主收到承包人暂停工程或延缓工程进度的通知后，在合同规定的时间内恢复了向承包人应付款的支付以及支付了延期付款利息，承包人应尽快恢复正常施工。

2. 承包人的违约

承包人有下列事实时，监理工程师应确认承包人违约：

（1）无视监理工程师事先的书面警告，一贯或公然忽视履行其合同规定的义务。

（2）违反合同条款中有关按投标文件及时配备称职的关键管理与技术人员的规定，或违反合同条款中承包人承诺配备的关键施工设备的规定。

（3）在接到监理工程师下达的要求承包人修复或运走、替换不合格材料、设备的通知或指令后的28天内不遵守该通知或指令。

（4）无正当理由而未能根据监理工程师下达的开工令的规定开工；或在接到监理工程师下达的要求承包人加快施工进度的通知后的28天内无正当理由未能采取措施加快施工。

（5）已经违反了合同条款中有关工程分包的规定。

（6）在保修期内，承包人不履行合同义务。

（7）违反合同专用条款中的其他重要规定。

承包人违约时，监理工程师应书面通知业主，并抄送承包人。业主在向承包人发出书面通知的14天内未见纠正后，可向承包人课以专用条款中规定的违约金。

如果根据我国法律，认为承包人已强制性破产、企业清理或解散（为合并或重组而进行的自动清理除外），或承包人已经违反合同条款中关于禁止转包的规定，则业主可以进驻现场和接管本工程，并终止施工合同。业主可自行完成该工程，或雇用其他承包人完成该工程。业主或上述其他承包人为了完成本工程，可以使用他们认为合适数量的承包人装备、临时工程和材料。

在业主进驻现场和终止合同之后，监理工程师在通过协商和调查询问之后，尽快地确定并认证以下事项：

1）在业主进驻现场和终止合同时，承包人根据合同实际完成的工程以及理应得到的款额。

2）未使用或部分使用过的材料、承包人装备和临时工程的价值。

业主在承包人违约而终止合同的情况下，将暂停向承包人支付任何款项。在本工程缺陷责任期满之后，再由监理工程师查清承包人实施和完成本工程与缺陷修复应结算的费用，应扣除的完工拖期损失偿金（如有）以及业主实际支付给他的各项费用，并予以证实。同时，监理工程师应指令承包人将其为履行合同而签订的任何协议的利益（如材料和货物的供应、服务的提供等）转让给业主。

【例6】合同纠纷的解决。

《公路工程标准施工招标文件》（2018年版）规定，当业主和承包人对合同以及工程施工中的很多问题发生争议时，解决合同纠纷的方式有（   ）。

A. 双方友好协商　　B. 争议评审　　C. 上级主管部门调解
D. 仲裁　　E. 诉诸于法院

分析：

《公路工程标准施工招标文件》（2018年版）通用合同条款24条"争议的解决"中对争议的解决作了明确的程序规定。发包人和承包人在履行合同中发生争议的，可以友好协商解决或者提请争议评审组评审。合同当事人友好协商解决不成、不愿提请争议评审或者不接受争议评审组意见的，可在专用合同条款中约定下列一种方式解决：

（1）向约定的仲裁委员会申请仲裁。

（2）向有管辖权的人民法院提起诉讼。

因此，发包人和承包人争议的解决方式有：

1. 友好协商解决

在提请争议评审、仲裁或者诉讼前，以及在争议评审、仲裁或诉讼过程中，发包人和承包人均可共同努力友好协商解决争议。

2. 争议评审

采用争议评审的，发包人和承包人应在开工日后的28天内或在争议发生后，协商成立争议评审组。争议评审组由有合同管理和工程实践经验的专家组成。争议评审组应在不受任何干扰的情况下进行独立、公正的评审，作出书面评审意见，并说明理由。

发包人和承包人接受评审意见的，由监理人根据评审意见拟定执行协议，经争议双方签字后作为合同的补充文件，并遵照执行。

3. 仲裁

如果友好协商或争议评审不能达成协议，则业主或承包人任何一方可向合同约定的仲裁委员会申请仲裁。仲裁人的裁决是最终裁决,对双方均具有约束力,任何一方不得再诉诸于法院等,以改变此裁决。

4. 诉讼

如果协商或争议评审不能达成协议,则业主或承包人任何一方可向有管辖权的人民法院提起诉讼。

在仲裁或诉讼结束前应按总监理工程师的决定执行。

答案: ABDE

案例分析

【案例1】 工程变更、索赔。

某路桥工程公司承包高速公路一座桥梁施工,该工程合同采用国内范本合同条件。2006年4月1日进驻工地,准备按合同开工期2006年5月1日开工,因征地拆迁延误到2006年5月24日才开始施工。在2006年8月3日桥梁基坑开挖后,发现基底承载力不能满足设计要求,按监理变更通知将扩大基础改为钻孔桩基础。因此,使该桥施工期延误7天。2007年9月20日,业主提出要对桥梁外部进行氟碳装修的要求,因此使工程不能在合同规定的2007年10月1日前竣工,需延迟到2007年10月25日。承包人2007年10月2日就上述三项事件提出索赔要求,并要求工期延长56天。

问题:

1. 承包人提出索赔的依据是什么?
2. 监理工程师如何处理上述索赔事件?

答案:

1. 承包人提出索赔的依据是施工合同。

2. (1) 承包人有理由要求费用索赔的有三项,即:开工延误24天的索赔;增加装修内容需时25天的索赔,该两项均因业主原因或业主要求增加了工程内容。而因地基承载力不足而改为钻孔灌注桩延误7天的索赔,此项虽并非业主的原因所造成的,但监理下达变更指令,因此也可索赔。

上述三项均有理由要求延长工期。因为上述三项均不属于承包人的过错或失误或违约造成的。

(2) 可获准索赔和延期的只有桥梁增加装修内容一项。因按合同规定,当索赔事件首次发生的21天之内,承包人应将索赔意向书提交监理工程师,并抄送业主。

当延期事件首次发生后,承包人应在14天之内向监理工程师发出要求延期的通知。而只有该项事件是在合同规定时效范围内。

(3) 工期可延至10月25日。

(4) 监理工程师只受理桥梁增加装修的索赔和延期事件,同时对基础改为钻孔桩和增加装修,按工程变更处理。

【案例2】 工程变更、工程分包、工程暂停。

监理单位承担了某公路桥梁项目的施工监理任务,该工程由甲施工单位总承包。甲施工单位选择了经建设单位同意并经监理工程师进行资格审查合格的乙施工单位作为分包单位。施工过程中发生了以下事件：

事件一：专业监理工程师在熟悉图纸时发现，基础工程部分设计内容不符合国家有关工程质量标准和规范。总监理工程师随即致函设计单位要求改正并提出更改建议方案。设计单位研究后，口头同意了总监理工程师的更改方案，总监理工程师随即将更改的内容写成监理指令通知甲施工单位执行。

事件二：施工过程中，专业监理工程师发现乙施工单位施工的分包工程部分存在质量隐患，为此，总监理工程师同时向甲、乙两施工单位发出了整改通知。甲施工单位回函称乙施工单位施工的工程是经建设单位同意进行分包的，所以本单位不承担该部分工程的质量责任。

事件三：专业监理工程师在巡视时发现，甲施工单位在施工中使用未经检验的建筑材料，若继续施工，该部位将被隐蔽。因此，立即向甲施工单位下达了暂停施工的指令（因甲施工单位的工作对乙施工单位的工作有影响，乙施工单位也被迫停工）。同时，指示甲施工单位对该材料进行检验，并报告了总监理工程师。总监理工程师对该工序停工予以确认，并在合同规定的时间内报告了建设单位。检验报告出来后，证实该材料合格，可以使用，总监理工程师随即指令施工单位恢复了正常施工。

事件四：乙施工单位就上述停工自身遭受的损失向甲施工单位提出补偿要求，而甲施工单位称此次停工是执行监理工程师的指令，乙施工单位应向建设单位提出索赔。

事件五：对上述施工单位的索赔，建设单位称本次停工是监理工程师失职造成，且事先未征得建设单位同意。因此，建设单位不承担任何责任，该停工造成施工单位的损失应由监理单位承担。

问题：

1. 事件一中，请指出总监理工程师上述行为的不妥之处并说明理由。总监理工程师应如何正确处理？

2. 事件二中，甲施工单位的答复是否妥当？为什么？总监理工程师发出的整改通知是否妥当？为什么？

3. 事件三中，专业监理工程师是否有权下达暂停施工的指令？为什么？本次工程暂停的程序有无不妥之处？请说明理由。

4. 事件四中，甲施工单位的说法是否正确？为什么？乙施工单位的损失应由谁承担？

5. 事件五中，建设单位的说法是否正确？为什么？

答案：

1. 总监理工程师不应直接致函设计单位。因为监理单位与设计单位无委托关系，而且监理工程师无权进行设计变更。

正确处理：发现问题应向建设单位报告或提出设计变更的建议，由建设单位向设计单位提出变更要求。

2. 甲施工单位回函所称理由错误。因为甲施工单位经批准进行的分包并不解除他应承担的合同责任和义务，因分包单位的任何违约行为导致工程损害或给建设单位造成的损失，总承包单位承担连带责任。

总监理工程师签发的整改通知不妥。因为整改通知应签发给甲施工单位，因乙施工单位与建设单位没有合同关系。

3. 专业监理工程师无权下达工程停工令。因为签发下达工程停工令是总监理工程师的权力。

该停工令下达的程序有不妥之处。理由是，专业监理工程师应报告总监理工程师，由总监理工程师签发工程停工令。

4. 甲施工单位的说法不正确。因为乙施工单位与建设单位没有合同关系，乙施工单位的损失应由甲施工单位承担。

5. 建设单位的说法不正确。因为监理工程师是在合同授权内履行职责，禁止将未经检验合格的材料用于工程，监理工程师的行为并无不妥之处，因此，施工单位所受的损失不应由监理单位承担。

【案例3】工程保险。

某公路工程施工项目，在工程正式开工前，承包人按照合同要求，对工程进行了保险。在项目实施过程中，发生了以下两件事：

事件1：专业监理工程师在进行工程验收时，不慎从支架上滑倒下来，右腿骨折。

事件2：发生了当地气象预报的罕见的（50年一遇）龙卷风，现场施工模板被风刮跑，损失10万元。

问题：

1. 工程一切险和第三方责任险由谁投保？费用由谁承担？

2. 工程量清单中保险费总额价为21万元，中标后承包人实际投保的保险费为17万元。承包人以工程量清单中保险费为包干金额为由，申请以21万元保险费进行计量，监理工程师应如何处理？

3. 事件1中，监理工程师受伤所发生的医疗费应由谁支付，为什么？

4. 事件2中，施工单位现场施工模板被刮跑的损失由谁承担，为什么？

答案：

1. 工程一切险和第三方责任险由承包人与业主联名投保，保险费由业主承担。

2. 监理工程师应按实际投保的17万元进行审核。因为上述保险费在工程量清单第100章中列有一个单独的支付细目，投标时，投标人按招标文件中的规定填写一个预估的总价，中标后业主将按承包人实际支付的保险费支付给承包人，而不是工程量清单中的预估总价。

3. 事件1中，监理工程师受伤所发生的医疗费应由监理单位内部自理。第三方责任险是对实施本合同工程而造成的财产（本工程除外）的损失或损害，或人员（业主和承包人雇员除外）的死亡或伤残所负责进行的保险。显然，监理工程师属业主雇员，受伤不符合第三方责任险的保险范畴。

4. 事件2中，施工单位现场施工模板被刮跑的损失应由保险公司赔付。因风暴等自然灾害造成的损失和费用，属于工程一切险的范围，应由保险公司根据保单明细表的规定负责赔偿。

【案例4】索赔。

某高速公路项目利用世界银行贷款修建，施工合同采用国内招标文件范本合同条件，业主委托监理单位进行施工阶段监理。该工程在施工过程中，陆续发生如下索赔事件（索赔工期与费用均符合实际）。

第四章 公路工程监理的主要工作内容

1. 施工期间，承包方发现施工图纸有误，需设计单位进行修改，由于图纸修改造成停工20天。承包方提出工期延期20天与费用补偿2万元的要求。

2. 施工期间因下雨，为保证路基工程填筑质量。总监理工程师下达了暂停施工指令，共停工10天，其中连续4天出现低于工程所在地雨季平均降雨量的雨天气候和连续6天出现50年一遇特大暴雨。承包方提出工程延期10天与费用补偿2万元的要求。

3. 施工过程中，现场周围居民称承包方施工噪声对他们造成干扰，阻止承包方的混凝土浇筑工作。承包方提出工期延期5天与费用补偿1万元的要求。

4. 由于业主要求，对原设计中的一座桥梁设计长度增加了5m，监理工程师向承包方下达了变更指令。承包方收到变更指令后及时向该桥的分包单位发出了变更通知，分包方及时向承包方提出了索赔报告，报告内容包括：

（1）由于增加桥梁长度，需增加费用20万元和分包合同工期延期30天的索赔。

（2）此设计变更前因承包方未按分包合同约定向分包人提供施工场地，导致工程材料到场二次倒运增加的费用1万元和分包合同工期延期10天的索赔。

承包方以已向分包单位支付索赔21万元的凭证为索赔证据，向监理工程师提出要求补偿该笔费用21万元和延长工期40天的要求。

5. 由于某路段路基基底是淤泥，根据设计文件要求，需进行换填，在招标文件中已提供了地质的技术资料。承包方原计划使用隧道出渣作为填料换填，但施工中发现隧道出渣级配不符合设计要求，需要进一步破碎以达到级配要求，承包方认为施工费用高出合同单价，如仍按原价支付不合理，提出给予20万元的费用补偿要求。

问题：
针对承包方提出的上述索赔要求，监理工程师应如何签署意见？

分析：

处理费用索赔是监理进行合同管理的一个非常重要的内容。费用索赔是指工程实施过程中，非承包人自身原因造成的费用损失或增加，根据合同的有关规定，承包人通过合法的途径和程序，正式向业主提出认为应该得到额外费用的一种手段。费用索赔定义中就包含了索赔成立的几个条件。

（1）索赔事件非承包人自身原因造成的。

（2）索赔事件造成了费用损失或增加。

（3）符合合同的有关规定，承包人通过了合法的途径和程序。

（4）正式向业主提出费用索赔申请。

监理工程师应对承包人提出的符合合同规定条件的费用索赔意向和申请予以受理。监理工程师处理费用索赔时，一般分两个步骤进行。

第一步骤，查证索赔原因、在收到承包人的正式索赔申请时，监理工程师首先应看所要求的索赔是否有合同依据，然后将承包人所附的原始记录、账目等与驻地监理工程师的记录核对，以弄清承包人所声称的损失是否由于自身工作效率低或管理不善所致。

第二步骤，核实索赔费用。如果经监理工程师查证，承包人所提索赔理由成立，则应核实承包人的计算是否正确，特别是承包人计算中所采用的合同条款依据、价格、费率标准和数量等方面。

审核后应编制费用索赔报告上报业主。

答案：

1. 这是非承包方原因造成的，故监理工程师应批准工期补偿和费用补偿。

2. 由于异常恶劣气候造成的6天停工是承包方不可预见的，监理工程师应签证给予工期补偿6天，但不应给予费用补偿。

3. 这是承包方自身原因造成的，故不应给予费用补偿和工期补偿。

4. 由于桥梁设计长度增加5m属于非承包方责任，监理工程师应批准由于涉及桥梁设计长度变更导致的费用补偿20万元和工期补偿30天。工程材料到场二次倒运，因其属于承包方责任（或承包人内部纠纷），其增加的费用补偿1万元和工期补偿10天的要求不应被批准。

5. 这是承包方应合理预见的，不符合合同条款中费用索赔的规定，故监理工程师不应签证给予费用补偿。

拓展案例

【案例1】 工程暂停、索赔。

某大型钢筋混凝土结构工程由某咨询监理公司承担施工阶段监理。负责该项目的结构专业监理工程师在该工程开工前审查了承包人的施工方案，编制了监理细则，设置了质量控制点与旁站部位。

问题：

1. 承包单位为抢进度，在完成钢筋工程后马上派质检员到监理工程师办公室请负责该项目的专业监理工程师申请进行隐蔽工程验收。本着热情服务的理念，该监理工程师立即到现场进行检查，发现钢筋焊接接头、钢筋间距和保护层等方面不符合设计和规范要求，随即口头指示承包人整改。

（1）如此进行隐蔽工程验收，在程序上有何不妥？正确的程序是什么？

（2）监理工程师要求承包人整改的方式有何不妥之处？

2. 承包人在自购钢筋进场之前按要求向专业监理工程师提交了合格证，在监理员的见证下取样，送样进行复检，结果合格，专业监理工程师经审查同意该批钢筋进场使用；但在隐蔽验收时，发现承包人未做钢筋焊接试验，故专业监理工程师责令承包人在监理人员见证下取样送检，试验结果发现钢筋母材不合格；经对钢筋重新检验，最终确认该批钢筋不合格。监理工程师随即发出不合格项目通知，要求承包人拆除不合格钢筋，同时报告业主。承包人以本批钢筋已经监理人员验收为由，不同意拆除，并提出"如果拆除，应延长工期15天、补偿直接损失48万元"的索赔要求。业主得知此事后，认为监理有责任，要求监理单位按委托监理合同约定的比例赔偿业主损失9000元。

（1）监理单位是否应承担质量责任？为什么？

（2）承包人是否应承担质量责任？为什么？

（3）业主对监理单位提出赔偿要求是否合理？为什么？

（4）监理工程师对承包人提出的索赔要求应如何处理？为什么？

答案:

1. (1) 如此进行隐蔽工程验收不妥。

正确的验收程序为:隐蔽工程结束后,承包人先自检,自检合格后,填写"报验申请表"并附相关证明材料,报监理机构;监理工程师收到报验申请表后先审查质量证明资料,并在合同约定时间内到场检查,承包人的专职质检员及相关人员应随同一起到场;检查合格,在报验申请表及检查单上签字确认,进行下道工序;否则,签发停工整改通知书,要求承包人返工整改。

(2) 监理工程师要求承包人整改的方式不妥,理由是监理工程师应按规范要求下达停工整改通知书,书面指令承包人整改。

2. (1) 监理机构应承担质量责任,因为监理机构没有尽到监理义务。

(2) 承包人应承担质量责任,因为承包人购进了不合格材料。

(3) 业主对监理单位提出的索赔要求不合理,因为其质量责任不在监理单位,而且没有给业主造成直接损失。

(4) 监理工程师不同意承包人的索赔要求。因为承包人采购了不合格材料,尽管此批钢筋已经监理工程师检验,但根据合同条款约定,不论监理工程师是否参加了验收,当其对某部分的工程质量有怀疑时,有权要求承包人重新检验。检验合格,业主承担由此发生的损失;检验不合格,由此造成的一切损失承包人自负。

【案例 2】 某公路工程有一分部工程为一人行天桥工程,施工中发现原设计图纸错误,监理工程师通知承包人暂停一部分工程,并下了工程变更令,待图纸修改后再继续施工。另外,还由于增加额外工程,监理工程师又下达了变更令。承包人对此两项事件除提出延长工期外,还依据《公路工程标准施工招标文件》有关合同条款提出了费用索赔。

1. 承包人的计算

(1) 因图纸错误造成的停工与工程变更,使 3 台机械设备停工,损失共计 37 天。

汽车吊: 450 元/台班×2 台班/日×37 个工作日=33300 元;
大型空压机: 300 元/台班×2 台班/日×37 个工作日=22200 元;
其他辅助设备: 100 元/台班×2 台班/日×37 个工作日=7400 元;
小计   62900 元;
现场管理费附加 15%:9435 元;
总部管理费附加 10%:6290 元;
利润 5%:   3145 元;
合计: 81770 元。

(2) 增加额外工程的变更,使工程的工期又延长一个半月,要求补偿现场管理费:
240000 元/月×1.5 月=360000 元。
以上两项共计:承包人索赔损失款为 441770 元。

2. 监理方的计算

经过监理工程师和有关监理方的计量人员审查和讨论分析,原则上同意承包人的两项索赔,但在计算方法上有分歧。

(1) 因图纸错误造成工程变更和延误,有监理工程师指示变更和暂停部分工程施工的证明,承包人只计算了受到影响的机械设备停工损失,这是正确的。但不能按台班费计算,而只能按租赁或折旧率计算,核减为52000元。

(2) 额外工程变更方面,经过监理方审查后认为,增加的工作量已按工程量清单的单价支付过,按投标书的计价方法,这个单价是包括了现场管理费和总部管理费的。因此,监理工程师不同意另外支付延期引起的补偿费用,就额外工程增加所需的实际时间计算是需一个半月,这也是监理工程师已同意过的。但所增加的工程量与原合同工程量及其相应工期比较,原合同工程量应为0.6个月的时间。即按工程量清单中单价付款时,该0.6个月的管理费及利润均已计入在投标计算的合同单价中了,而1.5月－0.6月＝0.9月的管理费和利润则是承包人应得到而受损失的费用。

监理方按下面方法计算补偿费:
每月现场管理费: 190730元（标书计算）；
现场管理费补偿：   190730×0.9 ＝171657元；
总部管理费补偿10%应为： 17166元；
利润5%:   (171657＋17166)×5%＝9441元；
合计：   198264元；
以上两项补偿总计为：   (1)+(2)＝52000＋198264＝250264元。

(3) 比较承包人和监理工程师两方面的计算,承包人索赔金额比监理工程师算出的高191506元。但因监理工程师的计算是公正合理的,承包人只能同意接受,提不出什么反对意见,并为他能得到250264元的赔偿感到基本满意。

【案例3】我国某工程公司在国外承包了一项土木建筑工程,通过美国花旗银行开具了一份金额为75万美元的履约保函。工程开工后,业主无法筹集到足够的资金支付工程进度款,因而工程进度缓慢。该工程公司因得不到工程款多次致函业主和监理工程师,并警告业主应承担工程延期甚至被迫停工的一切后果。在迫不得已的情况下,该公司陆续撤出在工地的材料、设备和劳务,业主则在履约保函有效期满的前5天凭保函向银行索付保证金,并声称承包人违约,甚至串通监理工程师出伪证,证明承包人擅自撤离工地。美国花旗银行明知不是承包人违约,但为维护自身信誉,只能通知承包人,在保函到期以前,银行将向受益人支付履约保证金75万美元。这时虽然时间很紧迫,这家工程公司果断采取了有力措施,立即通过律师向当地法院递交了申请暂时冻结履约保函的诉状,并根据法院的意见开具了一份以法院为受益人,金额为30万美元和有效期为三个月的新的保函给法院,表明将听从法院的调查和处理。这一措施不仅保住了价值75万美元的保函,而且使业主感到十分震惊,主动向银行撤回索偿的通知,还找这家工程公司协商法庭外的解决办法。最后,业主支付了该公司应得的工程款,该公司则从法院撤回诉状和30万美元的履约保函以及原先的75万美元保函,以胜诉告终。

案例总结

合同其他事项管理的主要内容包括：工程变更、工程延期、费用索赔、工程分包、工程暂停、工程复工、争端的解决、违约处理、工程保险等。理解和熟悉合同的主要内容,对监理工程师、业主、承包人都十分重要。学习中尤其要熟悉掌握工程延期、费用索赔、工程分包、工程暂停等内容，注意区分工程延期与延误、一般分包与特殊分包。了解对危及工程质量、安全、合同履行的行为，监理有权要求承包人暂停施工。

本节合同其他事项管理的内容实践中经常用到，有很强的实用性，应对每项的内容学习理解透彻。尤其是 FIDIC 条款对这部分内容的阐述很全面、精炼，有兴趣的学生可看一看，对合同其他事项管理认识，乃至个人的文字能力都会有很大的提升。

自我测评

一、判断题

1. 承包人对于特殊分包人及其职工的过失而造成的损失不承担任何责任。（　　）
2. 监理工程师可以直接到分包工程去检查，发现问题应要求分包人进行处理。（　　）
3. 监理工程师签发工程暂停令后，在具备复工条件时，都必须由承包人提出复工申请，监理工程师才可签发工程复工指令。（　　）
4. 工程一切险和第三方责任险由承包人和业主联名投保，保险费由业主承担。投保工程从投保之日起到竣工颁发竣工证书止进行保险。（　　）
5. 不管是哪一方提出的变更，都必须经监理工程师签认并下达工程变更令。（　　）

二、单项选择题

1. 以下原因中，（　　）不属于可被批准的工程延期的事件。
   A. 额外增加了工作　　　　　　　　B. 异常恶劣的气候条件
   C. 承包人自身的原因　　　　　　　D. 业主造成的延误
2. 根据合同条款，承包人进行费用索赔时，应在该索赔事件首次发生的（　　）天之内将其索赔意向书提交监理工程师，并抄送业主。
   A. 7　　　　　B. 14　　　　　C. 21　　　　　D. 28
3. 以下（　　）情况下，监理工程师有权根据合同规定行使监控权，签发停工令。
   A. 施工中出现质量异常，而承包人不予改进
   B. 工程成本大量增加
   C. 时间拖延导致工期延误
   D. 业主没有及时支付工程款

三、多项选择题

1. 特殊分包人的特点包括（　　）。
   A. 与业主签订合同　　　　　　　　B. 承包商负责协调管理
   C. 从暂定金额项内支付　　　　　　D. 指定分包商违约由承包商承担责任
   E. 工作内容不属于合同约定承包商必须完成的工作范围
2. 当发生以下（　　）情况时，监理工程师有权根据合同规定签发工程暂停令。
   A. 业主要求暂停施工时
   B. 未经监理工程师批准，施工单位擅自将非主体工程分包给其他单位的
   C. 施工中出现安全隐患，监理工程师认为必须停工消除隐患时
   D. 施工单位没有及时上报分部分项工程的施工方案及施工进度计划的

E. 监理工程师认为存在必须暂停施工的紧急事件

3. 下列违约行为中，（　　）属于施工单位的违约行为。

A. 无视监理工程师事先的书面警告，公然忽视履行其合同规定的义务

B. 无正当理由而未能根据监理工程师下达的开工令的规定开工

C. 没有在合同规定的时间内根据监理工程师签认的工程计量提出付款申请，也未向监理工程师说明理由

D. 已经违反了合同条款中有关工程分包的规定

E. 拒绝接受监理工程师签发的支付证书

四、复习思考题

1. 工程分包有哪几种形式？其特点是什么？
2. 什么是工程延期？延期申请与审批的程序是什么？
3. 什么是费用索赔？简述监理工程师处理费用索赔的步骤。
4. 《公路工程标准施工招标文件》中规定应办理保险的种类有哪几种？
5. 业主和承包人的违约行为分别有哪些？
6. 合同纠纷解决有哪几种方式？

第五章

组织协调与监理工地会议

 学习目标

通过本章的学习,初步了解组织协调的概念、内容、方法,以及公路工程项目工地会议的意义和作用。熟悉各种工地会议的目的、组织和内容;监理交底会的目的、组织和内容。

 内容概要

本章主要介绍了监理组织协调工作的主要内容。具体内容包括组织协调的概念、工作内容和主要方法。重点介绍了工地会议的目的、组织和内容以及专题工地会议和监理交底会。

组织协调与
监理工地会议

 先导案例

某监理单位承接了某市××工程的施工监理任务,对该项目的总监理工程师进行了任命,委托总监行使合同赋予监理单位的全部职责。总监负责在工程现场组建了项目监理机构,对项目各专业监理工程师进行了任命。在施工准备阶段,总监组织编写了监理计划,在"监理组织协调"中,有如下一些内容:

1. 组织协调的范围。根据我国委托监理合同示范文本的有关规定,本项目监理机构的组织协调的范围仅针对近外层关系。

2. 组织协调的任务。组织协调是监理十分重要的工作之一,目的在于调整参与项目实施的有关各方的工作关系,统一认识,共同努力实现工程项目的目标任务。

3. 组织协调的方法。有会议协调法、交谈协调法、书面协调法、访问协调法等。

(1) 会议协调法:主要是指通过召开各种工地会议,使监理工程师对工程施工中的存在的各种矛盾进行协调,使各方能密切配合,使矛盾和问题能及时得到缓和或解决。

(2) 交谈协调法:采用"交谈"的方法来进行协调工作,交谈包括面对面的交谈和电话交谈两种形式。

(3) 书面协调法:书面报告、报表、指令、通知、信函、备忘录、书面确认等。

(4) 访问协调法:主要用于外部协调中,有走访和邀访两种形式。

4. 每月召开一次工地例会,由总监主持,参加人员:项目部经理、有关技术人员、总监、总监代表、有关专业监理工程师、业主代表等。

5. 定期召开现场协调会。随工程进展情况，随时召开，一般每周一次。由总监主持，具体参加人员根据情况通知。

问题：

1. 对项目监理机构而言，有近外层关系的对象有哪些？
2. 在组织协调的范围和层次中，分包单位和设计院属于协调的哪个层次？
3. "工程开工令"和"工程暂停令"属于哪种协调方法？
4. 简述工地例会的组织和会议内容。
5. 除了工地例会，还有哪些工地会议？监理交底会是否属于工地会议的一种？

分析：

1. 问题 1~3 属于组织协调概念范畴的内容。系统外部协调分为近外层协调和远外层协调。与近外层关联单位一般有合同关系，包括直接和间接的合同关系，如与业主、设计、施工总包单位、分包单位等的关系。组织协调的方法有所列的五种，"工程开工令"和"工程暂停令"属于监理指令，因此它们属于书面协调法。这方面具体的内容将在第 5.1 节中学习到。

2. 问题 4、5 属于工地会议、监理交底会方面的内容。监理工地会议分为第一次工地会议、工地例会和专题会议等三种形式。在合同工程开工前，总监理工程师应主持召开监理交底会，介绍监理计划的相关内容。工地会议和监理交底会方面的内容将在第 5.2 节中学习到。

5.1　组织协调

知识学习

协调就是联结、联合、调和所有的活动及力量，使各方配合得适当，其目的是促使各方协同一致，以实现预定目标。通过组织协调，使影响监理目标实现的各方主体有机配合，使监理工作实施和运行过程顺利。协调工作应贯穿于整个建设工程实施及其管理过程中。

公路工程系统就是一个由人员、物质、信息等构成的人为组织系统。从系统方面来看，工程建设项目的协调一般有三大类：一是"人员/人员界面"；二是"系统/系统界面"；三是"系统/环境界面"。

项目监理机构的协调管理就是在"人员/人员界面""系统/系统界面""系统/环境界面"之间，对所有的活动及力量进行联结、联合、调和的工作。系统方法强调，要把系统作为一个整体来研究和处理，因为总体的作用规模要比各子系统的作用规模之和要大。为了顺利实现建设工程系统目标，必须重视协调管理，发挥系统整体功能。在工程建设监理中，要保证项目的参与各方围绕工程建设开展工作，使项目目标顺利实现，组织协调工作最为重要，只有通过积极的组织协调才能实现整个系统全面协调控制的目的。

总之，组织协调是一种管理艺术和技巧，监理工程师尤其是总监理工程师需要掌握领导科学、心理学、行为学方面的知识和技能，如激励、交际、表扬和批评的艺术，开会的艺术，谈话的艺术，谈判的技巧等。灵活运用各种组织协调的方法，在监理工作中实现有效的组织协调。当然，这些知识和能力只有在工程实践中不断积累和总结才能获得，需要一个长期的过程。

【例1】 组织协调的范围和层次。

按有关规定的精神,在监理工作过程中,(　　)应当负责与工程建设项目有关的外部关系的组织协调工作。

A. 监理单位　　　　　　　　　　B. 承建单位
C. 建设单位　　　　　　　　　　D. 建设单位与监理单位共同

分析：

从系统方法的角度看,项目监理机构协调的范围分为系统内部的协调和系统外部的协调,系统外部协调又分为近外层协调和远外层协调,如图5-1所示。

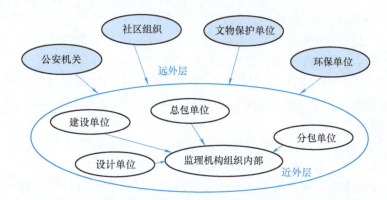

图5-1　项目监理组织协调的范围和层次

近外层和远外层的主要区别是,公路工程与近外层关联单位一般有合同关系,包括直接和间接的合同关系,如与业主、设计、施工总包单位、分包单位等的关系；与远外层关联单位一般没有合同关系,但受法律、法规和社会公德等得约束,如与政府、项目周边社区组织、环保、文物、公安等单位的关系。

根据我国委托监理合同示范文本的有关规定,对远外层关系的协调,一般由业主主持,即建设单位"主外"。监理单位主要是协调近外层关系,即监理单位"主内"。这样,与工程建设项目有关的外部关系的组织协调工作都由建设单位负责。如业主将部分或全部外层关系协调工作委托监理单位承担,则应在监理合同专用条件中明确委托的工作和相应的报酬。

答案：C。

【例2】 组织协调的内容和方法。

公路工程施工监理的核心任务是利用合同实施对工程项目进度、质量、费用三大目标的控制,但三大目标间的对立统一关系及公路工程项目的复杂性,给按合同实施公路工程施工监理带来了一些困难和问题。作为工程项目的监理机构,必须通过工地会议等方法协调各方关系,使影响监理目标实现的各方面处于统一体中,使项目系统结构均衡,使监理工作实施和运行过程顺利。

问题：

1. 监理机构组织协调的工作内容有哪些？
2. 监理机构组织协调的工作方法有哪些？

分析：

1. 项目监理机构组织协调的工作内容

（1）项目监理机构内部的协调

1）项目监理机构内部人际关系的协调。

2）项目监理机构内部组织关系的协调。

3）项目监理机构内部需求关系的协调。

（2）与业主之间工作关系的协调。工程监理实践证明，监理目标的顺利实现和与业主之间工作关系协调得好坏有很大的关系。对此，监理工程师应从以下几方面加强与业主之间工作关系的协调。

1）首先要理解建设工程总目标，理解业主的意图。

2）利用工作之便做好监理宣传工作，增进业主对监理工作的理解。

3）尊重业主，与业主携手投入建设工程全过程。

（3）与承包人的协调。监理工程师对建设项目的质量、进度和投资控制，都是通过承包人的工作来实现的。所以，通过以下方面做好与承包人的协调工作，是监理工程师组织协调工作的重要内容。

1）坚持原则，实事求是，严格按规范、规程办事，讲究科学态度。

2）协调注意语言艺术、感情交流和用权适度问题。

3）施工阶段的协调工作，贯穿于整个工程的"三控两管一协调"方面。

（4）与设计单位的协调。监理单位应通过业主来协调与设计单位的工作，以加快工程进度，确保质量，降低消耗。做到：①真诚尊重设计单位的意见；②监理中发现设计问题，应及时通过业主向设计单位提出，以免造成大的损失；③注意信息传递的及时性和程序性。

这里要注意的是，在施工监理的条件下，监理单位与设计单位都是受业主委托进行工作的，两者之间并没有合同关系，所以监理单位主要是和设计单位做好交流工作，协调要靠业主来支持。

（5）与政府部门及其他单位的协调

1）与政府部门的协调

① 工程质量监督站是由政府授权的工程质量监督的实施机构，对委托监理的工程，质量监督站主要是核查勘察设计单位、施工单位和监理单位的资质，监督这些单位的质量行为和工程质量。监理单位在进行工程质量控制和质量问题处理时，要做好与工程质量监督站的交流和协调。

② 如遇重大质量事故，在承包人采取急救、补救措施的同时，监理单位应敦促承包人立即向政府有关部门报告情况，接受检查和处理。

③ 公路工程合同应按照有关规定报政府交通管理部门备案；征地、拆迁、移民要争取政府有关部门的支持和协作；要敦促承包人在施工中注意安全生产、防止环境污染，坚持做到安全、文明施工。

2）协调与社会团体的关系。业主和监理单位应把握机会，争取社会各界对工程建设的关心和支持。这是一种争取良好社会环境的协调。从组织协调的范围看，这种协调工作属于远外层的管理。根据目前的工程监理实践，对远外层关系的协调，一般由业主主持。

2. 监理工程师进行组织协调工作，常采用以下方法：

（1）会议协调法。会议协调法是工程监理中最常用的一种协调方法，常用的会议协调法主要是指通过召开各种工地会议，便于监理工程师对工程施工中存在的各种矛盾进行协调，使各方能密切配合，使矛盾和问题能及时得到缓和或解决。

（2）交谈协调法。在实践中，有时可采用"交谈"的方法来进行协调工作。交谈包括面对面的交谈和电话交谈两种形式。

（3）书面协调法。当会议或者交谈不方便或不必要时，或者需要精确地表达自己的意见时，就会用到书面协调的方法。书面协调方法的特点是具有合同效力。如书面报告、报表、指令、通知、信函、备忘录、书面确认等。

（4）访问协调法。访问法主要用于外部协调中，有走访和邀访两种形式。走访是指监理工程师对与工程施工有关的各政府部门、公共事业机构或工程毗邻单位等进行访问，向他们解释工程的情况，了解他们的意见。邀访是指监理工程师邀请上述各单位（包括业主）代表到施工现场对工程进行指导性巡视，了解现场工作。避免其中一些组织对项目实施进行不适当的干预，对项目建设活动产生不利影响。

（5）情况介绍法。情况介绍法通常是与其他协调方法紧密结合在一起的，它可能是在一次会议前，或是一次交谈前，或是一次走访或邀访前向对方进行的情况介绍。形式上主要是口头的，有时也伴有书面的。介绍往往作为其他协调的引导，目的是使别人先了解情况。因此，监理工程师应重视任何场合下的每一次介绍，要使别人能够理解自己介绍的内容，说明问题和困难，表明希望得到的协助。

 案例分析

项目监理机构与建设单位、施工单位、设计单位，以及政府有关部门、社会团体、工程比邻单位之间的协调属于（　　）协调。

A．系统内部之间的　　　　　　　　B．系统与近外层的
C．系统与远外层的　　　　　　　　D．系统与外部环境之间的

分析：

组织协调可分为内部协调和外部协调两类。讲项目监理机构的协调，就要把项目监理机构作为系统。项目监理机构内部人与人、部门与部门之间的协调称为系统内部协调。建设单位、设计单位、施工单位属于建设工程系统之内的单位，又属于项目监理机构（系统）之外的单位，项目监理机构与他们间的协调称为系统与"近外层"的协调。政府有关部门、社会团体、工程毗邻单位属于项目监理机构之外的单位，又属于建设工程系统之外的单位，项目监理机构与他们之间的协调称为系统与"远外层"的协调。"近外层"协调和"远外层"协调构成了系统与外部环境间的协调。

答案： D

 拓展案例

某监理公司承接了某高速公路的施工监理任务，签订了监理合同，监理单位进场后开始了正常的监理工作。认识到组织协调工作对整个监理工作的重要性，总监办要求在组

协调方面要积极主动，编制了组织协调工作方案，确定了组织协调的范围和层次，明确了组织协调的工作内容和工作方法。在项目实施过程中，监理工程师还做了以下方面的工作：

（1）发现设计图纸有不完善的地方，电话通知设计单位派人到现场解决设计问题。

（2）发现分包单位在现场管理方面存在严重问题，电话通知分包单位负责人来总监办汇报整改措施，并向分包单位下发监理通知，要求整改。

（3）虽然合同中没有要求，但监理为赢得业主的信任和好评，积极主动地代表业主与工程周边村委、公安等部门进行有关工程方面的联系。

问题：

1. 在项目监理机构组织协调的范围和层次中，分包单位和设计院属于协调的哪个层次？

2. 在上述工作中，总监办采用了哪几种协调方法？

3. 在背景材料中，监理做了三个方面的工作，有无不妥之处？请说明。

分析：

1. 监理机构组织协调的范围和层次，在本节【例1】中已有详细说明，了解了这个知识点就能得出正确的答案。

2. 根据本节【例2】中介绍的5种协调方法，再对照监理三个方面的工作，不难得出各自采用的协调方法和手段：交谈协调法、书面协调法、访问协调法。

3.（1）我国《建筑法》指出，工程监理人员发现工程设计不符合建筑工程质量标准或合同约定的质量要求的，应当报告建设单位要求设计单位改正。公路工程监理的组织协调也要求，监理单位应通过业主来协调与设计单位的工作，以加快进度，确保质量，降低消耗。

（2）工程分包分为一般分包和指定分包。如是一般分包，则监理单位不应与分包单位直接联系，对分包项目所发生的问题均应直接找总包单位解决。如是指定分包，则监理单位可以与指定分包单位直接联系。这里没有说明是何种分包，可以理解为一般分包，如对两种形式的分包分别都作了正确分析，也是可以的。

（3）对项目监理机构而言，项目周边村委、公安等单位属于近外层关系。根据我国委托监理合同示范文本的有关规定，与工程建设项目有关的外部关系的组织协调工作，一般由业主协调。如业主将部分或全部外层关系协调工作委托监理单位承担，则应在监理合同专用条件中明确委托的工作和相应的报酬。

答案：

1. 对项目监理机构来说，分包单位和设计院都属于组织协调的近外层，因为它和这些单位有间接的合同关系。

2. 上述工作中，总监办采用交谈协调法、书面协调法和访问协调法。

（1）电话通知属于交谈协调法。

（2）使用了交谈协调法和书面协调法。电话通知分包单位负责人来总监办汇报整改措施属交谈协调法。向分包单位下发监理整改通知属书面协调法。

（3）监理与工程周边村委、公安等部门进行联系，属于访问协调法。

3. 所列监理三个方面的工作，均有不妥之处。

（1）监理单位不能直接与设计单位就工作进行协调。监理单位应通过业主来协调与设计单位的工作。

（2）监理单位不应与一般分包单位直接联系，对分包项目所发生的问题均应直接找总包单位解决。

（3）没有业主授权，监理不能代表业主与工程周边村委、公安等部门进行有关工程方面的联系。根据委托监理合同示范文本的有关规定，对工程周边村委、公安等这些远外层关系的协调，一般由业主主持。

案例总结

项目监理机构的协调范围分为系统内部的协调和系统外部的协调，系统外部协调又分为近外层协调和远外层协调。近外层和远外层的主要区别是，公路工程与近外层关联单位一般有合同关系，包括直接和间接的合同关系，与远外层关联单位一般没有合同关系。

项目监理机构的协调内容包括与机构内部、施工、业主、设计、政府及其他机构等的协调。监理应重点加强与施工、业主和设计的工作协调，与设计单位的协调应通过业主来进行。

项目监理机构应根据不同的对象、内容，采取不同的协调方法。

协调方面的知识具有灵活性，尤其重在实践，因此，了解了监理协调的基本知识，有兴趣的学生可以多参加一些实践活动，增加与人协调的机会，对个人能力肯定会有较大的提升。

5.2　监理工地会议

知识学习

公路工程施工监理的工地会议制度，是监理工程师对工程项目实施全面管理的一种重要方法，也是合同管理项目中普遍采用的一种手段。它不仅使履约的各方之间形成固定的讨论工作的机会，而且是沟通情况、传递信息和交流感情的重要场所。特别是会议讨论和研究的工程事项和决定被完整记录下来，并形成会议纪要分发各方，成为约束履约各方行为的依据。

工地会议是工程建设三方的工作协调会议。通过工地会议，进行了施工等方面情况的交流与讨论，为监理工作提供了大量的反馈信息，使监理工程师能对工程施工的质量与进度的矛盾进行协调处理。通过工地会议，也使业主对工程的质量、安全、环保、进度和费用等方面有了全面的了解，可以及时处理施工过程中的拆迁、用地等政策问题及外部干扰。工地会议旨在检查、督促合同各方，特别是承包人对工程项目承包合同的执行情况，协调各方关系，促进工程项目的顺利进行。

监理工地会议根据会议召开时间、内容及参加人员等，可分为第一次工地会议、工地例会和专题会议等三种形式。工地例会及专题会议可采用视频会议形式。

监理单位应对上述三种工地会议做好会议记录，并应根据记录事项形成会议纪要。纪要包括三方协商一致确定的内容及各方提出的保留的意见。会议纪要应由三方确认，作为监理文件由项目监理机构发送相关部门，并作为合同管理文件的一部分。

> 【例1】 第一次工地会议。
> 　　某咨询监理公司承接了某一级公路的施工监理任务，双方签订了监理合同，监理单位进场后，马上组织召开第一次工地会议，监理公司对该项目极为重视，委派常务副总经理参加了这次会议。会议参加对象除建设三方外，还邀请了质量监督部门参加。会议按规定的议程进行，并在会议结束前，由业主下达了工程开工令。会议完成了规定的议程，达到了第一次工地会议召开的目的。
> 　　工程开工以后，总监办根据有关要求，每月定期召开工地例会，以实现对质量、安全、环保、进度、费用及合同等其他事项的有效控制。
> 　　问题：
> 　　1. 第一次工地会议召开的目的是什么？
> 　　2. 第一次工地会议应在什么时间召开？由谁主持？参加人员有哪些？
> 　　3. 简述第一次工地会议的议程或内容。
> 　　4. 指出背景资料中监理单位召开第一次工地会议的不妥之处。

分析：

1. 第一次工地会议的目的

在于监理工程师对工程开工前的各项准备工作进行全面的检查，确保工程实施有一个良好的开端。

2. 第一次工地会议的组织

第一次工地会议是承包人、监理工程师进入工地后召开的第一次会议，也是所有工地会议中最重要的一次会议，是业主、承包人、监理单位建立良好合作关系的开端。总监办应事前将会议议程及有关事项通知业主、施工单位及其他有关单位并做好会议准备，第一次工地会议宜邀请工程质量监督部门参加。必要时可先召开一次预备会议，使参加会议的各方面做好资料准备。

第一次工地会议的召开时间：工程开工前的各项准备工作基本完成，在工程正式开工前召开。

第一次工地会议应由总监理工程师主持，建设单位、施工单位的法定代表人或授权代表应出席会议，各方在工程项目中的主要管理、技术人员及分包单位负责人等必须参加会议。

3. 第一次工地会议的内容

（1）各方应介绍各自的人员、组织机构、职责范围及联系方式。

业主或业主代表应就其工程项目实施期间的职能机构、职责范围及主要人员名单提出书面文件，就有关细节做出说明。同时，业主应宣布对总监理工程师的授权。

总监理工程师应宣布对驻地监理工程师的授权，并申明自己仍保留哪些权利；书面将授权书、组织机构框图、职责范围及全体监理人员名单及联系方式提交承包人并报业主备案。

承包人应书面提出工地代表（项目经理）授权书、主要人员名单、组织机构、职责范围及有关人员的资质材料以取得监理工程师的批准；监理工程师应在本次会议中进行审查并口头予以批准（或有保留的批准），会后正式予以书面确认。

（2）施工单位陈述开工的各项准备工作情况。承包人应就施工准备情况按如下内容提出陈述报告，监理工程师应就施工准备及安全、环保等逐项予以澄清、检查和评述。

1）主要施工人员（含项目负责人、主要技术人员及主要机械手）是否进场或将于何日进场，并应提交进场人员计划及名单。

2）用于工程的材料、机械、设备和设施是否进场或将于何日进场，是否将会影响施工，并应提交进场计划及清单。

3）用于工程的本地材料来源是否落实，并应提交料源分布图及供料计划清单。

4）施工驻地及临时工程建设进展情况如何，并应提交驻地及临时工程建设计划分布和布置图。

5）工地试验室、流动试验室及设备是否准备就绪或将于何日安装就绪，并应提交试验室布置图、流动试验室分布图及仪器设备清单。

6）施工测量的基础资料是否已经落实并经过复核，施工测量是否进行或将于何日完成，并应提交施工测量计划及有关资料。

7）履约保函和动员预付款保函及各种保险是否已办理或将于何日办理完毕，并应提交有关办理手续的副本。

8）为监理工程师提供的住房、交通、通信、办公等设备及服务设施是否具备或将于何日具备，并应提交有关计划安排及清单。

9）总体施工组织设计是否编制完毕或将于何日编制完毕上报总监办。

10）其他与开工条件有关的内容及事项。

（3）监理机构说明监理工作准备情况。

（4）监理工程师说明主要监理程序、质量和安全事故报告程序、文件往来程序和工地例会等要求。一般应包括：质量控制的主要程序、表格及说明；计量支付的主要程序、报表及说明；延期与索赔的主要程序、报表及说明；工程变更的主要程序、图表及说明；工程质量事故及安全事故的报告程序、报表及说明；函件的往来交接程序、报表及说明；确定施工过程中工地会议举行的时间、地点及程序。

（5）建设单位说明工地占地、拆迁等与开工条件有关的事项。对临时用地、临时道路、拆迁、工程支付担保情况以及其他开工条件有关的问题进行说明。

（6）总监进行会议总结，明确施工准备工作存在的主要问题和解决措施要求。

（7）具备开工条件的，可下达工程开工令。

总之，第一次工地会议通过对开工准备情况的通报、检查、落实，认为开工条件一旦具备时，会议在结束前由总监理工程师下达开工令。不具备开工条件时，也应对存在的问题提出解决的具体意见，特别是对准备开工的日期要提出要求，并统一各方认识。

4. 召开第一次工地会议存在的不妥之处

（1）监理单位应在工程开工前的各项准备工作基本完成，在工程正式开工前，组织召开第一次工地会议。不宜在进场后就召开。

（2）工程开工令应由总监理工程师在第一次工地会议结束前下达。业主下达是不恰当的。

【例2】 工地例会。

工地例会是施工阶段每月定期召开的工地工作会议，有必要时也可以临时增加，工地例会是建设单位、施工单位、监理机构三方对工程的检查与协调的例行会议。根据有关要求，项目监理机构至少每月定期召开一次工地例会，以实现对质量、安全、环保、进度、费用及合同等其他事项的有效控制。

问题：
1. 工地例会召开的目的是什么？
2. 工地例会由谁主持？应在什么时间召开？参加人员有哪些？
3. 简述工地例会的议程或内容。

分析：

1. 工地例会的目的

在于监理工程师对工程实施过程中的进度、质量、费用、安全、环保等方面的情况进行全面检查，确保工程顺利进行。工地例会是建设单位、施工单位、监理机构三方对工程的检查与协调的例行会议，用于总结本月的工程实施情况、解决施工存在的问题，并安排下一步的施工计划。

2. 会议的组织

工地例会一般由总监理工程师或驻地监理工程师主持，宜每月定期召开一次，具体时间间隔可根据施工中存在的问题程度由监理工程师决定，工地例会应在开工后的整个工期内定期举行。

工地例会参与者：建设单位代表；总监、驻地监理工程师及各专业监理工程师；施工单位项目经理、技术负责人、特殊分包单位及试验、安全负责人等。

3. 会议的内容

会议按既定的例行议程进行，会议一般应按以下议程进行：

（1）检查上次会议议定事项的落实情况。

（2）承包人对现场管理、进度、质量、费用、安全、环保、施工环境、合同及其他事项逐项进行陈述并提出问题和建议。

（3）监理工程师对承包人的陈述逐项组织讨论并做出决定或决议的意向。

（4）业主解决承包人提出的外部施工阻挠或障碍等方面问题的解决措施。

（5）确定下一步工作安排。

【例3】 专题会议、监理交底会。

对施工期间出现的工程质量、施工安全、施工环保、进度、费用等方面的重点、难点和需要协调的问题进行讨论，提出明确的解决方案并形成意见，这是（　　）的内容。建设单位可不参加的会议是（　　）。

A. 第一次工地会议　　B. 工地会议　　C. 专题会议　　D. 监理交底会

分析：

1. 专题会议

由于工地例会需研究和讨论的问题较多，有些问题在工地例会上不能深入讨论。为此，就施工过程中有些涉及工程质量、安全、环保、费用、进度及合同管理等方面的重点、难点问题，以及其他需要专门讨论的议题，都要召开专题会议进行专题讨论。

（1）会议目的。对监理工程师日常或经常性的施工活动中的专门问题进行研究和协商，提出解决方案，使监理工作和施工活动密切配合。

（2）会议组织。专题会议由监理工程师主持，根据工程需要及时召开，建设单位代表和施工单位代表及其他有关人员参加，必要时可邀请有关专家或设计代表参加。

（3）会议内容。会议针对工程技术、质量、安全、环保、费用、进度和合同事项管理等方面的重点、难点及需要协调的问题进行讨论，提出明确的解决方案并形成意见。

很明显，第一个答案是C。

2. 监理交底会

（1）会议目的。使施工单位了解监理单位编制的计量计划的内容，特别是监理的目标、范围和内容、监理程序和表格等；使施工单位和监理机构协调配合，确保合同的顺利履行，实现合同目的。

（2）会议组织。在施工准备阶段，总监理工程师应主持召开由施工单位项目经理、技术负责人及相关人员、总监办主要监理人员参加的监理交底会。监理交底会应在合同工程开工前召开，可单独举行，也可以与第一次工地会议一起举行。

（3）会议内容。监理交底会的内容就是介绍监理计划的相关内容。

1）监理范围和内容。监理单位的工作范围和内容由业主授权所定。目前，在我国的公路监理行业中，一般以工程实施阶段的施工阶段监理为主。监理的内容一般包括质量、安全、环保、投资、进度控制，合同管理、信息管理和组织协调。总监理工程师应对委托监理合同中的专用条款和补充协议向承包人进行介绍。

2）监理工作依据。公路工程施工监理是一项有法可依，有章可循的建设监督管理行为。因此，项目开工前，必须向承包人介绍监理的工作依据。

3）项目监理机构情况。将项目监理组织机构及总监、驻地监理工程师、专业监理工程师的职责范围和权限向承包人作明确介绍，并对人员分工情况进行说明。

4）监理计划和监理细则的主要内容。围绕着监理目标控制，对每一目标的工序报验程序、控制要点、重要时段的控制内容和方法进行介绍，特别是对具有特殊使用功能，以及使用新材料、新技术、新工艺方面的监理方案进行详细的交底。

5）监理工作制度。

可见，各种工地会议中，需建设单位、监理单位、施工单位三方的工作协调会议，通过会议检查施工合同执行情况与存在问题，研究下阶段工作，这些都与建设单位有关，因此，建设单都必须参加。而监理交底会只是监理机构向施工单位介绍监理计划，使施工单位能了解监理机构如何开展监理工作，以便能与监理机构协调配合，所以，建设单位就没有必要参加。

第二个答案是D。

 案例分析

【案例1】工地会议、监理交底会。

某监理公司承接了某地方二级公路的施工监理任务，双方签订了监理合同，监理单位进场后，做了以下一些工作：

公路工程监理

> 1. 组建项目监理机构，对监理人员的岗位进行了分工，明确了各自的工作职责。
> 2. 由业主下达工程开工令后，项目监理机构组织召开第一次工地会议。
> 3. 监理公司对该项目极为重视，委派常务副总经理主持了第一次工地会议。会议参加对象除建设三方外，还邀请了设计单位、质量监督部门参加。
> 4. 第一次工地会议的内容包括就质量、进度、费用等方面进行讨论，并提出解决措施。
> 5. 在第一次工地会议上，总监理工程师主持了监理交底会。
>
> 问题：
> 试对监理工作进行评价，并请说明理由。

分析：

1. 考核对设立监理机构几个步骤的知识。

2. 第一次工地会议通过对开工准备情况的通报、检查、落实，认为开工条件具备时，会议在结束前由总监理工程师下达开工令。不具备开工条件时，也应对存在的问题提出解决的具体意见，特别是对准备开工的日期要提出要求，并统一各方认识。可见，第一次工地会议应在工程正式开工前召开。

如【例2】所述，工程开工令应由总监理工程师下达，业主下达是不妥当的。

3. 考核对第一次工地会议组织的内容的掌握。《公路工程施工监理规范》8.2.1 款对会议的主持人及参加对象都有明确规定，并提到邀请单位有质量监督部门。设计单位虽不在监理规范要求邀请之列，但设计单位与项目实施有着密切的关联，甚至是很重要的一员，监理单位为了顺利开展工作，加强各方的交流和联系，（或通过业主）邀请设计单位参加也是可以的。

4. 要求对三种形式的工地会议的目的、内容要熟悉，要熟悉到掌握的程度。简单地说，第一次工地会议中对工程的内容就是对各项准备工作进行全面的检查，不涉及具体的质量、进度、费用等方面的内容。工地例会是对质量、安全、环保、进度、费用及合同其他事项等进行讨论。专题会议则是对质量、安全、环保、进度、费用及合同等方面的重点、难点和需要协调的问题进行讨论，突出"重点、难点和需要协调的问题"。

5. 《公路工程施工监理规范》4.2.8 款规定：总监应在合同段开工前主持召开由施工单位项目经理和技术、质量、安全负责人、工地试验室负责人，其他主要管理人员及主要监理人员等参加的监理交底会。监理交底会可以在工程正式开工前单独召开，对中小项目也可以与第一次工地会议一起召开。由于监理交底会的内容是介绍监理计划的内容，监理计划是由总监理工程师组织编写的，因此，由总监理工程师主持既符合规范要求，又是介绍监理计划内容的最合适人选。

答案：

对项目正式开工前的监理工作评价如下：

1. 正确。监理单位进场后，应立即进行驻地建设，同时着手组建项目监理机构。对监理人员进行岗位分工，明确各自的工作职责，均属组建项目监理机构步骤的内容，属于监理机构开工前的准备工作。

2. 错误。第一次工地会议应在工程正式开工前召开，案例中的顺序颠倒了。第一次工地会议就包括有检查施工单位和监理单位开工前准备工作情况等内容，只有准备工作基本完成了，才能宣布正式开工。

工程开工令应由总监理工程师下达后，业主下达是不妥当的。

3. 前一句话错误，后一句话正确。按规定第一次工地会议应由总监理工程师主持，监理单位常务副总经理主持召开这种会议不合适，除非常务副总经理就是总监理工程师。

第一次工地会议参加人员：业主、承包人的法定代表人或授权代表必须出席会议。各方将要在工程项目中担任主要职务的人员及分包单位负责人应参加会议。第一次工地会议应邀请质量监督部门参加。设计单位可以不邀请，但为了熟悉现场、加强工作联系，邀请设计单位参加也是可以的。

4. 错误。第一次工地会议的目的在于监理工程师对工程开工前的各项准备工作进行全面的检查，确保工程实施有一个良好的开端，第一次工地会议还涉及不到具体的质量、进度、费用等方面的内容，以及解决措施。就质量、进度、费用等方面进行讨论，并提出解决措施，这是正式施工过程中，工地例会或专题工地会议的内容。

5. 正确。《公路工程施工监理规范》4.2.8 款规定：监理交底会可以在工程正式开工前单独召开，对中小项目也可以与第一次工地会议一起召开。

【案例 2】工地会议。

工地会议制度，是监理工程师对工程项目实施全面管理的一种重要方法，也是项目合同管理中普遍采用的一种手段，工地会议还是工程建设三方的工作协调会议。它分为第一次工地会议、工地例会和专题会议三种形式，这三种工地会议的区别是（　　）。

A. 主持召开的单位不同　　　　B. 会议的内容不同
C. 召开的时间不同　　　　　　D. 参加会议的主要单位不同
E. 举行的地点不同　　　　　　F. 召开的目的不同

分析：

从"知识学习"中可知，三种形式的工地会议都是由监理单位主持，参加会议的主要单位都是建设单位、施工单位和监理单位；可以在同一地点举行各种会议。因此 ADE 选项应剔除掉。三种工地会议的划分依据是根据召开时间、内容及参加人员的不同来划分的，因此，BC 选项应符合。另外，三种工地会议召开的目的明显不同，选项 F 应符合。

答案： B、C、F

 拓展案例

某公路工程项目正式开工以后，项目监理机构根据有关要求，确定每月定期召开工地例会，以实现对施工期间质量、安全、环保、进度、费用等方面执行情况的全面检查。同时，根据施工实际情况，对需要进行专题讨论的议题就组织召开专题工地会议。项目监理机构做了如下的工作。

1. 工地例会和专题会议都由监理工程师主持召开。

2. 由于都是解决施工单位的施工方面的问题，工地例会内容由施工单位负责记录并形成会议纪要，上报项目监理机构签认后才能下发。

3. 工地例会的目的，在于监理工程师对日常或经常性的施工活动中的专门问题进行研究、协商和落实，使监理工作和施工活动密切配合。

4. 项目监理机构把工地例会、专题会议、设计交底会都放在合同工程正式开工后召开。

问题：

1. 试对上述4点监理工作进行评价，并请说明理由。

2. 监理交底会是否可以放在施工标段召开？监理交底会是否可以由驻地监理工程师主持召开？

分析：

1.（1）首先，要明确工地例会和专题会议都是项目监理机构的工作会议，应由监理单位主持。其次，监理规范规定，工地例会由总监理工程师或驻地监理工程师主持，专题会议由监理工程师主持。最后，工地例会和专题会议都是由监理工程师主持召开的，而不是由业主或施工单位主持召开的，他们都是不可缺少的参加单位。

（2）工地会议制度是监理工程师对工程项目实施全面管理的一种重要方法，也是监理机构在项目的合同管理中普遍采用的一种手段。会议由监理工程师主持，监理单位理所当然应对工地会议做好会议记录，并应根据记录事项形成会议纪要。而不能以解决施工单位的施工方面的问题为借口，交由施工单位负责记录工地例会内容并形成会议纪要。

会议纪要包括三方协商一致确定的内容及各方提出的保留的意见。会议纪要应由参加单位确认，作为监理文件由项目监理机构发送给相关部门，并可作为合同文件的一部分。

（3）错在概念颠倒。前面讲过，这两种会议的主要差别在于：工地例会侧重全面检查，专题会议侧重对重点、难点问题进行讨论。对工地例会和专题会议这两种会议的目的，监理工程师必须区分清楚。

（4）首先，要能区别出设计交底会不属于监理机构组织（或主持）的会议。其次，再根据项目监理机构工地会议的组织内容，判断工地例会、专题会议召开的时间。

2. 相关规范、文件都没有对会议地点进行规定和限制，因此，只要便于参会人员的集中、有利于工作的顺利开展，监理交底会可以放在施工标段召开。

《公路工程施工监理规范》4.2.8款规定：总监应在合同段开工前主持召开由施工单位项目经理和技术、质量、安全负责人、工地试验室负责人，其他主要管理人员及主要监理人员等参加的监理交底会。监理交底会的主要内容是介绍监理计划的相关内容。监理计划是由总监理工程师组织编写的，因此，由总监理工程师主持既符合规范要求，又是介绍监理计划内容的最合适人选，不可以由驻地监理工程师主持召开。

答案：

1. 对监理工作的评价如下：

（1）正确。工地例会和专题会议都是监理机构的工作会议，应由监理工程师主持，业主、施工单位都是参加单位。

（2）错误。工地会议制度，是监理工程师对工程项目实施全面管理的一种重要方法，也是合同管理项目中普遍采用的一种手段。会议由监理工程师主持，监理单位应对工地会议做好会议记录，并应根据记录事项形成会议纪要。会议纪要应由参加单位确认，作为监理文件由项目监理机构发送给相关部门。

（3）错误。工地例会的目的在于监理工程师对工程实施过程中的进度、质量、费用、安全、环保等方面的情况进行全面检查，确保工程顺利进行。

专题会议的目的在于监理工程师对日常或经常性的施工活动中的专门问题进行研究、协商和落实，使监理工作和施工活动密切配合。

（4）错误。项目监理机构把工地例会和专题会议都放在合同工程正式开工后召开，这一点是正确的。设计交底会不属于监理主持的会议，无权安排召开时间。设计交底会应在施工准备阶段由业主安排召开。

2. 监理交底会可以放在施工标段召开。监理交底会不可以由驻地监理工程师主持召开。

案例总结

工地会议是工程建设三方的工作协调会议。根据会议召开时间、内容及参加人员的不同，工地会议分为第一次工地会议、工地例会和专题会议三种形式，其中，第一次工地会议是最重要的一个会议。在合同工程开工前，总监理工程师应主持召开监理交底会，介绍监理计划的相关内容。

本节案例分析的要点，就是通过掌握这三种工地会议及监理交底会的目的、组织、内容，来分析背景资料或监理工作。每次会议均要做好会议记录，监理机构应根据会议记录及时形成会议纪要，会议纪要应由参加单位确认。

了解了工地会议的组织、内容等基本知识，有兴趣的学生可以主动参加一些会议，锻炼举办会议的实践能力，对个人能力提高肯定会大有帮助。

本章小结

本章主要介绍了监理组织协调工作的主要内容，具体内容包括组织协调的工作内容和主要方法。重点讲述工地会议和监理交底会的目的、组织和内容，要求了解对监理组织的各种会议记录整理、签发、存档。学生对工地会议和监理交底会的内容要熟练掌握。

自我测评

一、判断题

1. 第一次工地会议是监理工程师检查承包人的施工准备情况的一次会议。（   ）

2. 工地会议纪要经参加工地会议各方签认确认后，就可作为合同文件的组成部分。
（   ）

3. 除第一次工地会议外，其余形式的工地会议均由监理工程师主持。（   ）

4. 工地会议制度是监理工程师对工程项目进行全面管理的一种重要方法，也是合同管理普遍使用的一种手段。（   ）

5. 工地会议是施工监理的一种工作制度，是工程建设三方的工作协调会议。（   ）

6. 所有形式的工地会议建设单位、监理单位、施工单位三方的主要人员都必须参加。
（   ）

7. 合同工程开工令可在第一次工地会议结束前由总监理工程师签发。（　　）
8. 监理交底会的主要内容就是介绍监理计划的主要内容。（　　）
9. 监理交底会可以在工程开工前单独举行，也可以与第一次工地会议一起举行。
（　　）

二、单项选择题

1. 第一次工地会议应由（　　）主持。
   A. 建设单位   B. 总监理工程师
   C. 承包人的代表   D. 建设单位和承包人共同

2. 监理交底会由总监理工程师主持召开，其内容是（　　）。
   A. 介绍工程概况   B. 介绍设计图纸
   C. 介绍监理合同   D. 介绍监理计划

3. 第一次工地会议和监理交底会的主持者的是（　　）。
   A. 建设单位   B. 施工单位   C. 监理单位   D. 地方交通主管部门

4. 下列各项不属于第一次工地会议内容的是（　　）。
   A. 介绍人员和组织机构   B. 开工的各项准备情况说明
   C. 审议工程延期   D. 监理工作准备情况的说明

5. 以下会议不是由监理工程师主持召开的是（　　）。
   A. 第一次工地会议 B. 监理交底会 C. 专题会议 D. 设计交底会

6. 经参加单位确认的以下各种会议纪要中，不属于施工合同文件的一部分的是（　　）。
   A. 监理交底会议纪要   B. 专题会议纪要
   C. 第一次工地会议纪要   D. 工地例会纪要

7. 以下监理的各种行为中，不属于组织协调手段的是（　　）。
   A. 召开第一次工地会议   B. 发布口头指令
   C. 对工程进行巡视检查   D. 向各方介绍工程进展的情况

三、多项选择题

1. 第一次工地会议的参加者应包括（　　）。
   A. 建设单位法定代表人或授权代表   B. 施工单位法定代表人或授权代表
   C. 监理工程师   D. 分包单位负责人
   E. 设计单位负责人

2. 第一次工地会议、工地例会、专题会议的区别是（　　）。
   A. 主持召开的单位不同   B. 会议的内容不同
   C. 召开的时间不同   D. 参加会议的主要单位
   E. 召开的目的不同

3. 不属于第一次工地会议内容的是（　　）。
   A. 施工单位陈述开工的各项准备情况
   B. 建设单位就工程占地、临时用地等进行说明
   C. 监理工程师就监理程序、报表格式等进行说明
   D. 监理工程师审批施工单位的施工组织设计
   E. 就工程质量、安全、环保、费用等事项进行讨论

4. 工地会议的形式包括（　　）。
   A. 监理交底会　　　　　　　　B. 工地例会
   C. 专题会议　　　　　　　　　D. 第一次工地会议
   E. 技术交底会

5. 第一次工地会议的内容包括（　　）。
   A. 各方介绍各自人员、组织机构、职责范围及联系方式
   B. 就质量、进度等进行讨论，提出解决措施
   C. 施工单位应就开工的各项准备情况进行说明
   D. 建设单位应就工程占地、临时用地、拆迁等与开工条件有关的内容进行说明
   E. 监理工程师应就监理程序等进行说明

6. 以下各种会议，可以一起举行的是（　　）。
   A. 工地例会　　　　　　　　　B. 第一次工地会议
   C. 监理交底会　　　　　　　　D. 专题会议
   E. 设计交底会

7. 某工程项目监理机构为二级监理机构，那么以下各种会议中，必须由总监理工程师主持召开的是（　　）。
   A. 工地例会　　B. 监理交底会　　C. 第一次工地会议
   D. 专题会议　　E. 设计交底会

8. 以下各种会议中，必须在合同工程正式开工前召开的是（　　）。
   A. 专题会议　　　　　　　　　B. 设计交底会
   C. 工地例会　　　　　　　　　D. 第一次工地会议
   E. 监理交底会

四、思考题

1. 监理工程师常用的组织协调方法有哪些？
2. 工地会议有哪几种形式？每种工地会议的内容包括哪些？
3. 简述第一次工地会议的组织与内容。

 启示园地

居安思危

《左传·襄公十一年》："居安思危，思则有备，有备无患"；典出《礼记·中庸》的："凡事预则立，不预则废"——安全生产工作千头万绪，我们要牢固树立居安思危的忧患意识，切实消除麻痹思想，提高安全工作的主动性，筑牢安全生产的思想防线。

第六章

公路工程监理资料

 学习目标

了解：监理资料的内容、分类及管理。

熟悉：监理管理文件的构成和作用，监理计划与细则的编制内容和方法，工程监理月报的内容，监理工作报告的内容，监理日志、巡视记录、旁站记录等监理记录表格内容及填写要求。

 内容概要

本章主要讲述监理资料的内容和整理、监理管理文件的构成和作用、监理计划与细则的编制内容和方法，以及监理工作报告的内容；监理日志、巡视记录、旁站记录等监理记录的填写。

公路工程监理资料

 先导案例

某监理公司承接了某一级公路的施工监理业务，在对工程项目实施监理的过程中，监理工程师做了以下一些工作：

1. 根据建设方的要求，在正式开工前，完成了监理计划和全部监理细则的编制，经总监理工程师审批后予以实施，并明确在监理过程中不得修改监理计划。

2. 对路基填筑、混凝土浇筑进行旁站监理。

3. 每月要编制监理月报和监理工作总结报告，报业主和上级管理机构。

4. 要求施工单位每月召开一次工地例会，并将整理好的会议纪要报总监理工程师审批。

5. 由于监理大纲是监理单位在施工监理投标阶段编制的项目监理方案性文件监理文件，因此，归档时不应将其列入长期保存。

问题：

试对上述 5 点监理工作进行评价，如有无不妥之处，请指出并加以分析。

分析：

（1）监理公司承接了施工监理业务后，应在项目现场组建项目监理机构，必须在正式开工前，完成监理计划编制和审批。在监理过程中，监理计划可以根据实际情况变化需要进行补充、修改和完善，但须经总监理工程师审查批准并报业主备案。监理细则只要在分部分项工程开工前完成编写和审批就可以了。监理计划和监理细则的内容将在以下 6.1 节中讲述。

（2）在对工程项目实施监理的过程中，监理工程师运用各种手段，包括旁站、巡视、工地会议等方法，对施工单位和工程实体进行监督和管理；每月向业主和上级管理机构上报监理月报；在工程项目结束后，向档案部门提交一套包括监理工作报告在内的完整的监理资料。上述第 2～5 的监理工作均涉及这方面的内容，这些内容将在以下 6.2 节中讲述。

6.1 监理计划与监理细则

知识学习

监理管理文件应包括监理合同，监理计划、监理细则，会议记录、会议纪要，综合性往来文件等。

1. 监理合同

根据《公路工程标准施工监理招标文件》的要求，监理单位和委托方签订的规定双方权利和义务的监理委托协议。它主要由监理合同协议书、通用合同条款、专用合同条款及合同附件组成。

监理方案又称监理大纲，它是监理单位为获得监理任务在施工监理投标阶段编制的项目监理方案性文件。监理方案是监理投标书的重要组成部分，也是监理合同的组成部分。

2. 监理计划

监理计划是监理单位接受业主委托并签订监理合同之后，在项目总监理工程师的主持下，根据监理合同，在监理方案的基础上，结合工程的具体情况，并在广泛收集工程信息和资料的情况下制订的，经监理单位技术负责人审批并报业主批准，用来指导项目监理机构全面开展监理工作的指导性文件。

监理计划的内容，是随着工程的进展需要逐步完善、调整和补充的。监理计划的形成过程，真实地反映了一个工程项目监理的全貌。因此，它是监理单位的重要存档材料。

3. 监理细则

监理细则是在监理计划指导下，在落实了监理机构各部门的监理职责分工后，由专业监理工程师针对公路工程中某一专业或某一方面的具体情况编制的，并经总监理工程师批准实施的操作性业务文件。

4. 会议记录、会议纪要

会议记录指在项目施工过程中，由监理机构组织或主持召开的会议所记录的原始资料。

根据会议记录的原始资料，综合三方协商一致的意见及各方保留的意见即形成会议纪要。经三方确认的正式会议纪要，作为监理文件下达时成为合同管理的一部分。但会议纪要中涉及合同条款变更和设计文件等内容时，仍需要按规定监理程序办理必要手续，不能以会议纪要代替正式的文件。

5. 综合性往来文件

综合性往来文件指与建设单位、施工单位工作往来的综合性文件，也包括不能归入其他监理专项的综合性会议记录、纪要。

> 【例1】监理管理文件。
> 简述监理方案、监理计划、监理细则的作用。

分析： 监理方案、监理计划、监理细则的作用分别是：

1. 监理方案的作用

（1）监理方案是为监理单位经营目标服务的，对承接监理任务起着重要的作用。在项目招投标过程中，监理投标人通过监理方案，使业主认识到该监理单位能胜任该项目的监理工作以及采用监理单位制订的监理方案能满足业主委托的监理工作要求，进而赢得竞争，承揽到监理业务。

（2）在监理合同签订后，监理方案即作为编制监理计划的基础。

（3）在监理合同签订后，监理方案作为业主审核监理计划的基本依据。

2. 监理计划的作用

监理计划是指导项目监理机构全面开展监理工作的纲领性文件，可以使监理工作规范化、标准化，其作用如下。

（1）监理计划指导项目监理机构全面开展监理工作。

（2）监理计划是主管机构对监理单位实施监督管理的重要依据。

（3）监理计划是业主确认监理单位是否全面、认真履行监理合同的主要依据。

（4）监理计划是监理单位重要的存档资料。项目监理计划的内容随着工程的进展而逐步调整、补充和完善，在一定程度上真实地反映了一个工程项目监理的全貌，是最好的监理过程记录。因此，它是监理单位的重要存档资料。

3. 监理细则的作用

监理细则是进行监理工作的"施工图设计"，是在监理计划的基础上对监理工作"做什么""如何做"的具体化和补充，它起着具体指导监理工作实施的作用。

> 【例2】监理计划的内容和编制。
> 某监理公司通过投标，获得某一级公路的施工监理业务，与业主签订了监理合同。在施工现场成立了项目监理机构，项目总监理工程师开始组织相关监理人员编制监理计划。监理计划编制完成后，经监理单位技术负责人签认后报业主审批。
> 问题：
> 1. 监理计划应该由谁组织编写？有哪些相关监理人员参加编写？
> 2. 监理计划包含哪些内容？
> 3. 编写监理计划有哪些基本要求？
> 4. 说明监理计划的审批程序。

分析：

1. 监理计划的编制应由项目总监理工程师主持，驻地监理工程师参加。总监理工程师主持编制整个工程项目的监理计划，所属各监理合同段的驻地监理工程师应根据总监的要求和需要组织编制本监理合同段的监理计划。

2. 监理计划应包含以下内容：

（1）工程项目概况。

（2）监理工作依据。在编写时，应列出监理工作依据的主要文件名称。

（3）监理工程范围。监理单位可能承担整个工程的监理任务，也可能只承担其中的一部分，应严格按照监理合同的规定，准确编写监理工程范围及监理服务范围。

（4）监理工作内容。在不同的监理项目中，业主委托的监理服务工作内容有所不同。监理工作内容应根据监理合同中规定的监理服务内容，准确编写。

（5）监理工作目标。应根据施工合同及监理合同的规定，明确下列监理工作的基本目标：①费用监理目标；②进度监理目标；③质量监理目标；④安全监理目标；⑤环保监理目标；⑥合同事项管理目标。

（6）项目监理机构

1）项目监理机构的组织形式。项目监理机构的组织形式常用组织结构图表示。

2）监理人员和设备配备及进退场计划。监理人员及设备配备根据监理合同及工程监理的进度合理安排，一般应列出人员设备配备计划表以及进退场计划。

3）监理人员的岗位职责：①项目监理机构各职能部门、人员的职责分工；②主要监理人员的岗位职责。

（7）监理程序。主要包括：①工程质量监理程序；②安全监理程序；③环保监理程序；④工程进度监理程序；⑤工程费用监理程序；⑥合同事项管理程序；⑦协调工作程序；⑧信息管理工作程序；⑨缺陷责任期监理工作程序。

（8）监理工作制度，监理工作用表。在监理计划中，应制订有关监理工作制度，通过这些制度的建立来提高和确保监理工作程序、方法、措施及工作质量到位和完善。这些制度将在监理工作过程中得到修正、完善和补充。监理工作用表使用交通运输部（厅）统一的用表。

（9）工程质量、安全、环保、费用和进度等监理工作方案应明确巡视、旁站、抽检和验收等具体计划要求。

（10）合同事项管理和信息管理工作方案。其包括：变更的处理程序和监理工作方案；延期的处理程序和监理工作方案；索赔的处理程序和监理工作方案；分包管理的监理工作方案；违约事件处理的监理工作方案；争议调解的监理工作方案；担保与保险的审核和查验监理方案；清场与撤离的监理工作方案等。

（11）监理设施计划及规章。其包括制订现场交通、通信、试验、办公、生活等设施设备的使用计划及规章制度。

3. 监理计划的编写应符合下列基本要求：

（1）监理计划的内容应具有针对性、指导性。每个监理项目各有其特点，监理单位只有根据监理项目的特点和自身的具体情况编制监理计划，而不是照搬以往的或其他项目的内容，才能保证监理计划对将要开展的监理工作具有指导意义和实用价值。

（2）监理计划应具有科学性。在编制监理计划时，只有重视科学性，才能提高监理计划的质量，从而不断指导、促进监理业务水平的提高。

（3）监理计划应实事求是。坚持实事求是，是监理单位开展监理工作和市场业务经营中的原则，只有实事求是地编制监理计划，并在监理工作中认真落实，才能保证监理计划在监理机构内部管理中的严肃性和约束力,才能保证监理单位在项目监理中和监理市场中的良好信誉。

项目监理计划的编制时间应满足合同规定的期限要求,如合同中未明确规定,一般应在监理合同签订之日起一个月内及第一次工地会议和合同工程开工令下达之前。

4. 监理计划的审批

监理计划在编制完成后需要进行审核并经批准。监理单位的技术主管部门是内部审核单位,其负责人应当签认,同时,还应按合同约定提交业主,由业主批准后执行。

在监理计划的实施过程中,根据实际情况变化需要进行补充、修改和完善时,须经总监理工程师审查批准并报业主备案。

【例3】 监理细则的编制和内容。

某监理公司承接了某一级公路的施工监理业务,项目监理机构成立后,相关监理人员即开始编制监理细则。监理细则编制完成后,经总监理工程师审批后予以实施,并发送施工单位一份和报备业主一份。

问题:

1. 监理细则应该由谁编写?
2. 监理细则包含哪些内容?
3. 编写监理细则有哪些基本要求?
4. 说明监理细则的审批程序。
5. 监理细则的编制依据有哪些?

分析:

1. 监理细则应按照专业划分,由专业监理工程师编制。

2. 由于监理细则涉及专业问题,不同专业的监理细则其内容不尽相同,一般的内容结构如下:①总则;②开工审批程序;③施工过程监理;④质量监理的内容、措施和方法;⑤进度监理的内容、措施和方法;⑥费用监理的内容、措施和方法;⑦施工安全与环境保护监理内容、措施和方法;⑧合同其他事项管理的主要内容;⑨信息管理;⑩交工验收与缺陷责任期监理工作内容;⑪其他根据合同工程或专业需要应包括的内容;⑫报告与报表格式。

3. 编制监理细则的要求

(1) 监理细则应按照施工进度要求在相应工程开工前,由专业监理工程师编制。

(2) 监理细则应根据已批准的监理计划进行编制,并与监理工程师批准的施工组织设计相呼应。它应结合工程项目的专业特点,明确监理的重点、难点、具体措施及方法步骤,做到详细、具体,具有可操性。

(3) 二级公路以下,技术不太复杂的分项和分部工程可不编写监理细则。

(4) 对采用新技术、新材料、新工艺或在特殊季节施工的分项、分部工程,应针对承包人编写的专项施工方案,编制相应的监理细则。

4. 监理细则的审批

监理细则编制完成后需进行审核并经批准。一般情况下,监理细则应报总监理工程师办公室审核,经总监理工程师批准后实施。

5. 编制监理细则的依据

（1）监理合同、监理计划以及施工合同。

（2）设计文件与图纸。

（3）工程建设相关的标准、规范、规程。

（4）施工单位提交经监理工程师批准的施工组织计划和技术措施与施工方案。

（5）工程建设相关的原材料、半成品、构配件的使用技术说明，工程设备的安装、调试、检验等技术资料。

案例分析

【案例1】 监理规划的编制及内容。

某工程建设单位与监理公司签订了施工监理合同。在设计图纸不全的情况下，建设单位将编制监理计划的有关文件交给了监理单位，要求监理单位尽快报送监理计划。监理单位收到有关文件后，总监理工程师指派负责合同管理的专业监理工程师组织有关人员进行编制。经过努力，在规定的时间内完成了监理计划的编制。经监理公司负责人审批后，在第一次工地会议之后报送建设单位。

问题：

1. 以上关于监理计划的编制有何不妥之处？正确的做法是什么？
2. 建设单位应将哪些文件交给监理单位作为编制监理计划的依据？
3. 设计图纸不全是否会影响监理计划的编写，为什么？
4. 监理计划与监理大纲是两份不同的监理文件，请具体说明二者的不同点。
5. 简述监理在施工准备阶段的主要工作。
6. 监理计划包括下列（　　）内容。

A. 各单位之间的协调程序　　　　B. 工程概况
C. 监理工作目标　　　　　　　　D. 监理工作责任
E. 监理设施　　　　　　　　　　F. 基础工程施工组织

答案：

1. 监理计划编制的不妥之处如下：

（1）由专业监理工程师组织编制监理计划，不妥。正确做法为：由总监理工程师组织编制监理计划。

（2）监理计划由监理公司负责人审批，不妥。正确做法为：监理计划由监理公司技术负责人审批。

（3）在第一次工地会议之后报送建设单位，不妥。正确做法为：监理计划应在第一次工地会议之前报送建设单位。

2. 建设单位提供的文件有：施工合同、设计图纸等。

3. 设计图纸不全不影响监理规划的编写，监理规划的编写应把握工程项目的运行脉搏。随着工程施工的进展，监理规划需要不断地根据收集、掌握工程信息，并进行补充、修改和完善；一气呵成监理规划是不符合实际的，也是不科学的。因此，监理规划的编写需要一个过程，可见图纸不全不影响监理规划的编写。

4.（1）作用不同。监理大纲的作用：承揽监理任务；为今后开展监理工作提供方案；为编写监理计划提供直接依据。监理计划的作用：指导项目监理机构全面开展监理工作；监理主管机构对监理单位实施监督的依据；建设单位确认监理单位履行监理合同的依据；监理单位的存档资料。

（2）编写时间不同。监理大纲是在建设单位要求的投标时间之前编写。监理计划应在签订监理委托合同及收到设计文件后开始编写。

（3）编写主持人不同。监理计划的编写应由总监理工程师主持、专业监理工程师参加编制。监理大纲编写主持人为监理单位指定人员或该单位的技术管理部门。

（4）编写依据不同。监理计划的编写依据有监理合同和施工合同，监理大纲的编写依据则没有。监理大纲、监理计划、监理细则是构成监理管理文件的系列性文件，三者之间存在明显的依据性关系。

5. 施工准备阶段监理工作包括以下两个方面，具体如下：

（1）监理准备工作内容：①配备试验室设备；②熟悉合同文件；③调查施工环境条件；④编制监理计划；⑤编制监理细则。

（2）监理工作内容：①参加设计交底；②审批施工组织设计；③检查保证体系；④审核工地试验室；⑤审批复测结果；⑥验收地面线；⑦审批工程划分；⑧确认场地占用计划；⑨核算工程量清单；⑩签发开工预付款支付证书；⑪召开监理交底会；⑫召开第一次工地会议；⑬签发合同工程开工令。

6. BCE

【案例2】监理细则的编写。

在某公路工程施工准备阶段，建设单位强调要求项目监理机构：

（1）在工程正式开工前，编制完监理计划和监理细则。

（2）监理计划由建设单位批准后执行，监理细则则要由监理单位技术负责人审批。

（3）为体现监理工作的独立性，编制监理细则不得参考施工单位提交的相应的施工方案。

监理单位收到建设单位提供的有关文件后，总监理工程师组织有关人员进行编制。经过努力，在规定的时间内完成了监理计划和监理细则的编制。

问题：

1. 以上建设单位关于监理计划和监理细则的编制有何不妥之处？正确的做法是什么？

2. 承包人编写了《深基坑专项施工方案》，监理是否也要编制《深基坑专项施工监理细则》？为什么？

3. 建设单位应将哪些文件交给监理单位作为编制监理细则的依据？

分析：

1.（1）监理计划是指导项目监理机构全面开展监理工作的纲领性文件，当然也包括对施工准备阶段的监理工作的指导。这就要求监理计划必须在工程正式开工前编制完，并经监理单位技术负责人审核报业主批准执行。

监理细则是在监理计划的指导下，对监理工作"做什么""如何做"的具体化和补充，它对具体的分项、分部工程起着指导监理工作实施的作用。因此，它必然在监理计划之后，而在相应的分项、分部工程开工前完成编制和审批。

（2）本题考核监理计划、监理细则的审批程序，前面讲得比较清楚，这里不再说明。

（3）独立性要求工程监理单位与施工单位不得有隶属关系和其他关系，在开展监理工作时，必须监理自己的组织，按照自己的程序、流程、方法，根据自己的判断，独立地开展工作。但有的文件编写必须建立在承包人资料的基础上，这也是监理独立性的体现，而且说明了监理工作的针对性很强。例如，编制监理细则的依据之一，就是施工单位报经监理工程师批准的施工组织计划、技术措施与施工方案。

2. 施工单位编写了《专项施工方案》，监理单位就必须要编制相应的《专项施工监理细则》。

3. 本题考查对编写监理细则依据的了解。对照上述的 5 点依据，属于业主提供的只有施工合同、设计文件与图纸。监理计划属于监理单位的；监理合同，监理单位也有；规范、标准也不属业主提供；其他的都属于施工单位需上报的资料。

答案：

1. 建设单位对监理机构的三点要求均有不妥之处，不妥原因及正确做法如下。

（1）不妥。监理计划必须在工程正式开工前编制完成并经业主批准，监理细则只要求在相应工程开工前编制完成并经总监理工程师批准，无需在工程正式开工前编制完成。

正确的做法是：在工程正式开工前，编制完监理计划和准备开工项目的监理细则。

（2）不妥。监理计划应首先经监理单位技术负责人审核，然后才报建设单位批准。监理细则应由项目总监理工程师审批。

正确的做法是：监理计划经监理单位技术负责人审核并报建设单位批准后执行，监理细则则要由项目总监理工程师审批后执行。

（3）不妥。编制监理细则的依据之一，就是施工单位并经监理工程师批准的施工组织计划、技术措施与施工方案。

正确的做法是：作为编制监理细则的依据之一，监理工程师在编制监理细则时，应参考施工单位提交的相应的施工方案。

2. 监理必须编制《深基坑专项施工监理细则》。监理细则编制要求：针对承包人编写的专项施工方案，监理单位应编制相应的监理细则。

3. 建设单位应将施工合同、设计文件与图纸等文件交给监理单位作为编制监理细则的依据。

拓展案例

某高速公路工程项目，建设单位通过招标选择了某监理单位承担事故阶段监理任务。监理合同签订后，总监理工程师组建了职能制监理组织机构，并组织监理工程师开始编制监理文件。

对监理计划编制提出了几点要求。

（1）监理计划必须符合施工合同的要求。

（2）监理计划要结合该项目的具体情况。

(3) 监理计划要为监理单位的经营目标服务。
(4) 监理计划应为监理细则的编制提出明确的目标要求。
(5) 监理计划要符合项目运行内在规律。
(6) 监理计划应一气呵成，不应分阶段编写。
……
对监理细则编制提出了几点要求。
(1) 监理细则的编制依据不包括施工合同。
(2) 监理细则要结合该项目的具体情况。
(3) 工程测量监理细则应由测量专业监理工程师负责编写。
(4) 要编制混凝土冬季施工监理细则。
(5) 监理细则应一气呵成，不应分阶段编写。
……
问题：
1. 判别监理计划编制的几点要求的正确与否，说明理由。
2. 判别监理细则编制的几点要求的正确与否，说明理由。
3. 监理计划内容的针对性要求是什么？
4. 监理计划内容的时效性要求是什么？
5. 说明监理大纲、监理计划、监理细则三者的关系。
6. 请列出监理计划中的监理工作制度有哪些？

分析：
1. 所列的几点监理计划编制要求的判别如下：
(1) 正确。施工合同是编制监理计划的依据之一。
(2) 正确。编制监理计划应结合所监理项目的特点和合同要求，体现总监理工程师的组织管理思想、工作思路和总体安排，这是编制监理计划最基本的要求。
(3) 不正确。监理大纲为监理单位的经营目标服务，而监理计划是用来指导项目监理机构全面开展监理工作的指导性文件。
(4) 正确。监理计划应为监理细则的编制提出明确的目标要求。
(5) 正确。在编制监理计划时，应结合所监理项目的特点和合同要求，在实施过程中，又要根据实际情况变化需要进行补充、修改和完善，这就是符合了项目运行内在规律。
(6) 不正确。在实施过程中，监理计划要根据实际情况变化需要进行补充、修改和完善，不是一气呵成、不再更改的。
2. 所列的几点监理细则编制要求的判别如下：
(1) 不正确。编制监理细则的依据包括监理合同、监理大纲和施工合同。
(2) 正确。编制监理细则的要求中，要求根据已批准的监理计划进行编制，并与监理工程师批准的施工组织设计相呼应，应结合工程项目的专业特点，所以，它是结合了该项目的具体情况。
(3) 正确。监理细则是由相应的专业监理工程师编写，工程测量监理细则当然应由测量专业监理工程师负责编写。

(4) 正确。对采用新技术、新材料、新工艺或在特殊季节施工的分项、分部工程，应针对承包人编写的专项施工方案，要编制相应的监理细则。混凝土冬季施工属于特殊季节施工的分项工程。

(5) 不正确。监理细则应按照施工进度要求在相应工程开工前，由专业监理工程师编制。

3. 监理计划内容的针对性要求是：监理目标明确、监理措施有效、监理程序合理、监理工作制度健全、职责分工清楚，对监理工作有指导作用。

4. 监理计划内容的时效性要求是：在项目实施过程中，应根据情况的变化作必要的补充、修改和完善，经原审批程序批准后，再次报建设单位备案。

5. 监理方案、监理计划、监理细则是相互关联的，都是工程监理工作文件的组成部分，它们之间存在着明显的依据性关系。在编写监理计划时，要根据监理方案的有关内容来编写；在制订监理细则时，一定要在监理计划的指导下进行。

6. 项目监理机构的监理工作制度有：

（1）工程开工审批制度。
（2）施工组织设计审核制度。
（3）工程材料、设备质量检验制度。
（4）隐蔽工程质量验收制度。
（5）单位工程、分部工程、分项工程验收制度。
（6）工程质量事故处理制度。
（7）施工进度监督及报告制度。
（8）巡视检查制度。
（9）监理试验管理制度。
（10）监理报告制度。
（11）工地会议制度。
（12）监理文件行文制度。
（13）监理工作日志制度。
（14）监理文件与资料管理制度。

案例总结

监理方案是监理单位为获得监理任务在施工监理投标阶段编制的项目监理方案性文件。监理计划是由总监理工程师组织编写的，经监理单位技术负责人审核并报业主批准，用来指导项目监理机构全面开展监理工作的指导性文件。监理计划的内容是随着工程的进展需要逐步完善、调整和补充的。监理细则是根据监理计划，由相关专业监理工程师编写的，由总监理工程师批准实施。

监理方案是监理计划的编写基础；监理细则是对监理计划的工作的具体化和补充。

要求熟悉监理方案、监理计划和监理细则三者的相互关系，以及各自的作用、编写依据、编写内容、审批程序等。学习中还应注意凡施工单位编写了《专项施工方案》，监理单位就必须要编制相应的《专项施工监理细则》。

本节知识有较强的实用性，课外可浏览一些具体的项目的监理计划和监理细则的实例。有兴趣的学生，可以学习编制一个简单项目的监理计划和某一专业的监理细则。

6.2 监理资料的收集、整理、保存

知识学习

监理资料是指在对工程项目实施监理过程中形成的一系列文件和资料。在工程完工后，将其中部分监理文件与资料进行归档就形成工程监理档案资料。根据《公路工程施工监理规范》（JTG G10—2016）规定，监理资料包括监理管理文件、质量监理文件、安全监理文件、环保监理文件、费用与进度监理文件、合同事项管理文件，以及监理日志、巡视记录、旁站记录、监理月报、监理工作报告等其他监理文件和影像资料。

在监理组织机构中必须配备专门的人员负责监理资料的收集、整理、保存等管理工作。监理资料应齐全、真实、准确、完整。

按结果导向原则，对监理资料的归档管理进行分类，共分为3大类12个小类：

1）监理文件：

①监理管理文件；②质量监理文件；③安全监理文件；④环保监理文件；⑤费用与进度监理文件；⑥合同事项管理文件。

2）其他监理文件：

①监理日志；②巡视记录；③旁站记录；④监理月报；⑤监理工作报告等。

3）影像资料。

【例1】监理资料的分类、监理月报、监理工作总结。

在对工程项目实施监理的过程中，监理工程师必须综合运用组织、技术、经济、合同等手段，对施工单位实施有效监管。同时，监理行为的开展也必然产生一系列监理资料，例如，监理每月要编制监理月报报业主和上级管理机构，甚至有的项目要求编写周报或旬报。工程结束后，需向业主和上级主管部门提交监理工作总结报告。

问题：

1. 质量监理文件与资料包括哪些内容？
2. 简述监理月报的编制及内容。
3. 简述监理工作总结报告的编制及内容。

分析：

1. 质量监理资料

质量监理资料包括质量监理要求和往来文件，测量、材料等审查、试验资料，抽检记录，隐蔽工程验收和工程质量检验评定资料，质量问题处理资料等。

（1）质量监理要求及来往文件和信函：主要是指在监理实施过程中，监理机构针对具体工程中的质量方面提出的要求、建议或处理措施及相关的规定，以及与之相关的和业主、承包人之间来往的文件和信函。

（2）测量、材料等审查、试验资料。测量资料包括审查施工单位提交的施工测量方案、

数据和成果，以及监理复测抽检的资料。试验资料主要是指监理过程中的验证试验、标准试验、工艺试验、抽样试验和验收试验的试验资料。具体包括：原材料进场前的验证试验、标准试验（主要有土工标准试验、集料的级配试验、路面基层底基层标准试验、混凝土配合比试验、沥青混凝土配合比试验、结构的强度试验等）、工艺试验（如路基、路面试验路段的检测试验）、抽样试验、验收试验等。

（3）抽检记录：指监理对测量、试验进行的抽检记录等。

（4）隐蔽工程验收和工程质量检验评定资料：主要是指在施工过程及交工验收中监理验收签认的相关质量检测资料。

（5）质量问题处理资料：处理质量问题过程中产生的资料，包括质量问题的处理方案、审核、批复，施工及验收资料等。

2. 监理月报的编制和内容

监理工程师应将工程进展情况、存在的问题，每月以工程监理月报的形式向业主及上级监理机构报告。

监理月报由项目总监理工程师组织编写，由总监理工程师签认，报送业主和本监理单位，报送时间由监理单位和业主协商确定，一般在收到承包人项目经理部报送来的工程进度，汇总了本月已完工程量和本月计划完成工程量的工程量表、工程款支付申请表等相关资料后，在最短的时间内提交，一般时间为5~7天。

监理月报的具体内容包括以下内容。

（1）工程概况：当月工程概述，当月工程实施情况。

（2）当月监理工作情况。

（3）工程质量：工程质量分析；采取的工程质量措施及效果；分部、分项工程验收情况；主要施工试验情况；监理抽查检测试验情况。

（4）安全监理：施工安全情况的分析；采取的措施及效果。

（5）环保监理：施工环境保护情况的分析；采取的措施及效果。

（6）工程计量与工程款支付：工程量审核情况；工程款审批及支付情况。

（7）工程进度：实际完成情况与计划进度比较；对进度完成情况及采取措施效果的分析。

（8）合同事项管理：工程分包、履约检查情况，工程暂停与复工、变更、延期、索赔、违约和争端的处理情况，价格调整情况。

（9）发现施工存在的主要问题及处理情况。

（10）下月监理工作的重点。

3. 监理工作报告

监理工作报告是监理单位在工程结束后，向业主和上级主管部门提交的监理工作总结报告。监理工作报告的内容如下：

（1）工程概况。

（2）监理工作概况，包括组织机构、人员、设备和设施情况等。

（3）监理工作成效，包括质量、安全、环保、费用和进度监理及合同事项管理等措施，施工过程中检查情况，工程质量评定情况及问题和事故处理情况等。

（4）交工验收时存在的问题及处理情况。

(5) 监理工作体会、说明和建议。

【例2】巡视记录、旁站记录、监理日志。

在对工程项目实施监理的工程中,为保证监理数据、监理工作具有可追溯性,就要对监理工作必须进行及时、准确、全面的记录,其中巡视记录、旁站记录、监理日志是监理记录中非常重要的三种记录。

问题:

试列出巡视记录、旁站记录、监理日志三种记录表式,对填写内容做简要说明。

分析:

1. 巡视记录

《公路工程施工监理规范》(JTG G10—2016)附录B.1规定的"巡视记录"表格内容见表6-1。

表6-1 _____工程项目
巡视记录

编号_____

施工单位		合同段	
巡视人		巡视时间	年 月 日
巡视范围			
主要施工情况			
质量安全环保等情况			
发现的问题及处理意见			

填写要求:监理人员每天对每道工序的巡视应不少于1次。监理人员每天巡视后,应将巡视的主要内容、现场施工概况、发现的问题及处理情况等如实记录在巡视记录上。当天问题未及时处理的,应在处理完成之日及时补上。

2. 旁站记录

旁站就是监理人员对旁站项目(见《公路工程施工监理规范》附录A)的施工过程进行的现场监督活动。

监理机构在编制监理计划时应根据《公路工程施工监理规范》附录A的规定确定本工程监理旁站的项目,制订旁站计划并认真实施。旁站的最重要的成果就是"旁站记录"。因此,旁站监理人员应按监理规范规定的格式如实、准确、详细地记好旁站记录。

《公路工程施工监理规范》(JTG G10—2016)附录B.2规定的"旁站记录"表式见表6-2。

3. 监理日志

监理日记由专业监理工程师和监理员书写,监理日记是反映工程施工过程中的施工、监理工作情况的实录。一个同样的施工行为,施工和监理两本日记记载有不同的结论,事后在工程发现问题时,日记就起了重要的作用。因此,如实、及时、准确、详细地做好监理日记,对发现问题,解决问题,甚至仲裁、起诉都有作用。

表 6-2 ＿＿＿＿＿＿＿＿＿＿工程项目
旁站记录

编号＿＿＿＿＿＿

施工单位		合同段	
旁站人		旁站时间	年 月 日
旁站项目			
施工过程简述			
旁站工作情况			
主要数据记录			
发现的问题及处理结果			

监理日记有不同角度的记录,项目总监理工程师可以指定一名监理工程师对项目每天总的情况进行记录,通称为项目监理日志;专业工程监理工程师可以从专业的角度进行记录;监理员可以从负责的单位工程、分部工程、分项工程的具体部位施工情况进行记录。

(1) 项目监理日志的主要内容

1) 当日主要施工情况。材料、构配件、设备、人员变化的情况;施工的相关部位、工序的质量、进度情况,材料使用情况,抽检、复检情况;施工程序执行情况,人员、设备安排情况;进度执行情况,索赔(工期、费用)情况,安全文明施工情况;天气、温度的情况,天气、温度对某些工序质量的影响和采取措施与否。

2) 当日监理主要工作。在质量、安全、环保、进度、费用和合同事项管理的工作情况。

3) 当日监理工程师发现的问题及处理情况,监理人员对承包人提出问题的答复等。

《公路工程施工监理规范》(JTG G10—2016) 附录 B.4 规定的"监理日志"表式见表6-3:

表 6-3 ＿＿＿＿＿＿＿＿＿＿工程项目
监理日志

编号＿＿＿＿＿＿

监理机构			
记录人		日期	年 月 日
审核人		天气情况	
主要施工情况			
监理主要工作			
问题及处理情况			

(2) 专业监理工程师监理日记的主要内容。专业监理工程师的个人工作日记，一般应记录每天工程施工的详情和工地上发生的所有重要事项，特别是影响工程进度和可能导致承包人提出延期与索赔的事件，包括已经做出的重大决定、向承包人发出的书面或口头指令、合同纠纷及可能解决的办法、与监理工程师的口头协议、对下属人员的指示、向承包人签发的任何补充图纸和审批承包人的任何设计图纸等。

(3) 监理员监理日记的主要内容。内容视具体情况和具体工作而不同，基本内容如下。

1) 所有分项工程开始、完成及检验结果，以及承包人每日投入的人力、材料和机械的详细情况，记录工程施工质量和完成的数量。

2) 工程延误及其原因，以及所有给承包人的口头和书面的指令。

3) 工地上发生各类事故的详细情况。

4) 为修正进度计划查阅的档案记录，包括档案记录的号码、指令的变更、批准和许可，发出最后同意的计量细目的数量及日期等。

5) 机械的运送或转移，计划中关键的机械、设备和材料的到达及使用情况。

6) 现场主要人员的缺席情况，每日开始工作和结束的时间。

7) 必要的照片、电话记录、气候及其他工程有关的资料。

【例3】 监理资料内容。

监理资料是指在对工程项目实施监理过程中形成的一系列文件和资料。根据其内容和作用的不同，监理资料可分为哪几大类？

分析：

监理资料根据其内容和作用的不同，可分为以下12大类。

1. 监理管理文件

监理管理文件包括监理方案、监理计划、监理细则、监理人员岗位职责、监理单位贯彻质量标准的有关作业文件。

2. 质量监理文件

质量监理文件应包括质量监理要求和往来文件，测量、材料等审查、试验资料，抽检记录，隐蔽工程验收和工程质量检验评定资料，质量问题处理资料等。

3. 安全监理文件

安全监理文件包括安全管理的规章制度、监理要求和往来文件，检查记录，事故、隐患及问题处理资料等。

4. 环保监理文件

环保监理文件应包括环保管理的规章制度、监理要求和往来文件，检查记录，事故、隐患及问题处理资料等。

5. 费用与进度监理文件

费用与进度监理文件包括各类工程支付文件、工程变更有关费用审核文件、工程竣工决算审核意见书等。

6. 合同事项管理文件

合同事项管理文件应包括工程分包、履约检查文件，停工令及复工令，工程变更、延期、索赔、违约和争端处理文件，价格调整文件等。

第六章 公路工程监理资料

7. 监理日志

监理日志是每日填写、反映项目监理机构履行监理职责的重要工程记录资料。应按照施工监理规范附录 B 规定的统一格式和内容要求进行填写，由总监或其授权人负责审核。

8. 巡视记录

巡视记录是监理工程师对施工现场进行的定期或不定期的巡回检查，对检查及处理情况所做的记录资料。巡视记录经驻地监理工程师或总监审核后方可作为正式的记录资料。

9. 旁站记录

旁站记录是监理人员对旁站项目的施工过程进行现场监督活动所记录的检查及处理情况资料。应按照施工监理规范附录 B 规定的统一格式和内容要求进行填写。旁站记录可按施工合同段整理组卷。

10. 监理月报

监理月报应包括的主要内容：当月工程实施情况；当月监理工作情况；当月工程质量、安全、环保、费用、进度监理和合同事项管理等情况统计；发现施工存在的主要问题及处理情况；下月监理工作重点。

11. 监理工作报告等

它是指监理单位在工程结束后，向业主和上级主管部门提交的监理工作总结报告。

12. 影像资料

它是指监理过程中对关键工艺、工序、检查、数据等拍摄的照片、视频等影像资料。

【例 4】 监理资料的整理及归档。

在工程实施过程中，文件与资料管理是监理工作重要的工作内容，工程质量、安全、环保、费用、进度监理、合同的管理以及工程各方的往来函件及重要工程活动全部要通过监理文件与资料系统、完整地反映。而在项目最终完成时，提供完整、符合要求的监理资料进行归档，无疑是监理工作的完美收官。

问题：
1. 监理资料管理要求。
2. 监理资料归档要求。
3. 监理资料的分类。

分析：

1. 监理资料管理要求：

（1）监理机构应建立健全监理资料管理制度，宜采用信息化手段进行资料管理。

（2）监理资料应齐全、真实、准确、完整。

（3）监理工程师应建立材料、试验、测量、计量支付、工程变更、安全、环保等台账。

（4）除人员签字部分和现场抽检记录外，监理资料可打印。现场原始记录应留存备查。

2. 监理资料的归档要求

（1）监理资料应随监理过程及时归集，系统化排列，按规定组卷、编列案卷目录。

（2）监理档案应妥善存放和保管，按时移交建设单位。

（3）监理单位对未列入监理资料归档的其他监理文件也应分类整理，与工程直接相关的在竣工验收前提交建设单位。

(4) 监理文件归档与保存应符合国家及省、部主管部门的有关规定。

按照《建设工程文件归档整理规范》的规定，归档文件分为长期保存和短期保存。

因各地建设主管部门、档案管理部门及交通主管部门对归档文件内容要求不尽相同，因此文件与资料归档与保存仍应按当地主管部门的有关规定办理。

监理文件资料的归档保存中应严格按照保存原件为主、复印件为辅和按照一定顺序归档的原则。如在监理实践中出现作废和遗失等情况，应明确地记录作废和遗失原因、处理的过程。如采用计算机对监理信息进行辅助管理的，当相关的文件和记录经相关责任人员签字确定、正式生效并已存入项目部相关资料夹中时，计算机管理人员应将储存在计算机中的相关文件和记录改变其文件属性为"只读"，并将保存的目录记录在书面文件上以便于进行查阅。

3. 监理资料的分类。在【知识学习】中已经明确，监理资料分为监理文件、其他监理文件和影像资料3大类，再具体细分为12个小类。

案例分析

【案例1】监理月报、工地会议纪要。

在某一级公路的施工过程中，负责该工程监理任务的某项目监理机构，要求现场监理工作要做到以下几点。

1. 监理工程师每月向建设单位和上级监理机构提交监理工作报告。

2. 编制监理月报时，内容包括：工程概况，工程进度、质量、安全、环保、工程计量与工程款支付、合同事项管理等情况统计，存在的问题及处理情况。

3. 合同执行过程中产生的违约、争端的处理情况，以及承包人人员变动情况统计等内容属于监理月报中"监理工作情况"的内容。

4. 要定期召开工地例会，施工单位要根据会议记录及时整理工地例会纪要。例会上意见不一致的重大问题，不可将各方的观点甚至对立的意见记入会议纪要中，可在会后进行讨论。

5. 监理工程师可以向施工单位发布口头指令，但事后必须对发出的口头指令用书面指令予以确认。

问题：

1. 对背景资料中的5点监理工作进行分析，有无不妥之处，请指出并加以分析。

2. 简述工地会议纪要的内容和签认流程。

答案：

1. 所列5点监理工作均有不妥之处。具体分析如下。

（1）错误。监理工程师每月应向建设单位和上级监理机构提交工程监理月报，监理工作报告是在工程结束时，监理工程师应提交的文件。

（2）监理月报包括的内容不全，还应包括当月监理工作情况和下月监理工作重点。

（3）合同执行过程中产生的违约、争端的处理情况，以及承包人人员变动情况等内容属于监理月报中"合同事项管理"的内容。

（4）错误。

1）项目监理机构要定期召开工地例会，会后监理工程师要根据会议记录及时整理工地例会纪要，而不应由施工单位来整理。

2）工地会议记录是会议原始记录，应根据会议记录事项形成会议纪要。会议纪要中包括三方协商一致的意见及各方保留的意见。所以对例会上意见不一致的重大问题，应将各方的主要观点，特别是相互对立的意见记入会议纪要的"其他事项"中。

（5）不妥。口头指令，仅在特殊情况下使用。如果使用口头指令，则发出的口头指令应在3天内用书面指令予以确认。时间上不应笼统地用"事后"。

2. 工地例会是履约各方沟通情况，交流信息、协调处理、研究解决合同履行中存在的各方面问题的主要协调方式。会议纪要由项目监理机构根据会议记录整理，主要内容包括：

（1）会议地点及时间。

（2）会议主持人。

（3）与会人员姓名、单位、职务。

（4）会议主要内容、议决事项及其负责落实单位负责人和时限要求。

（5）其他事项。例会上意见不一致的重大问题，应将各方的主要观点，特别是相互对立的意见记入"其他事项"中。

应根据会议记录事项形成会议纪要。会议纪要的内容应准确如实，简明扼要。纪要中包括三方协商一致的意见及各方保留的意见。经三方确认的正式会议纪要，才可作为监理文件下达，并成为合同管理文件的一部分，签收应有手续。

【案例2】监理文件与资料整理、监理工作报告。

某业主投资建设某一公路工程项目，该工程属城建档案公路部门接受范围的工程。该工程分为两个施工标段，业主委托某监理公司进行施工阶段监理。

问题：

1. 业主在组织工程验收前，应组织监理、施工、设计各方进行工程档案的预验收，业主的这种做法是否正确，为什么？

2. 监理单位在进行本工程的监理文件与资料归档时，将下列监理文件列为短期保存：①监理大纲；②监理细则；③监理计划；④预付款报审与支付。

以上四项监理文件中，哪些不应由监理单位作短期保存？监理单位作短期保存的监理文件应有哪些？

3. 监理单位认为，所有监理文件与资料都将被列入归档文件。监理的这种看法是否正确，为什么？

4. 监理工作报告是监理文件与资料的主要组成之一。下列属于监理工作报告内容的有（   ）。

A. 工程质量管理情况　　　　　　B. 设计变更情况

C. 对施工单位和建设单位的评价　　D. 施工安全与文明施工情况

5. 监理工作报告的归档单位有哪些？保存期限是多久？

答案：

1. 业主的这种做法不正确。根据规定：建设单位在组织工程竣工验收前，应提请城建档案管理部门对工程档案进行预验收。而不能由建设单位组织预验收。

2. 不应由监理单位作短期保存的文件有：监理大纲和预付款报审与支付。监理单位作短期保存的文件有：监理细则、监理计划、专题总结和月报总结。

3. 不正确。列入归档文件的仅是监理资料中的一部分。

4. ABC。

5. 监理工作报告的归档单位有：城建档案管理部门、业主和监理单位。业主和监理单位长期保存，原件送城建档案管理部门保存。

 拓展案例

专题工地会议、会议纪要、监理文件与资料。

在某公路工程施工中，施工单位将桥梁工程进行了分包。分包单位对将要施工的某分部工程，提出疑问，认为原设计图集有问题，并设计图不够详细，无法进行下一步施工。监理单位组织召开了技术方案专题讨论会，会议由总监理工程师主持，建设单位、设计、分包单位参加。会后，由监理部的资料员根据会议记录，负责整理会议纪要。整理完毕，资料员交各方参加会议的负责人审阅签认。会议纪要分发各有关单位，并有签收手续。

问题：

1. 由监理部的资料员根据会议记录，负责整理会议纪要，是否确当？资料员在会议纪要的送审方面有无不妥之处？

2. 专题工地会议的参加对象有哪些？背景资料中参加对象有无不妥之处？

3. 会议上有不同意见时，纪要中应该如何处理？

4. 归档时该会议纪要是否该列入监理文件？保存期是哪一类？

5. 分包单位如何形成工程文件？向谁移交？

答案：

1. 监理部的资料员根据会议记录，负责整理会议纪要，这是资料员的基本职责。会议纪要整理完毕后，必须首先经总监理工程师审阅，再给参加会议的各方负责人审阅签认。资料员少了首先经总监理工程师审阅这一关。

2. 专题会议的参加对象有：业主代表、承包人代表及其他有关人员参加。该案例中缺少总包单位代表，分包人不能代表总包单位。

3. 会议上有不同意见时，特别有意见不一致的重大问题时，应该将各方主要观点，特别是相互对立的意见记入会议纪要"其他事项"中。

4. 该会议纪要属于有关质量问题的纪要，应该列入归档范围，放入监理文件档案中，交给建设单位、城建档案管理部门，属于长期保存的档案。

5. 分包单位应独立完成所分包部分工程的工程文件，把形成的工程档案交给总承包单位，由总承包单位汇总各分包单位的工程档案并检查后，再向建设单位移交。

 案例总结

每月监理工程师应将工程进展情况、存在的问题，编写工程监理月报向业主及上级监理机构报告。监理月报由总监理工程师签认，报送业主和本监理单位。监理单位在工程结束后，须向业主和上级主管部门提交监理工作总结报告。

巡视记录、旁站记录、监理日志是非常重要的三种监理记录，有关监理人员必须进行及时、准确、全面的记录。在监理过程中，专业监理工程师、监理员要记录其个人的工作日记。

根据其内容和作用的不同，监理资料可分为监理文件、其他监理文件和影像资料三大类，再具体细分为监理管理文件、质量监理文件等 12 大类，监理对各种监理资料的保管期限要熟悉。

本节知识有较强的实用性，因此，实例也比较多。课外可浏览一些具体的项目的监理文件与资料的实例。有兴趣的学生，个人可以学习编写一个工地会议的会议纪要、一期监理月报、旁站记录（如混凝土浇筑）和某一专业的监理细则（如钻孔灌注桩施工）。教师也可以带学生去具体的工程项目上参观其资料室，增加整理、编写的实践能力。

本章小结

本章主要讲述监理资料的内容和整理、监理管理文件的构成和作用；监理计划与细则的编制内容和审批程序；以及监理月报、监理工作报告的内容；巡视记录、旁站记录、监理日志等监理记录的填写；监理资料的归档整理要求。

重点掌握监理计划、监理细则、监理月报、会议纪要和监理工作报告的编写内容，以及巡视记录、旁站记录、监理日志等监理记录的填写。

自我测评

一、判断题

1. 在编制监理计划时，一定要在监理方案和监理细则的指导下进行。（　　）
2. 质量监理措施是监理管理文件与资料的组成之一。（　　）
3. 监理月报是监理工程师将本月工程进展情况、存在的问题向业主及上级监理机构报告的形式。（　　）
4. 工程开工/复工审批表、监理会议纪要中的有关质量问题等文件属于长期保存的归档文件。（　　）
5. 一个同样的施工行为，监理日记和施工日记必须记载有相同的结论。（　　）
6. 不列入归档的监理文件与资料也应分类整理，与工程直接相关的文件资料，竣工后移交建设单位保管。（　　）
7. 与工程直接相关的文件资料，竣工后移交建设单位保管，不列入归档的监理文件由监理单位自行处理。（　　）

二、单项选择题

1. 对施工单位工程文件的形成、积累、立卷归档工作进行监督、检查是（　　）的职责。
   A. 建设单位和施工单位　　　　B. 监理单位和施工单位
   C. 建设单位和监理单位　　　　D. 当地档案管理部门
2. （　　）不是监理月报的内容。

A. 工程描述　　　　　　　　　　B. 监理收发函件
C. 工程质量、进度、支付状况　　D. 监理工作执行情况

3. 监理大纲、监理规划和监理实施细则之间互相关联，下列表述中正确的是（　　）。

A. 监理大纲和监理规划都应依据签订的委托监理合同内容编写
B. 监理单位开展监理工作均须编制监理大纲、监理规划和监理实施细则
C. 监理规划和监理实施细则均须经监理单位技术负责人签认
D. 建设工程监理工作文件包括监理大纲、监理规划和监理实施细则

4. 监理单位在接受业主委托并签订监理合同后，针对所要监理的工程项目编制的指导开展监理工作的纲领性文件是（　　）。

A. 监理方案　　B. 监理大纲　　C. 监理计划　　D. 监理细则

5. 监理计划的作用是（　　）。

A. 为监理单位取得监理业务
B. 明确监理人员的岗位职责，指导具体监理业务实施
C. 监理机构如何做和做什么监理工作
D. 为签订《施工监理合同》作准备

6. 监理单位取得监理业务后，应当由监理机构相继编写的监理工作文件是（　　）。

A. 委托监理合同　　B. 监理方案　　C. 监理计划　　D. 监理细则

三、多项选择题

1. 费用监理文件与资料包括（　　）。

A. 施工单位办理保险的有关文件　　B. 各类工程支付文件
C. 工程变更有关费用审核工作
D. 延期和索赔的批准文件
E. 工程竣工决算审核意见书

2. 监理文件应根据规范的要求，由（　　）进行长期或短期保存。

A. 业主　　　　B. 监理工程师　　C. 监理单位
D. 质监站　　　E. 城建档案管理部门

3. 监理月报的内容有（　　）。

A. 工程概述
B. 对本月监理工作进行小结
C. 工程质量、安全、环保、费用、进度监理和合同事项管理等情况统计
D. 费用分析
E. 下月施工工作重点

4. 质量监理文件与资料包括（　　）。

A. 质量监理措施　　B. 试验检测资料　　C. 监理抽检资料
D. 监理细则　　　　E. 交工验收工程质量评定资料

5. 在《公路工程施工监理规范》（JTG G10—2006）中，规定工程结束时，监理工程师应提交的监理工作报告的内容一般为（　　）等。

A. 工程基本情况
B. 关于工程质量、安全、环保、费用、进度监理及合同管理执行情况

C. 对业主和承包人的评价
D. 工程质量评估及费用分析
E. 存在的问题与处理意见

四、思考题

1. 监理计划编制的依据和要求是什么？
2. 监理计划一般包括哪些内容？
3. 监理方案、监理计划、监理细则的作用是什么？
4. 什么是监理文件与资料？它包括哪些内容？
5. 监理员监理日记的主要内容有哪些？
6. 监理工程档案分为哪12类？

启示园地

神医扁鹊与质量管理

扁鹊三兄弟从医，有一天，魏文侯问名医扁鹊说："你们家兄弟三人，都精于医术，到底谁的医术最好呢？"扁鹊答道："长兄最好，中兄次之，我最差。"魏文侯问："那么为什么你最出名呢？"扁鹊回答道："我长兄治病，是治病于病情发作之前。由于一般人不知道他事先能铲除病因，所以他的名气无法传出去，只有我们家的人才知道。我中兄治病，是治病于病情初起之时。一般人以为他只能治轻微的小病，所以他的名气只及于本乡里。而我扁鹊治病，是治病于病情严重之时。一般人都看到我在经脉上穿针管来放血，在皮肤上敷药，所以都以为我的医术高明，名气因此响遍天下。"魏文侯说："你说得好极了。"

小故事折射大道理：事后控制不如事中控制，事中控制不如事前控制。所谓善战者无赫赫之功，最好的质量管理就是在事前就做好了预防，将事故扼杀在摇篮里。

质量管理如同医生看病，治标不能忘固本。许多企业悬挂有"质量是企业的生命"的标语，而现实中还是到处存在"头疼医头、脚疼医脚"的质量管理误区。造成这种"重结果轻过程"现象的原因是：结果控制者因为改正了管理错误，得到了员工和领导的认可；而默默无闻的过程控制者不容易引起员工和领导的重视，最终导致管理者对表面文章乐此不疲，而对预防式的事前控制和事中控制敬而远之。

单纯的事后控制存在严重的危害性：第一，因为缺乏过程控制，生产的下游环节无法及时向上游环节反馈整改意见，造成大量的资源浪费；第二，因为上游环节缺乏详细的标准，造成公司各部门之间互相推诿，影响公司的凝聚力，大大降低了生产效率；第三，员工的质量意识、警惕性下降，造成质量事故频发；第四，严重的质量事故会影响公司的信誉，甚至失去订单或者带来巨额索赔，给公司造成严重的经济损失。

第七章

公路工程施工监理单位的选择

 学习目标

了解：公路工程施工监理与招标单位应具备的条件；施工监理招标方式，进行邀请招标的项目应符合的条件；监理招标文件应包括的主要内容；投标单位的条件；施工监理服务费的收费方式；开标与评标程序；监理合同的签订。

熟悉：施工监理招标的程序；资格预审的方式和方法；监理投标竞争的原则；投标书作为废标处理的情况；监理评标的三种主要方法；评标委员会成员的组成要求。

掌握：监理投标文件的组成和投标注意事项；监理技术文件的编制内容和报价文件的构成。

学生应会发布施工监理招标公告、资格预审公告，会编制招标文件和标底，能组织开标、评标、定标，发布中标通知，拟定合同条款，签订合同；会评价招标程序。通过学习培养严谨的学习态度，严格按操作规程办事，培养守法、诚实守信等素质。

 内容概要

本章主要讲述施工监理招标的方式及特点；监理招标文件应包括的主要内容；施工监理服务费的计费方式；施工监理招标应具备的条件。要求熟悉施工监理招标程序、资格预审的方式和方法，投标书作为废标的处理及监理评标的主要方法；监理投标文件的组成和投标注意事项；监理技术文件的编制内容和报价文件的构成。

公路工程施工
监理单位的选择

 先导案例

某平原区一级公路新建项目，总长 30km，建设单位拟采用公开招标的方式选择施工监理单位。

1. 建设单位参照其他行业的招标文件范本自行编制了招标文件，招标文件中规定，参加该项目投标的监理单位必须是本市企业，外地监理单位不能参加投标。

2. 在投标过程中，一家监理单位将技术文件和商务文件分别封装，在封口处加盖本单位公章和项目负责人签字后，在投标截止时间前 1 小时将投标文件送给招标人。

3. 评标委员会由本市交通局负责组建。评标委员会由 5 人组成，其中市交通局办公室主任 1 人，建设单位代表 1 人，市政府提供的专家库中抽取的技术、经济专家 3 人。

第七章 公路工程施工监理单位的选择

4. 在中标通知书发出后第 45 天，建设单位与中标的监理单位签订了施工监理合同。之后双方又另行签订了一份监理费用比监理中标价降低 10% 的协议。

问题：
1. 就上述资料，指出招标文件的编制及规定有何不妥之处，并请说明理由。
2. 监理公司在投标中的行为有无错误之处？简要说明。
3. 评标委员会的组成有何不妥之处，请说明理由。
4. 指出建设单位在监理招标和监理合同签订过程中的不妥之处，并请说明理由。

分析：

1. 工程项目施工监理招标必须符合一定的条件，项目要符合条件，招标人也要符合一定的条件。招标行为也要符合有关规定。这部分内容将在以下 7.1 节中进行讲解。

2. 争取到工程监理任务是监理单位得以生存和发展的前提，监理投标文件是监理任务竞争中的重要文件。因此，监理单位对投标事项必须高度重视，对投标有关事项必须充分理解和执行，对投标文件的编制必须慎之又慎，绝对不可出现废标等情况。这部分内容将在以下 7.2 节中进行讲解。

3. 对监理单位的投标文件进行评审，并推荐中标候选人，是评标委员会的职责。开标的组织、评标委员会的组成、评标过程等内容将在以下 7.3 节中进行讲解。

4. 第 7.4 节讲解监理中标人确定后，必须在中标通知书发出一个月之内签订监理合同。签订监理合同必须符合有关规定。

7.1 施工监理招标

 知识学习

公路工程施工监理招标是指招标单位（即业主）将拟委托服务工作的内容、范围、要求等有关条件作为标底，公开或非公开地邀请投标人报出完成服务的技术方案和财务方案，从而择优选定监理单位的过程。

公路工程施工监理招标分为公开招标和邀请招标。

我国《招标投标法》中规定的招标工作包括招标、投标、开标、评标和中标几大步骤。建设工程招标是由一系列前后衔接、层次明确的工作步骤构成的。建设工程招标应具备一定的条件，整个招投标包括招标准备阶段、招标投标阶段、决标成交阶段。

招标人可以将整个公路工程项目的施工监理作为一个标一次招标，也可以按不同专业、不同阶段分标段进行招标。招标单位分标段招标时，标段的划分应充分考虑有利于对招标项目实施有效管理和监理企业的合理投入等因素，但不得将招标工程化整为零或以其他任何方式规避招标。

【例1】选择监理单位的方式。

业主选择监理单位的主要方式有（   ）。大量采用新材料、新结构、技术非常复杂的某特大桥工程，宜采用（   ）方式选择监理单位。

A. 公开招标　　　B. 邀请招标　　　C. 议标　　　D. 直接委托

225

分析：

监理单位的选择方式可分为两种基本类型：一种是建设单位通过竞争方式择优委托，即通过招标来实现；另一种是由建设单位直接委托。竞争选择方式广泛使用于列入国家或地方基本建设计划的新建和改建公路工程项目；而直接委托方式则主要使用于一些不适合竞争的工程项目。因此，施工监理的招标投标是选择监理单位的主要方式。

《必须招标的工程项目规定》（2018 年 6 月施行）规定：勘测、设计、监理等服务的采购，单项合同估算价在 100 万元人民币以上的工程项目，必须进行招标。

涉及国家安全、国家秘密、抢险救灾或利用扶贫资金实行以工代赈等不适宜招标的公路工程施工项目，按项目管理权限经省级交通主管部门审核报有关部门批准后，可以不进行招标。

公路工程施工监理招标分为公开招标和邀请招标。

1. 公开招标。招标单位通过报刊、广播、电视等新闻媒介发布招标公告，邀请不特定的监理单位参加工程项目施工监理的投标竞争，凡符合规定条件的监理单位都可以自愿参加投标，这种招标方式称为公开招标。采用公开招标的，招标人应当依法在国家指定媒介上公开发布招标公告，并可以在交通主管部门提供的媒介上同步发布。

公开招标的优点是使招标单位有较大的选择范围，可在众多的投标单位中择优选择。其缺点是招标工作量大、时间长、费用大，投标单位难免出现鱼目混珠现象。

2. 邀请招标。由招标单位向预先选择的数目有限的监理单位发出投标邀请书，邀请他们参加该项目施工监理的投标竞争，这种招标方式称为邀请招标。

符合下列条件之一的项目，经有审批权的部门批准后，可以进行邀请招标。

（1）技术复杂或者有特殊要求的。
（2）符合条件的潜在投标人数量有限的。
（3）受自然地域环境限制的。
（4）公开招标的费用与工程监理费用相比，所占比例过大的。
（5）法律、法规规定不宜公开招标的。

公路工程施工监理招标采用邀请招标方式的，招标人应当向三个以上具备承担招标项目的施工监理能力、资信良好的特定的监理单位发出投标邀请书，邀请他们参加该项目施工监理的投标竞争。应邀投标单位数量，一般为 3~6 家。

邀请招标的优点是被邀请参加投标竞争者为数有限，不仅可以有效减少招标工作量，缩短招标时间，节约费用，而且每个投标者的中标机会相对提高，对招标投标双方都有利。其缺点是限制了竞争范围，可能会失去技术上和报价上有竞争力的投标人。

招标人可以根据招标项目本身的要求，在招标公告或者投标邀请书中，要求潜在投标人提供有关资质证明文件和业绩情况，并对潜在投标人进行资格审查；国家有关部门对投标人的资格条件另有规定的，依照其规定。

招标人不得以不合理的条件限制或者排斥潜在投标人，不得对潜在投标人实行歧视待遇。

因此，答案选 AB，B。

> 【例 2】监理招标的标的。
> 公路工程施工监理招标的宗旨是对监理单位（   ）的选择。
> A. 报价　　　　　B. 能力　　　　　C. 资历信誉　　　　　D. 规模和经济实力

第七章 公路工程施工监理单位的选择

分析：

公路工程监理投标，应在投标人自愿的前提下，坚持公开、公平、公正、诚实信用的原则，以管理水平、技术水平、社会信誉为首要条件展开竞争。施工监理招标的标的是"监理服务"，与其他各类招标的最大区别就是监理单位不承担工程生产任务，只是受招标人委托对工程施工过程提供监督、管理、协调、咨询等服务。这种"监理服务"是监理单位的高智能投入，服务工作完成的优劣不仅依赖于执行监理业务是否遵循了规范化的管理程序和方法，更多地取决于参与监理的工作人员的业务能力、经验、判断能力、创新想象力以及风险意识。因此，招标选择监理单位时，鼓励的是能力竞争，而不是价格竞争。鉴于"监理服务"这种标的特殊性，招标人选择中标人的基本原则就是基于能力的选择。

答案： B

【例3】招标单位条件、招标文件的内容、招标程序。

2005年，江苏某地方新建一条10km的二级公路，经国家有关部门批准后，设计文件应当履行的审批手续都已批准，项目资金采取自筹并已全部到位。交通局工程科作为招标人在施工招标前先进行了监理的公开招标。3月15日至22日发售招标文件，提交投标文件截止时间为4月12日15：00时。共10家监理单位按招标要求参加了投标，开标后进行了资格后审，由于有两家外地单位从没在该市做过监理业务，因此资格审查没通过。最后，通过评委评定，在剩余8家投标人中，评出了中标人、第一中标候选人。

问题：

1. 公路工程施工监理招标应具备的条件有哪些？
2. 本项目的招标人条件是否完备？为什么？
3. 招标文件包括哪些内容？
4. 背景资料中的监理招标程序是不是一个完整的招标程序？为什么？

分析：

1. 根据《公路工程建设项目招标投标管理办法》的规定，公路工程建设项目履行项目审批或者核准手续后，方可开展勘察设计招标；初步设计文件批准后，方可开展施工监理、设计施工总承包招标；施工图设计文件批准后，方可开展施工招标。所以，公路工程项目施工监理招标，应当是在初步设计文件批准后，但隐含的条件应该还有：

（1）建设资金已经落实。

（2）建设项目已获批准。

（3）项目法人或者承担项目管理的机构已经依法成立。

公路工程项目的实施既要选择监理单位，又要选择承包人，一般是先选择监理单位，后选择承包人，甚至可以让监理单位直接参与施工招标工作。这样可以使得监理提前熟悉施工招标文件和施工合同文件，有利于提高监理服务质量；监理参与施工招标工作，有利于选择合适的施工承包单位及有益于监理与承包人之间的工作协作。

2. 招标单位应具备的条件：

（1）应为项目法人或者其他组织。

（2）具有与招标项目相适应的工程管理、造价管理、财务管理能力。

（3）具有组织编制施工监理招标文件和标底的能力。

（4）具有对投标者进行资格审查和组织评标的能力。

具备以上条件的，招标单位可以自行办理监理招标事宜。招标单位若不具备以上条件的，应当委托具有相应资格的招标代理机构办理施工监理招标事宜。

显然，工程科只是交通局下的一个科室，既不具备项目法人资格也不属承担项目管理的机构。

3. 按照《公路工程标准施工监理招标文件》的规定，施工监理招标文件应当包括以下主要内容：

（1）招标公告（或投标邀请书）。

（2）投标人须知（包括工程概况和必要的工程设计图纸，提交投标文件的起止时间、地点和方式，开标的时间和地点等）。

（3）评标办法。

（4）合同条款及格式。

（5）委托人要求。

（6）图纸和资料。

（7）投标文件格式。包括商务文件格式、技术文件格式、报价文件格式等。

（8）投标人须知前附表规定的其他资料。

（9）对招标文件所做的澄清、修改。

招标人应当根据施工监理招标项目的特点和需要编制招标文件，招标文件应当符合交通运输部部颁标准《公路工程施工监理规范》（JTG G10—2016）中要求强制性执行的规定。二级及二级以上公路、独立大桥及特大桥、独立长隧道及特长隧道的新建、改建以及养护大修工程项目，其主体工程的施工监理招标文件，应当使用交通运输部已经颁布的《公路工程标准施工监理招标文件》及《公路工程标准施工监理资格预审文件》，附属设施工程及其他等级的公路工程项目的施工监理招标文件，可以参照进行编制，并可适当简化。

招标人不得在招标文件中制订限制性条件阻碍或排斥投标人，不得规定以获得本地区奖项等要求作为评标加分条件或中标条件。

招标文件应当明确规定评标时除价格以外的所有评标因素，以及如何将这些因素量化或者据以进行评估。因此，招标文件中应有一个独立的、完整的、具体的、量化的评标办法作为"投标须知"的附件。

招标单位如需对已出售或发放的招标文件进行补充说明、勘误、澄清，或经上级交通主管部门批准后进行局部修正的，应编制招标补遗书，该补遗书最迟应在投标截止日期15日前以书面形式通知所有投标人。补遗书是招标文件的组成部分，与招标文件具有同等的法律效力。

招标人应当合理确定投标人编制投标文件的时间。投标人编制投标文件的时间，自发售招标文件之日起至提交投标文件截止之日止不得少于20日。

4. 公路工程施工监理招标工作由项目法人主持，按下列程序进行。

（1）招标人确定招标方式。采用邀请招标的，应当履行审批手续。

（2）招标人编制招标文件，并按照项目管理权限报县级以上地方交通主管部门备案；采用资格预审方式的，同时编制投标资格预审文件，预审文件中应当载明提交资格预审申请

第七章 公路工程施工监理单位的选择

文件的时间和地点。

（3）发布招标公告。采用资格预审方式的，同时发售投标资格预审文件；采用邀请招标的，招标人直接发出投标邀请书，发售招标文件。

（4）采用资格预审方式的，对潜在投标人进行资格审查，并将资格预审结果通知所有参加资格预审的潜在投标人，向通过资格预审的潜在投标人发出投标邀请书和发售招标文件。

（5）必要时组织投标人考察招标项目工程现场，召开标前会议。

（6）接受投标人的投标文件。

（7）公开开标。

（8）采用资格后审方式的，招标人对投标人进行资格审查。

（9）组建评标委员会评标，推荐中标候选人。

（10）确定中标人，将评标报告和评标结果按照项目管理权限报县级以上地方交通主管部门备案并公示。

（11）招标人发出中标通知书。

（12）招标人与中标人签订公路工程施工监理合同。

二级以下公路，独立中、小桥及独立中、短隧道的新建、改建以及养护大修工程项目，可根据具体条件和实际需要对上述程序适当简化，但应当符合《招标投标法》的规定。

答案：

1. 根据《公路工程建设项目招标投标管理办法》的规定，进行施工监理招标的公路工程项目，应当是在初步设计文件已经完成审批手续之后进行。隐含的前提条件还有：建设资金已经落实；项目法人或者承担项目管理的机构已经依法成立。

2. 本项目招标条件不完备，工程科只是交通局下的一个科室，既不具备项目法人资格也不属承担项目管理的机构，本例中，交通局应作为招标人才合适。

3. 招标文件包括内容见上面分析，此处略。

4. 背景资料中的监理招标程序不是一个完整的招标程序。完整的招标程序为：确定招标方式→编制招标文件→发布招标公告→资格预审→必要时召开标前会议→投标→开标→评标→确定中标人→发出中标通知书→签订监理合同。

【例4】 资格审查。

公路工程施工监理招标实行资格审查制度。对拟投标的监理单位进行资格审查是招标程序中的重要环节，是招标工作公正、高效进行的重要保证。

问题：

1. 资格审查方式分为哪两种？试对这两种审查方式的内容进行阐述。
2. 资格审查的方法有哪些？
3. 采用资格预审方式的，对资格预审文件的发售和提交时间有何要求？

分析：

1. 资格审查方式

资格审查方式分为资格预审和资格后审。

（1）资格预审，是招标人在发布招标公告后，发出投标邀请书前对潜在投标人的资质、信誉和能力进行的审查。招标人只向通过资格预审的潜在投标人发出投标邀请书和发售招标文件。

资格预审工作由招标单位主持，由有关专家组成的资格预审评审委员会具体进行。

资格预审工作必须遵循公平、公正、客观、诚信、准确的原则。

资格预审的内容：拟投标单位及其联合体成员的合法性，即其独立法人地位和专业监理资质；拟投标单位在公路监理工作中的业绩、信誉，单位的技术能力、设备及仪器，财务状况，现正承担监理的工程情况；监理单位拟投入本工程的主要监理人员、主要仪器和设备等。就以上内容，资格评审委员会对拟投标单位承担该项目的监理能力进行审查，做出评估。

资格预审的结果为合格或不合格。合格者有资格参加投标，不合格者则无权参加投标。

（2）资格后审，是指把资格评审的程序放在开标后进行，即招标人在收到投标人的投标文件后，对投标人的资质、信誉和能力进行的审查。

2. 资格审查方法

资格审查方法分为合格制审查法和有限数量制审查法。

（1）合格制审查法，是指招标人只对投标人或者潜在投标人的资格条件是否满足资格预审条件进行审查，并得出"通过"或者"不通过"的审查结论，不对投标人或者潜在投标人的资格条件进行具体量化评分的资格审查方法。

（2）有限数量制审查法，是指在通过初步审查和详细审查的申请人中，招标人对申请人的施工监理能力、管理能力、履约情况和施工监理经验等进行量化评分，按综合得分由高到低的顺序排序，进行筛选的资格审查方法。

3. 采用资格预审方式的，招标人应当合理确定资格预审文件的发售时间和投标人编制资格预审申请文件的时间。《公路工程标准施工监理招标资格预审文件》中规定，资格预审文件发售时间不得少于5日。依法必须进行招标的公路工程，自资格预审文件停止发售之日起至申请人递交资格预审申请文件截止之日止，不得少于5日。

案例分析

【案例1】招投标的原则、招标程序的有关规定。

某新建二级公路工程项目，业主依法对施工监理进行了公开招标，并委托××工程造价事务所代为招标。在该工程招标过程中，相继发生了下述事件。

事件1：招标公告发布后，有10家监理单位参加了资格预审报名。招标代理经过对这10家单位进行资格审查，确定A、B、C、D、E、F 6家单位为投标人。但业主认为B咨询公司从未在本地承接过工程项目，对本地软基情况不了解，指示不得向B公司发售招标文件。

事件2：在现场踏勘中，C公司的技术人员对现场进行了补充勘察，并当场向招标代理指出招标文件中地质资料有误。招标人员口头答复："如果招标文件中的地质资料确属错误，可按照贵公司勘察数据编制投标文件。"

事件3：投标人D在编制投标书时，认为招标文件要求的合同工期过于苛刻，如按此报价，导致报价过高，于是按照其认为较为合理的工期进行了编标报价，并于投标截止时

第七章 公路工程施工监理单位的选择

间前 30 分钟将投标书报送招标人。在投标截止时间前 5 分钟，D 公司又提交一份报价文件，要求撤回已交的报价文件。但招标人员以"标书已收，不能撤换"为由拒绝撤换。

事件 4：开标时，由于有关领导未能准时到会。招标人临时决定将开标会议推迟至提交投标书截止时间后 1 小时举行。

问题：
1. 在事件 1 中，业主的做法是否妥当？为什么？
2. 在事件 2 中，有关人员的做法是否妥当？为什么？
3. 在事件 3 中，是否存在不妥之处？请一一指出，并说明理由。
4. 在事件 4 中，招标人的做法是否妥当？为什么？

分析：
1. 公路工程施工监理招投标，应在投标者自愿的前提下，坚持公开、公平、公正、诚信的原则。
2. 招标补充文件应当采用书面形式。
3. 投标文件必须实质性响应招标文件的要求。
4. 开标时间应严格按照招标文件规定的时间执行，即投标截止时间的同一时间执行。

答案：
事件 1：业主做法不妥。业主不得以任何理由排斥外地区、外部门的投标人的竞争，否则违反公平、公正原则。

事件 2：C 公司人员口头提问不妥，投标人对招标文件有异议，应当以书面形式提出；招标人员当场答复也不妥，招标人应当将各个投标人的书面质疑汇总，统一回答，并形成书面答疑文件，寄送给所有得到招标文件的投标人。

事件 3：投标人 D 不按招标文件要求的合同工期报价的做法不妥，投标人应对招标文件做出实质性响应；招标人拒绝投标人的文件撤换要求不妥，投标人在提交投标文件截止时间前可以修改其投标文件。

事件 4：招标人临时推迟开标时间不妥；应当按照招标文件规定的时间准时召开开标会议。

【案例 2】施工监理招标资格审查。

某地政府投资建设一条地方二级公路，工程采用公开招标方式进行施工监理招标。资格审查文件和招标文件同时发售，资格审查采取资格预审。在规定时间内，招标人共收到了 12 份资格预审申请文件，另有 2 份资格申请文件系在资格预审申请截止时间后 5 分钟收到。招标人按照以下程序组织了资格审查。

1. 组建资格审查委员会，由审查委员会对资格预审申请文件进行评审和比较。审查委员会由 5 人组成，其中招标人代表 1 人，招标代理机构代表 1 人，政府相关部门组建的专家库中抽取技术、经济专家 3 人。

2. 对资格预审申请文件外封装进行检查，发现 2 份申请文件的封装、1 份申请文件封套盖章不符合资格预审文件的要求，这 3 份资格预审申请文件为无效申请文件。审查委员会认为只要在资格审查会议开始前送达的申请文件均为有效。这样，2份在资格预审申请截止时间后送达的申请文件，由于其外封装和标识符合资格预审文件要求，为有效资格预审申请文件。

3. 对资格预审申请文件进行初步审查。发现有1家申请人使用的施工资质为其子公司资质，还有1家联合体申请人，其中1个成员又单独提交了1份资格预审申请文件。审查委员会认为这3家申请人不符合相关规定，不能通过初步审查。

4. 对通过初步审查的资格预审申请文件进行详细审查。审查委员会依照资格预审文件中确定的初步审查事项，发现有一家申请人的营业执照副本（复印件）已经超出了有效期，于是要求这家申请人提交营业执照的原件进行核查。在规定的时间内，该申请人将其重新申办的营业执照原件交给了审查委员会核查，确认合格。

5. 审查委员会经过上述审查程序，确认了通过以上第（2）（3）两步的10份资格预审申请文件，并向招标人提交了资格预审书面审查报告，确定了通过资格审查的申请人名单。

问题：

1. 招标人组织的上述资格审查程序是否正确？为什么？如果不正确，给出一个正确的资格审查程序。

2. 审查过程中，审查委员会的做法是否正确？为什么？

3. 如果资格预审文件中规定确定7名资格审查合格的申请人参加投标，招标人是否可以在上述通过资格预审的10人中直接确定，或者采用抽签方式确定7人参加投标？为什么？正确的做法应该怎样做？

答案：

1. 本案中，招标人组织资格审查的程序不正确。

依据《公路工程建设项目招标投标管理办法》，同时参照《公路工程标准施工监理招标资格预审文件》（2018版），审查委员会的职责是依据资格预审文件中的审查标准和方法，对招标人受理的资格预审申请文件进行审查。本例中，资格审查委员会对资格预审申请文件密封和标识进行检查，并据此判定申请文件是否有效的做法属于审查委员会越权。

正确的资格审查程序为：①招标人组建资格审查委员会；②对资格预审申请文件进行初步审查；③对资格预审申请文件进行详细审查；④确定通过资格预审的申请人名单；⑤完成书面资格审查报告。

2. 审查过程中，审查委员会第1、2和4步的做法不正确。

第1步资格审查委员会的构成比例不符合招标人代表不能超过1/3，政府相关部门组建的专家库专家不能少于2/3的规定，因为招标代理机构的代表参加评审，视同招标人代表。

第2步中对2份在资格预审申请截止时间后送达的申请文件评审为有效申请文件的结论不正确，不符合市场交易中的诚信原则，也不符合《公路工程标准施工监理招标资格预审文件》（2018版）"申请人须知"4.2.4条的要求。

第4步中查对原件的目的仅在于审查委员会进一步判定原申请文件中营业执照副本（复印件）的有效与否，而不是判断营业执照副本原件是否有效。提交的营业执照副本复印件无效，应判为资格审查不合格。

3. 招标人不可以在上述通过资格预审的 10 人中直接确定，或者采用抽签方式确定 7 人参加投标，因为这些做法不符合评审活动中的择优原则，限制了申请人之间平等竞争，违反了公平竞争的招标原则。

【案例 1】 某公路工程项目，经有关部门批准后，由业主组织对施工监理单位进行公开招标。该工程项目为政府的公共工程，已经列入地方的年度固定资产投资计划，概算已经主管部门批准，但征地工作尚未完成，施工图及有关技术资料齐全。业主在评标之前组建了评标委员会，并确定招标投标程序如下：①发投标邀请函；②发售招标文件；③进行资格后审；④勘察现场和召开投标预备会；⑤投标；⑥开标、评标和定标。

问题：

1. 招标准备工作应包括哪些内容？
2. 招标投标程序的内容是否正确？错误之处请改正，并排出正确顺序。

分析：

本案例考核监理招标程序的有关问题，主要涉及公路工程施工监理的招标方法、招标需具备的条件、招标程序、投标单位资格预审、投标文件的递交、评标委员会的组成等问题。要求根据《招标投标法》和其他有关法律法规的规定，正确分析本工程招标投标过程中存在的问题。因此，在答题时，要根据本案例背景给定的条件回答，不仅要指出错误之处，而且要说明原因。为使条理清晰，应按答题要求"逐一说明"，而不要笼统作答。

答案：

1. 招标准备工作的内容包括：

（1）成立招标领导小组和招标工作组。

（2）制订招标工作计划。

（3）确定招标方式、合同形式和合同段。

2. 招标投标程序中的错误之处为：

（1）因为是公开招标，不能用发出投标邀请函的形式，而应采用发布招标公告的形式。

（2）应该是资格预审而不是资格后审。

（3）正确的顺序为：①—③—②—④—⑤—⑥。

【案例 2】 某工程项目，经有关部门批准后，决定由业主自行组织施工公开招标。该工程项目为政府的公共工程，已经列入地方的年度固定资产投资计划，概算已经主管部门批准，但征地工作尚未完成，施工图及有关技术资料齐全。因估计除本市施工企业参加投标外，还可能有外省市施工企业参加投标，因此业主委托咨询公司编制了两个标底，准备分别用于对本市和外省市施工企业投标的评定。业主要求将技术标和商务标分别封装。某承包商在封口处加盖了本单位的公章，并由项目经理签字后，在投标截止日期的前 1 天将投标文件报送业主，当天下午，该承包商又递交了一份补充材料，声明将原报价降低 5%，但是业主的有关人员认为，一个承包商不得递交 2 份投标文件，因而拒收承包商的补充材料。开标前，市公正处人员对投标单位的资质进行了审查，确认所有投标文件均有效后正式开标。业主在评标之前组建了评标委员会，专家成员共8人，其中业主人员2人。

招标工作主要内容如下：①发投标邀请函；②发放招标文件；③进行资格后审；④召开投标答疑会议；⑤组织现场勘察；⑥接收投标文件；⑦开标；⑧确定中标单位；⑨评标；⑩发出中标通知书；⑪签订合同。

问题：
1. 工程项目的标底可以采用什么方法编制？
2. 该项目招标中有哪些不当之处？请逐一列举。
3. 招标工作的内容是否正确？如不正确请改正，并排出正确顺序。

分析：

本案例考核施工招标程序的有关问题，主要涉及标底编制的原则和方法、招标需具备的条件、招标程序、投标单位资格预审、投标文件的递交、评标委员会的组成等问题。要求根据《招标投标法》和其他有关法律法规的规定，正确分析本工程招标投标过程中存在的问题。因此，在答题时，要根据本案例背景给定的条件回答，不仅要指出错误之处，而且要说明原因。为使条理清晰，应按答题要求"逐一说明"，而不要笼统作答。

答案：

1. 标底编制可以采用工料单价法和综合单价法，根据招标工程的具体情况选择合适的编制方法。

2. 招标中的不当之处体现在：

（1）因征地工作尚未完成，因此不能进行施工招标。

（2）一个工程不能编制两个标底，只能编制一个标底。

（3）在招标中，业主违反了招标投标法的规定，以不合理的条件排斥了潜在的投标人。

（4）承包商的投标文件若由项目经理签字，应由法定代表人签发授权委托书。

（5）在投标截止日期之前的任何一天，承包商都可以递交投标文件，也可以对投标文件做出补充与修正，业主不得拒收。

（6）市公证处人员无权对投标单位的资质进行审查。

（7）评标委员会必须是5人以上的单数，该评标委员为8人双数，不符合要求。

3. 招标工作内容中的不正确之处为：

（1）不应发布投标邀请函，因为是公开招标，应发布招标公告。

（2）应进行资格预审，而不能进行资格后审，施工招标的正确排序为：

①—③—②—⑤—④—⑥—⑦—⑨—⑧—⑩—⑪。

案例总结

通过案例，了解公路工程施工招标必备的条件，招标方式和适用范围，资格审查的内容、投标文件递交的规定，招标程序以及开标要求、评标办法和定标程序，发放中标通知书和签订合同的依据；认识作为招标人应做好哪些工作，并学会解决招标过程中的实际问题。

7.2 施工监理投标

知识学习

公路工程施工监理投标人，是依法取得交通主管部门颁发的监理企业资质，响应招标，参加投标竞争的监理企业。

公路工程施工监理投标，是公路工程施工监理单位以商务文件、技术文件和报价文件的形式争取中标的过程。当招标单位发布招标公告后，监理单位根据招标条件和本单位的能力进行可行性研究，决定是否参加投标，如果决定投标，就要购买（或索取）资格预审文件，只有资格预审合格的投标者才有资格参加投标竞争。资格预审合格的投标人应根据招标单位的要求和实际需要购买（或索取）招标文件，进行认真的技术分析和财务分析，按投标须知的要求编写投标文件，并按规定的时间、地点和方式提交投标文件，争取中标。

监理投标文件是监理任务竞争中的重要文件，也是中标后监理工作的重要依据之一。投标文件主要由商务文件、技术文件和报价文件组成，其核心是技术文件和报价文件。招标单位将根据投标文件，特别是技术建议的优劣决定中标取向。招标完成后，投标文件即成为监理合同的组成文件之一，对监理单位和建设单位都具有约束力。

> 【例1】投标文件的组成。
> 公路工程施工监理招标，无论采用《公路工程标准施工监理招标文件》中规定的任何一种评标方法，投标文件都应包含（　　）。
> A. 投标人须知　　B. 报价文件　　C. 技术规范　　D. 商务文件
> E. 监理规范　　　F. 技术文件

分析：

投标人应当按照招标文件的要求编制投标文件，并对招标文件提出的实质性要求和条件做出响应。

施工监理评标常用的方法有：固定标价评分法、技术评分合理标价法和综合评标法。一般投标文件主要包括商务文件、技术文件和报价文件。

采用"技术评分合理标价法"和"综合评标法"的项目，投标文件由商务文件、技术文件和报价文件组成。商务文件和技术文件应当密封于一个信封中，报价文件密封于另一个信封中。

采用"固定标价评分法"的项目，投标文件由商务文件和技术文件组成。商务文件和技术文件应当密封于一个信封中，成为一份投标文件。投标文件及任何说明函件应当经投标人盖章，投标文件内的任何有文字页须经其法定代表人或者其授权的代理人签字。

一般而言，投标文件应采用双信封形式，由以下内容组成：

第一个信封（商务文件及技术文件）包括：①投标函；②授权委托书或法定代表人身份证明；③联合体协议（如果有）；④投标保证金；⑤资格审查资料（适用于未进行资格预审）；⑥技术文件；⑦投标人须知前附表规定的其他资料。

第二个信封（报价文件）包括：①投标函；②监理服务费用清单。
答案：BDF

【例2】技术文件、投标注意事项、监理服务费、联合体投标。

某监理单位决定参加××高速公路的路基工程施工监理的投标，在购买了监理招标文件后，开始组织人员编制投标文件，并在规定的时间内将投标保证金汇到招标人指定的账号上。为确保能中标，监理单位对技术文件和报价文件进行了精心的编制，并将投标价在正常报价基础上进行了下浮。

问题：
1. 监理投标竞争的原则是什么？
2. 监理投标文件的核心内容有哪些？为什么？
3. 编制投标文件及投标过程中要注意哪些事项？
4. 下列（　　）是监理投标文件中的技术文件中应包含的内容。
　A. 监理服务费报价表　　　　　　B. 监理工作范围
　C. 监理方案和措施　　　　　　　D. 监理单位业绩与信誉
　E. 监理工作程序　　　　　　　　F. 监理工作重点分析
5. 监理单位对正常报价进行下浮，这种策略是否正确？监理服务费由哪几部分组成？
6. 如允许联合体投标，请问联合体投标要注意哪些要求？

分析：

1. 公路工程施工监理投标，应在投标者自愿的前提下，坚持公开、公平、公正、诚信的原则，以管理水平、技术水平、社会信誉展开竞争。

争取到工程监理任务是监理单位得以生存和发展的前提，在市场经济的招标体制下取决于投标文件的优劣。与施工投标竞争不同，监理竞争主要不取决于经济方面，而应以技术方面为主，这是由监理工作的性质和地位所决定的。监理投标文件的核心内容主要由技术文件和报价文件两部分组成，投标者必须加强对技术文件的重视，不宜在降低报价中做过多的文章，一份好的监理投标文件应是：先进可行的技术文件加上合理准确的报价文件。

2. 监理投标文件的核心内容主要由技术文件和报价文件两部分组成，一份好的监理投标文件应是：先进可行的技术文件加上合理准确的报价文件。与施工投标竞争不同，监理竞争主要不取决于经济方面，而应以技术方面为主，以管理水平、技术水平、社会信誉展开竞争。这是由监理工作的性质和地位所决定的。

3. 为了确保投标文件的有效性，投标人在进行投标时应注意以下事项：

（1）资格预审合格并购买到招标文件的投标者，应按时参加招标单位主持召开的投标预备会（即标前会）及勘察现场，按照招标文件的要求编制投标文件，在招标文件规定的日期内按要求的份数和密封方式将投标文件送交招标单位。

（2）投标文件应当按照招标文件的要求密封。投标文件及任何说明函件应当经投标人盖章，并经其法定代表人或者其授权代理人签字。

（3）投标文件送交招标单位后，在投标截止日期前，投标者如需修改投标文件内容或调整已报的报价，应以正式函件提出并附说明。上述函件采用与投标文件相同的密封方式投递,与投标文件具有同等的法律效力。任何函件包括投标文件,在投标截止日期后送达,将不被接受。

(4) 招标人要求投标人提交投标担保的,投标人应当按照要求的金额和形式提交。投标保证金一般不得超过五万元人民币,其交付方式及清退办法由招标单位在招标文件中规定。投标保证金有效期应当超出投标有效期三十天。

(5) 投标者不得串通作弊,不得对招标单位行贿,违者丧失投标资格,将无权请求返还投标担保函或投标保证金。

(6) 投标人应当按照招标文件的要求编制投标文件,并对招标文件提出的实质性要求和条件做出响应,投标文件及任何说明函件应盖投标人公章。

4. 监理技术文件又称监理技术方案,是监理单位针对某一个具体工程项目编制的承接特定监理任务的实施方案。它既是工程监理服务指导思想的具体体现,也体现承接监理任务的经验和能力。监理技术文件是指导工程监理全过程的重要文件,还是业主与监理单位间委托合同的组成部分。

(1) 技术文件描述的具体内容:
1) 监理组织机构。
2) 人员组成,尤其是总(驻地)监理工程师、专业监理工程师资历如何。
3) 具体承担哪些监理工作。
4) 具体监理工作的方法措施。
5) 向承包人提出哪些资料要求和向建设单位提供哪些监理报告。

(2) 技术文件陈述的主要内容
1) 工程概述:主要对拟投监理合同段的工程总体概况进行简单描述。
2) 监理工作的指导思想和监理目标。
3) 监理工作范围:对拟投监理合同段的监理工作安排、主要监理人员的岗位职责进行必要的阐述。
4) 现场监理机构设置与人员安排:明确拟投监理合同段的监理组织机构设置,监理人员组成。
5) 自备监理仪器和设备:根据招标文件要求和现场工作需要,对拟投入本项目的监理仪器与设备做简要介绍。
6) 监理工作程序:结合监理工作的阶段划分,对工程质量监理、工程进度监理、工程费用监理、施工安全监理、施工环境保护监理、合同其他事项管理、工作协调等的方法与流程进行详尽阐述。
7) 费用监理的工作任务与方法。
8) 进度监理的工作任务与方法。
9) 质量监理的工作任务与方法。
10) 施工安全与环境保护监理的工作任务与方法。
11) 合同其他事项管理的工作任务与方法。
12) 组织协调的工作任务。
13) 缺陷责任期监理的工作任务与方法。
14) 本工程监理工作的重点与难点分析:根据招标文件及现场考察,对本项目监理工作需要特别给予重视的问题逐一论述并给出解决难点的对策与方法。

15）监理报告（含报表）目录及主要监理报表格式。

16）招标书要求提供的其他资料。

17）其他建议：为更好地完成本项目的监理工作，监理单位可根据以往的经验，对本项目监理工作提出建议。

18）联合体情况（如有）。

5. 一份好的监理投标文件应是：先进可行的技术文件加上合理准确的报价文件。要求技术文件要编好，财务报价合理即可，不宜看重低报价。

监理服务费一般应包括如下内容：

（1）正常服务的费用。正常服务是指监理合同中规定的监理服务。正常监理服务费为施工准备阶段、施工阶段、交工验收与缺陷责任期阶段的监理服务全部费用。监理单位正常服务费用包括如下内容：

1）监理人员服务费。

2）监理办公设施费。

3）监理交通设施费。

4）监理试验设施费。

5）监理生活设施费。

6）利润。

（2）附加服务的费用。附加服务是指双方通过签订补充协议或根据监理合同的规定，在监理合同规定的正常服务之外增加的监理服务。

（3）额外服务的费用。额外服务是指正常服务和附加服务以外非监理人原因导致暂停或终止监理业务，其善后服务或恢复监理服务的工作。

6. 要求学生了解联合体方式投标的要求。两个以上法人或者其他组织组成一个联合体，以一个投标人的身份参与投标，称为联合投标体。

答案：

1. 公路工程施工监理投标，应在投标者自愿的前提下，坚持公开、公平、公正、诚信的原则，以管理水平、技术水平、社会信誉展开竞争。

2. 监理投标文件的核心内容主要由技术文件和报价文件两部分组成，一份好的监理投标文件应是：先进可行的技术文件加上合理准确的报价文件。与施工投标竞争不同，监理竞争主要不取决于经济方面，而应以技术方面为主。

3. 略。

4. BCEF。

5. 不正确。监理服务费由正常服务、附加服务和额外服务三个方面的监理费用组成。

6. 招标人允许监理企业以联合体方式投标的，投标人可以联合体形式投标，但联合体应当符合以下要求：

（1）联合体成员可以由两个以上监理企业组成，联合体各方均应当具备承担招标项目的相应能力和招标文件规定的资格条件。

（2）由同一专业的监理企业组成的联合体，按照资质等级较低的企业确定资质等级。

（3）联合体各方应当签订共同投标协议，约定各方拟承担的工作和责任，并将共同投标协议连同投标文件一并提交招标人。

（4）联合体各方签订共同投标协议后，只能以一个投标人的身份投标，不得针对同一标段再以各自名义单独投标或者参加其他联合体投标。

（5）联合体各方必须指定牵头人，授权其代表所有联合体成员负责投标和合同实施阶段的组织、协调工作，并应当向招标人提交由所有联合体成员法定代表人签署的授权书。

（6）联合体投标的，应当以联合体各方或者联合体中牵头人的名义提交投标保证金。以联合体中牵头人名义提交的投标保证金，对联合体各成员具有约束力。

案例分析

某监理公司通过资格预审后，对招标文件进行了仔细分析，发现业主所提出的工期要求过于苛刻。因此，监理单位在投标文件中说明业主的工期要求难以实现，因而按自己认为的合同工期（比业主要求的工期增加6个月）编制监理工作计划并据此报价。

该监理单位将技术文件和商务文件分别封装，在封口处加盖本单位公章和项目负责人签字后，在投标截止时间前1小时将投标文件送给招标人。

开标会由招标人主持，市公证处有关人员到会，各投标单位代表均到场。开标前，发生了下列事件：

事件1：因招标工作人员没有提醒，当招标人宣布接受投标文件时间截止时，一家单位才想起递交投标文件，但被工作人员拒收。

事件2：在投标文件截止时间前20分钟，监理单位突然提出撤换其商务文件（内含其投标报价），招标人予以同意。

问题：

1. 该监理公司在投标中存在哪些问题？分别做简要说明。
2. 事件1中工作人员拒收投标文件有无道理，为什么？
3. 事件2中工作人员能否接受监理单位撤换的投标文件？为什么？

分析：

1. 根据上述监理投标的若干规定，容易指出监理公司在投标中存在的问题，关键要熟悉掌握有关要求。

2. 《公路工程建设项目招标投标管理办法》规定：投标人应当按照招标文件要求装订、密封投标文件，并按照招标文件规定的时间、地点和方式将投标文件送达招标人。因此，在招标文件要求提交投标文件的截止时间后送达的投标文件，为无效的投标文件，招标人应当拒收。

3. 《招标投标法》第29条、《公路工程建设项目招标投标管理办法》第33条规定：投标人在招标文件要求提交投标文件截止时间前，可以补充、修改或者撤回已提交的投标文件，并书面通知招标人。因此，监理单位撤换其商务文件是允许的。

答案：

1. 监理公司在投标中存在以下问题：

（1）工期比招标文件中业主要求的增加了6个月，违背了"投标人应当按照招标文件的要求编制投标文件，并对招标文件提出的实质性要求和条件做出响应"，应作废标处理。

（2）监理单位将技术文件和商务文件分别封装，不合适。根据评标要求，技术文件和商务文件应当密封于一个信封中，报价文件（如有）密封于另一个信封中。

采用"固定标价评分法"的项目，投标文件由商务文件、技术文件组成。商务文件和技术文件应当密封于一个信封中，成为一份投标文件。

（3）在封口处加盖本单位公章和项目负责人签字，不正确。应为"在封口处加盖本单位公章和项目法定代表人或者其授权的代理人签字"。

2. 事件1中工作人员拒收投标文件是正确的。任何函件包括投标文件，在投标截止日期后送达，将不被接受。当然，招标人没有提醒投标人，也存在工作失职。

3. 事件2中工作人员接受监理单位撤换的投标文件是允许的。根据《招标投标法》的规定，投标人在提交投标文件截止时间前可以修改、撤回其投标文件。

拓展案例

【案例1】某市投资修建一条一级公路建设项目，建设单位采用公开招标方式选择施工监理单位，在招标文件中规定2010年10月28日为投标截止时间。多家监理单位参加了投标。招投标过程中，发生了以下事件：

事件1：甲监理单位2010年10月30日才提交了投标保证金。

事件2：乙监理单位准备了两份投标文件，在投标截止时间的前10分钟，才将其中一份投标文件递交招标人。

问题：

1. 甲监理单位的投标是否有效？为什么？
2. 招标人能否接受乙监理单位的投标文件？为什么？

答案：

事件1：甲监理单位提交投标保证金的时间迟于投标截止时间，不合规定。因为投标保证金是投标文件的组成部分，应在投标截止日（或时间）前提交。

事件2：乙监理单位投标有效。《招标投标法》第28条规定：投标人应当在招标文件要求提交投标文件截止时间前，将投标文件送达投标地点。因此，只要在提交截止时间前送达的投标书均有效，招标人应接受。

【案例2】监理费用的计算方法。

在某公路工程项目施工监理招标中，招标文件中对财务报价的评分标准与分值做了规定：

1. 投标报价以投标报价费率为准，根据本项目的初步设计批复，按最新《建设工程监理与相关服务收费管理规定》及"发改价格［2007］670号文件"，本次招标监理费率控制在1.68%（含）~1.89%（含），若报价不在此控制范围内的为废标，暂定监理费＝施工中标价×中标费率，最终监理费以施工审计结算价×监理费中标费率计取。

2. 对投标书不响应招标文件规定的条件，评审时作废标处理。

问题：

1. 常用的监理取费的计算方法有哪些？并分别说明其计算方法。

2. 《建设工程监理与相关服务收费管理规定》中，建安费为10000万元时，监理费为218.6万元；建安费为20000万元时，监理费为393.4万元，那么建安费为16000万元时，对应的监理费为多少？

答案：

1. 常用的监理取费的计算方法有：

（1）按时计算法。这种方法是根据合同项目直接使用的时间补偿费再加上一定补贴来决定监理费用的多少。单位时间的费用一般以监理单位职员的基本工资为基础，再考虑一定的管理费和利润，增加一定系数来确定。采用这种方法，监理人员的差旅费、函电费、资料费以及试验费等一般也由委托方支付。

（2）工资加一定比例的其他费用计算法。这种办法实际上是按时计酬计算方式的变相形式。以业主支付直接参加项目监理的工作人员的实际工资加上一个百分比，该百分比实际上包括了间接成本和利润。

（3）按工程建设成本的百分比计算法（也称费率法）。这种方法是按照工程规模大小和所委托的工作内容的繁简，再以建设成本的一定比例来确定监理报酬。《建设工程监理与相关服务收费管理规定》明确了建安费与监理费的一一对应关系，即相应的费率。这是最常用的一种监理取费方法。

一般情况下，工程规模越大，建设成本越高，监理取费的费率越低。通常用估算的工程费用作为计费基础，也有按实际工程费用作计费基础，因此应当在合同中加以明确。如果是采用按实际工程费计提费用，那么要注意避免因为监理工程师提出合理化建议、修改设计使工程费用降低，从而导致监理报酬降低的情况发生。按照国际惯例，在商签合同时，应适当规定明确的费用奖罚措施。

（4）监理成本加固定费用计算法。采用这种方法时，监理费用由成本和固定费用决定。成本的内容变化很大，由多项费用组成，一般包括直接成本和间接成本，间接成本包括使用的办公室和工作间、租用家具设备和仪器等的折旧费以及有关的税收等。

固定费用主要包括监理单位的利润、收入所得税、投资所得的利润、风险经营的补偿以及不包括成本中的其他工资、管理和消耗的费用。附加固定费用的数量，在成本项目确定以后，由双方洽谈确定。

（5）固定价格计算法。这种方法特别适用于小型或中等规模的工程项目，当监理单位在承接一项能够明确规定服务内容的业务时，经常采用这种方法。这种方法又可分为两种计算形式，一是确定工作内容后，以一笔总价一揽子包死，工作量有所增减，一般也不调整报酬。二是按确定的工作内容分别确定不同工程项目的价格，据以计算报酬总价，当工作量有变动时，可分别计算增减项目的价格，调整报酬总价。

2. 根据要求，介于两个建安费之间的，可用内插法计算。

$$(393.4 - 218.6)/(20000 - 10000) = 0.01748$$

$$218.6\ 万元 + 0.01748 \times (16000 - 10000)\ 万元 = 323.48\ 万元$$

案例总结

通过对本小节的案例的分析，初步了解公路工程施工监理投标文件的编制、投标文件的密封、投标需注意的事项、投标文件递交规定等知识；认识到作为投标人应注意哪些问题，并学会解决投标过程中的实际问题。本节中，对技术文件的编制仅做了简要介绍，案例中也没有具体举例分析，这部分内容有较强的针对性，有条件的可在课余时间接触一些项目的投标文件，增加对投标文件的感性认识。

7.3 开标、评标和中标

 知识学习

【例1】开标流程、废标处理。

试述开标的要求和开标流程，投标书中哪些情况应作废标处理？

开标是招标工作的一个重要环节，其工作内容主要是向各方公开各份投标书的内容和检查各投标书的有效性。

1. 开标的要求和开标流程

（1）开标应当在招标文件确定的提交投标文件截止时间的同一时间公开进行；开标地点应当为招标文件中预先确定的地点。

（2）开标由招标人主持，邀请所有投标人的法定代表人或其授权的代理人参加。交通主管部门应当对开标过程进行监督。需进行公证的，应邀请公证机关出席。

（3）开标时，由投标人或者其推选的代表检查投标文件的密封情况，也可以由招标人委托的公证机构检查并公证。

（4）经确认无误后，由工作人员当众拆封商务文件和技术文件所在的信封，宣读投标人名称和主要监理人员等内容。

（5）投标文件中报价文件所在的信封在开标时不予拆封，由交通主管部门妥善保存。

（6）在评标委员会完成对投标人的商务文件和技术文件的评分后，在交通主管部门的监督下，再由评标委员会拆封参与评分的投标人的报价文件的信封。

（7）开标过程应当记录，并存档备查。

2. 属于下列情况之一的投标书，应当作为废标处理：

（1）投标文件未按要求的方式密封。

（2）投标文件未加盖本单位公章或未经本单位法定代表人或其授权的代理人签字。

（3）投标文件未按招标文件规定的格式、内容和要求填写。

（4）投标文件字迹潦草、模糊、无法辨认。

（5）投标人在一份投标文件中，对同一个监理项目报有两个或多个报价。

（6）投标人对同一招标项目递交两份或多份内容不同的投标文件，而又未书面声明哪一份有效。

(7)投标人未能按招标文件要求提供投标担保或者所提供的投标担保有瑕疵。
(8)联合体投标未附联合体共同投标协议。
(9)投标文件明显不符合技术标准、技术规范的要求。
(10)投标文件附有招标人不能接受的条件。
(11)不符合招标文件中规定的其他实质性要求和条件。

招标文件的"实质性要求和条件",投标人应认真研究,正确理解招标文件的全部内容,并按要求编制投标文件。投标文件应当对招标文件提出的实质性要求和条件做出响应,"实质性要求和条件"是指招标文件中有关招标项目的价格、项目的计划、技术规范、合同的主要条款等,投标文件必须对这些条款做出响应。这就要求投标人必须严格按照招标文件编写投标文件,不得对招标文件进行修改,不得遗漏或者回避招标文件中的问题,更不能提出任何附带条件。

【例2】评标方法。
对施工监理投标文件评标可以使用的方法包括( )。
A. 固定标价评分法　　B. 技术评分合理标价法　　C. 综合评标法
D. 最低评标价法　　　E. 法律、法规允许的其他评标方法

分析:

1. 评标的一般规定

评标就是对所有投标文件进行审查评比。

依法必须进行招标的项目,其评标工作由招标人依法组建的评标委员会负责。评标委员会由招标人的代表和有关技术、经济等方面的专家组成,成员人数为五人以上单数,其中技术、经济等方面的专家不得少于成员总数的三分之二,评标委员会的专家按照交通运输部有关规定从评标专家库中抽取。

与投标人有利害关系的人不得进入相关项目的评标委员会;已经进入的应当更换。

评标委员会成员的名单在中标结果确定前应当保密。

评标工作必须遵循公平、公正、科学、择优的原则。评标人员必须严格遵守保密规定,不得泄露与评标有关的任何情况,不得索贿受贿,不得参加影响投标工作的活动。投标人不得干扰评标工作。

评标过程中,评标委员会有权要求投标人就投标文件的有关内容提供补充说明和有关资料,投标人应做出书面答复,补充说明和有关资料应作为投标文件的组成部分。除非评标委员会要求投标人就投标文件的有关内容进行澄清或提供补充资料,投标人不得通过任何形式改变投标文件的内容和报价。

招标单位应在开标前根据国家或行业主管部门有关规定,结合本地区情况和工程项目特点制订评标准则或细则。评标过程中,评标委员会应严格执行该准则或细则。

评标委员会应当根据招标文件规定的评标标准和方法,对投标文件进行系统的评审和比较。招标文件中没有规定的标准和方法不得作为评标的依据。

招标文件中规定的评标标准和评标方法应当合理,不得含有倾向或者排斥潜在投标人的内容,不得妨碍或者限制投标人之间的竞争。

2. 公路工程施工监理评标的方法

施工监理评标可以使用固定标价评分法、技术评分合理标价法、综合评标法以及法律、法规允许的其他评标方法。

（1）固定标价评分法是指由招标人按照价格管理规定确定监理招标段的公开标价，对投标人的商务文件和技术文件进行评分，并按照得分由高至低排序，确定得分最高者为中标候选人的方法。

（2）技术评分合理标价法是指对投标人的商务文件和技术文件进行评分，并按照得分由高至低排序，确定得分前两名中的投标价较低者为中标候选人的方法。

（3）综合评标法是指对投标人的商务文件和技术文件、报价文件进行评分、排序，确定得分最高者为中标候选人的方法。其中报价文件的评分权值应当不超过10%。

在评标中，对技术文件进行评分是最重要的一项工作，称为技术性评分。

答案：ABCE

【例3】中标、投标保证金。

评标委员会完成了对某公路工程施工监理的评标，出具了由招标办主任签字的书面评标报告。根据评标结果，招标人在投标有效期结束日四十个工作日前确定了中标人。

问题：
1. 评标报告一般包括哪些内容？
2. 指出评标过程中的错误之处，做简要说明。
3. 确定了中标人后，招标人还要做哪些招标剩余工作？
4. 评标过程中，出现何种情形应当依法重新进行招标？
5. 评标过程中，出现何种情形应当依法重新进行评标？

分析：

1. 评标报告一般包括以下内容：
（1）评标委员会成员名单。
（2）开标记录。
（3）符合要求的投标人情况。
（4）评标采用的标准、评标方法。
（5）投标人排序。
（6）推荐的中标候选人名单。
（7）需要说明的其他事项。

2. 评标委员会完成评标后，应向招标人提出书面评标报告。评标报告由评标委员会全体成员签字。评标委员会提出书面评标报告后，招标人一般应当在十五日内确定中标人，但最迟应当在投标有效期结束日三十个工作日前确定。

3. 确定了中标人后，招标人还需做的招标剩余工作有：
（1）招标人根据评标结果确定中标人后，应当及时向中标人发出中标通知书，并同时将中标结果告知所有投标人。
（2）招标人和中标人应当自中标通知书发出之日起三十日内，按照招标文件和中标人的投标文件订立书面合同；招标人和中标人不得再行订立背离合同实质性内容的其他协议。

第七章 公路工程施工监理单位的选择

（3）招标文件要求中标人提交履约担保的，中标人应当按要求的金额、时间和形式提交。以保证金形式提交的，保证金一般不得超过合同价的5%。中标人拒绝提交履约担保的，视为放弃中标项目。

（4）招标人应当在与中标人签订合同后的五个工作日内，向中标人和未中标的投标人退还投标保证金。

4. 评标过程中，有以下情形之一的，应当依法重新进行招标：

（1）投标人少于三个的。

（2）当所有投标文件均未通过符合性审查或财务和技术评审的。

（3）所有报价均低于最低限价或均高于最高限价时，请示招标管理机构可重新招标。

如重新招标，应研究招标无效的原因，考虑对招标文件进行修改，以期出现有效的竞争局面。修改后的招标文件，报原审批部门重新审批。

5. 评标过程中有下列情形之一的，评标无效，应当依法重新进行评标：

（1）使用招标文件没有确定的评标标准和方法评标的。

（2）评标标准和方法含有倾向或者排斥投标人的内容，妨碍或者限制投标人之间竞争，且影响评标结果的。

（3）应当回避担任评标委员会成员的人员参与评标的。

（4）评标委员会的组建及人员组成不符合法定要求的。

 案例分析

【案例1】开标和评标。

实行公开招标施工监理的某高速公路工程项目，在开标和评标过程中发现一些投标人和投标文件中分别存在如下问题：

1. 有的投标人没有收到投标邀请书，但却提交了投标文件。
2. 有的投标人投标文件中缺少监理大纲。
3. 有的投标人投标文件中的投标工期比招标文件要求24个月工期长。
4. 有的投标人投标文件在公开开标结束前一个小时送达。
5. 有的投标人投标书中报价大写（文字表示）的金额比小写（数字表示）的金额要小；而有的大写金额比小写金额大。
6. 有的投标人没有派代表参加由招标人组织的现场考察，也没有派代理人出席公开开标活动。
7. 有的投标人在投标截止时间之前书面通知撤回投标文件，也有的在开标之后随即要求撤回投标文件。
8. 有的投标人投标报价有修改，在修改处盖了授权代理人的章。

问题：

招标人或评标人对以上问题应如何处理？

分析：

1. 招标人只对通过资格预审的潜在投标人发出投标邀请书，未收到投标邀请书的潜在投标人无资格参加投标，因此，其投标文件为无效的投标文件。

245

2. 没有监理大纲，不能满足招标文件的"符合性"条件，该投标文件不能通过符合性审查，应认为其存在有重大偏差，并对该投标文件作废标处理。

3. 投标工期长于招标文件要求的 24 个月，应视为没有对招标文件做出实质响应，不能满足"响应性"要求，该投标文件不能通过符合性审查，应认为其存在有重大偏差，并对该投标文件作废标处理。

4. 投标文件在开标后提交，虽开标未结束，但已超过投标文件递交截止期，该投标文件将不予开标，应原封退回投标人。

5. 当大写金额与小写金额不符时，以大写金额为准。

6. 投标人没有派代表参加现场考察和出席开标活动，表明投标人已充分了解和掌握可能对投标有影响或起作用的风险、意外等的必要资料，已没有必要参加现场考察；投标人没有派代理人出席开标活动，应认为该投标人默认开标结果。以上两种情况并不影响投标人投标文件的有效性。

7. 投标截止时间之前，投标人书面通知可以撤回投标书；但开标之后即投标截止日期以后，不得撤回。因开标后已进入投标有效期，在投标有效期撤回投标文件按规定没收投标担保金。

8. 投标报价按规定修改，投标书仍有效。

【案例2】报价文件评审。

在某公路工程项目施工监理招标中，招标文件对监理费报价的评分标准与分值做了规定：

1. 投标报价以投标报价费率为准，招标监理费率控制在 1.68%（含）~ 1.89%（含），若报价不在此控制范围内的为废标。

2. 所有有效标计算算术报价平均值，然后去掉不足平均价 92% 的报价，从剩余 N 家报价中随机抽取一家报价 A，其权重为 30%，再随机抽取一家报价 B，其权重为 20%，剩余（$N-2$）家报价算术平均值按 50% 权重计算。按此方法计算得出的数值作为基准价，即基准价 $= A \times 30\% + B \times 20\% +$ 其余（$N-2$）家报价算术平均值 $\times 50\%$。N 值在 4 家或 4 家以下时基准价 $= N$ 家报价算术平均值。基准价计算时保留小数点后二位，二位后四舍五入。

3. 商务标得分计算。投标价等于基准价的，其商务分为 100 分。投标价高于基准价的，每高 1% 扣 3 分；低于基准价的，每低 1% 扣 1 分。即商务标得分 $= 100$ 分 $-|$ 投标价 $-$ 基准价 $| \div$ 基准价 $\times 100\% \times 3$（或 1）$\times 100$，保留两位小数，四舍五入。分值从 100 分中扣取，扣完为止。

共有 6 家监理单位进行了投标，其报价分别为：1.75%、1.74%、1.82%、1.82%、1.78%、1.78%。

在报价评审过程中，随机抽取报价 A 为 1.82%，B 为 1.78%。

问题：
试分别计算该 6 家投标单位的报价得分。

分析：

1. 所有报价均在 1.68%~ 1.89% 之间，均为有效报价，无报价废标。

2. 报价算术平均值 = (1.75% + 1.74% + 1.82% + 1.82% + 1.78% + 1.78%) ÷ 6
= 1.782%

报价算术平均值的92% = 1.782% × 92% = 1.64%

最低报价1.74% > 1.64%，所以，所有报价均应进行报价评分。

抽取A（1.82%）、B（1.78%）后剩余4家报价的算术平均值为：

(1.75% + 1.74% + 1.82% + 1.78%) ÷ 4 = 1.77%

则基准价 = $A \times 30\% + B \times 20\% + (N-2)$ 报价算术平均值 $\times 50\%$
= 1.82% × 30% + 1.78% × 20% + 1.77% × 50%
= 1.79%

3. 计算各家报价的商务得分

（1）高于基准价1.79%的报价为1.82%

商务得分 = 100 - |1.82% - 1.79%| ÷ 1.79% × 100% × 3 × 100 = 100 - 5.03 = 94.97 分

（2）低于基准价1.79%的报价为1.74%、1.75%、1.78%

1.74%报价的商务得分 = 100 - |1.74% - 1.79%| ÷ 1.79% × 100% × 1 × 100
= 100 - 2.79 = 97.21（分）

同理，计算出报价1.75%、1.78%的商务得分分别为97.76分、99.44分。

答案：

6家监理单位报价为1.75%、1.74%、1.82%、1.82%、1.78%、1.78%的商务得分依次为97.76分、97.21分、94.97分、94.97分、99.44分、99.44分。

> 【案例3】技术性评标。
>
> 在评标中，对技术文件进行评分是最重要的一项工作，称为技术性评分。
>
> 技术性评分是评标委员会对投标人的技术文件进行评审而得到的分值。主要评价监理单位拟用于项目的监理工程师水平和能力、监理单位拟投入项目的监理设施和设备、监理单位制订的监理程序及措施的适用性、监理单位以往工作业绩及信誉等方面。必要时可要求驻地监理工程师现场汇报。这几个方面中，以监理工程师所占权重最大，监理程序及措施次之，以往业绩及信誉再次之，监理设施和设备最小。
>
> 监理工程师的水平、能力和责任心将直接影响监理工作和工程建设的质量，因此是技术性评标的主要方面。
>
> 问题：
> 试列出常规技术性评标的评分方法和标准。

分析：

技术性评标评分方法，一般可参考如下评分方法和标准：

1. 技术性评价各因素满分值

（1）监理人员：40分。

（2）监理设施和设备配备：10分。

（3）监理程序及措施：30分。

（4）监理单位工作业绩与信誉：10分。

（5）总监理工程师现场汇报：10分。

2. 评分标准

（1）总监理工程师：15分，其中：

1）技术职称及监理资格：6分。

满足资格审查强制性条件要求的，得6分；否则得0分。

2）监理经历：8分。

从事监理工作年限、类似工程监理工作经历8年以上，担任总（驻地）监理工程师累计年限3年及以上的，得3分。

担任类似工程的总（驻地）监理工程师累计年限在3年以上的，得2分，每增加1年，得0.5分，最多加1分。

担任总（驻地）监理工程师每得到过1个项目业主奖励的（原件），加0.5分，最多加1分。

每得到一个省级及以上交通主管部门的表彰或奖励的，加0.5分，最多加1分。

3）年龄及健康状况：1分。

年龄在62周岁以内，且身体健康、胜任现场监理工作的，得1分，否则得0分。

（2）驻地监理工程师：12分，其中：

1）技术职称及监理资格：4分。

满足资格审查强制性条件要求的，得4分；否则得0分。

2）监理经历：7分。

从事监理工作年限、类似工程监理工作经历8年以上，担任总（驻地）监理工程师累计年限2年及以上的，得3分。

担任类似工程的总（驻地）监理工程师（单个）累计年限在3年以上的，每人加0.5分，本项最多加2分；否则得0分。

担任总（驻地）监理工程师每人每得到过1个项目业主奖励的（原件），加0.5分，本项最多加1分。

每人每得到一个省级及以上交通主管部门的表彰或奖励的，加0.5分，本项最多加1分。

3）年龄及健康状况：1分。

年龄均在60周岁以内，且身体健康、胜任现场监理工作的，得1分，否则得0分。

（3）专业监理工程：10分，其中：

1）人数与构成、技术职称及监理资格：3分。

均满足资格审查强制性条件要求的，得3分；否则得0分。

2）监理经历：6分。

各专业监理工程师工作年限达到招标文件要求的，得1分，每人长于招标文件规定要求2年及以上的，每人加0.5分，最多加4分；达不到招标文件要求的，得0分。

担任专业监理工程师每人每得到过1个项目业主奖励的（原件），加0.5分，本项最多加1分。

3）年龄及健康状况：1分。

各专业监理工程师年龄满足招标文件规定的要求，且身体健康、胜任现场监理工作的，得1分，否则得0分。

(4)监理员：3分。

1)人数与构成、技术职称及监理资格：2分。

各监理员均满足招标文件要求的，得2分；否则得0分。

2)监理经历：1分。

各监理员工作年限达到招标文件要求的，得1分；否则得0分。

(5)监理设施和设备配备：10分。

满足招标文件规定要求的，得10分，否则酌情扣分。其中：

1)试验检测与测量设备：6分。

2)办公、生活设施：2分。

3)交通及通信设施：2分。

(6)监理程序及措施：30分。

监理程序及措施分值见表7-1。

表7-1 监理程序及措施分值

得分方法 监理内容	质量监理	进度监理	费用监理	安全监理	环保监理	合同其他 事项管理
程序严谨措施得力	6~5	5~4	5~4	5~4	5~4	4~3
程序可行措施较好	5~4	4~3	4~3	4~3	4~3	3~2
程序和措施一般	4	3	3	3	3	2

(7)监理单位工作业绩及信誉：10分，其中：

1)类似工程：6分。

近五年完成类似工程监理1个项目的，得2分，每增加一个加0.5分，最多加2分。

近五年完成的类似工程每获一个部（省）优良等级的，加0.5分，最多加2分。

近三年工程质量受到省级以上交通主管部门通报批评的，扣1~2分；影响恶劣的不推荐中标。

2)履约表现：3分。

按已完成及正在承担的工程项目履约信誉情况评分，每得到一个省级及以上交通主管部门的表彰或奖励的，加1分，本项最多加3分。

3)质保体系：1分。

通过ISO 9000质量体系认证且近三年年审均合格的，得1分；否则得0分。

(8)总监理工程师现场答辩：10分。

由评委根据其汇报，从其对合同段关键工作的理解和认识程度、预计的风险、语言表达等方面酌情打分，打分区间6~10分。

 案例总结

本节案例主要解析了开标的要求、开标流程、废标处理的情形、财务评审等开标评标的案例分析，并重点解析了对监理技术文件的技术性评标。旨在使学生对技术性评标有一个感

公路工程监理

性的认识，走上相关工作岗位后就能很快进入角色。

7.4 监理合同

知识学习

《合同法》规定：建设工程实行监理的，发包人应当与监理人采用书面形式订立委托监理合同。

经济活动最直接的依据就是行为主体各方所签订的经济合同，项目法人与监理工程师的权利义务都是通过合同来约定的。监理工程师所进行的工作实际上是合同管理工作。无论是进行质量监理、费用监理、进度监理、安全与环保监理和处理工程延期、工程变更、费用索赔、审批工程分包等事宜，监理工程师都是按合同履行自己的权利和义务。

常用的监理合同的形式：

1. 正式合同

它是根据法律要求制定的，经当事人双方协商一致同意，由双方法定代表人签订并执行的正式合同。

2. 标准合同

国内公路工程施工监理委托合同则广泛采用交通运输部制定的《公路工程标准施工监理招标文件》中"合同协议书"格式（以下简称《合同协议书》）。

《合同协议书》是标准合同格式。标准合同通用性很强，有利于合同各方的讨论、交流和统一认识，能够简化合同的准备和商谈过程。更重要的是标准合同是由法律方面的专家参加制定，由权威部门颁布，能够准确地在法律概念上反映出各方的责任、权利和义务，具有很强的公正性和权威性。同时标准合同制定后，能够有效地防止合同签订中的欺诈行为。故标准合同在各类经济活动中使用越来越广泛。

> 【例1】某二级公路工程建设项目，业主通过公开招标，选择了一家监理单位。发出中标通知书后的一个月内，业主与监理单位签订了监理委托合同，在监理合同中对业主和监理的权利和义务做了具体的要求。
>
> 问题：
>
> 1. 业主和监理是否必须签订合同？说明理由。
>
> 2. 如双方是按照《公路工程标准施工监理招标文件》签订的合同，试简述施工监理合同的组成有哪几部分？并对其内容做简要说明。
>
> 3. 简述国内公路工程项目的业主和监理是如何分工的。

分析：

1. 首先，《合同法》规定：建设工程实行监理的，发包人应当与监理人采用书面形式订立委托监理合同。

其次，签订监理合同的必要性。目前，合同制已成为我国经济生活中的重要的法律制度。合同具有法律手段的特殊地位和作用，订立合同是一种法律行为，依法成立的合同，自成立之日起就具有法律效力。经济活动最直接的依据就是行为主体各方所签订的经济合同，

第七章 公路工程施工监理单位的选择

项目法人与监理工程师的权利义务都是通过合同来约定的，合同的内容将直接影响工程建设项目的质量与目的。监理合同是监理工程师履行权利义务最直接、最重要的依据，监理工程师所进行的工作实际上是合同管理工作。无论是进行质量监理、费用监理、进度监理、安全与环保监理和处理工程延期、工程变更、费用索赔、审批工程分包等事宜，监理工程师都是按合同履行自己的权利义务。

2. 施工监理合同的组成包括以下四部分：
(1) 公路工程施工监理合同协议书。
(2) 公路工程施工监理通用合同条款。
(3) 公路工程施工监理专用合同条款。
(4) 附件，其中包括：
附件1：监理服务的费用与支付。
附件2：廉政合同。
附件3：其他主要监理人员最低要求。
附件4：主要试验检测设备最低要求。
附件5：履约保证金格式。

合同协议书是监理合同的纲领性文件，对监理合同的组成、合同成立条件、合同双方等进行了规定和说明。它也是一份标准文件。合同双方在协议书空白处填名盖章后整个合同即生效。

合同条款（包括通用条款和专用条款）是监理合同的主要内容。合同条款特别是通用条款规定了合同双方的义务、责任、权利，是双方履行合同和处理合同纠纷及违约责任的依据。其中通用条款是面向全国各类公路工程监理制定的，是普遍性、一般性的规定，所谓标准合同，主要是在这部分采用一套标准的合同条款；专用条款是就某一具体工程针对标准条件的不具体、不够完善或与当地法规、习惯有冲突而专门编制的，其编制工作由招标机构进行。因通用条款是普遍性、一般性的规定，而专用条款是有目的并针对具体工程制订的，因此当二者出现矛盾和冲突时，应以专用条款为准。

附件是监理合同的重要组成部分。五个附件中：附件1规定了监理费的计算方法与支付方式。附件2规定了合同双方在廉政建设方面的权利和义务及违约责任的承担；附件3是合同谈判确定的派驻本标段的主要监理人员；附件4则是合同谈判确定的本标段配备的主要设备；附件5则是根据合同签订的要求，监理人提供的履约保证金（函）。

公路工程施工监理合同协议书

_____（委托人名称，以下简称"委托人"）为实施_____（项目名称），已接受_____（监理人名称，以下简称"监理人"）对该项目_____标段施工监理的投标。委托人和监理人共同达成如下协议：

1. 第____标段由_____（起点）至_____（终点），长约____km，公路等级为____，设计速度为____，____路面，有____立交____处；特大桥____座，计长____m；大中桥____座，计长____m；隧道____座，计长____m以及其他构造物工程等。

2. 下列文件应视为构成合同文件的组成部分：
(1) 本合同协议书及各种合同附件。
(2) 中标通知书。

（3）投标函。
（4）项目专用合同条款。
（5）公路工程专用合同条款。
（6）通用合同条款。
（7）委托人要求。
（8）监理服务费用清单。
（9）监理人有关人员、试验检测设备投入的承诺。
（10）其他合同文件。

上述合同文件互相补充和解释。如果合同文件之间存在矛盾或不一致之处，以上述文件的排列顺序在先者为准。

3. 签约合同价：人民币（大写）_____元（¥_____）。

其中：施工阶段（包括施工准备阶段）_____元；

缺陷责任期阶段_____元。

4. 总监理工程师或驻地监理工程师：_____。

5. 监理工作质量符合的标准和要求：_____；安全目标：_____。

6. 监理人承诺按合同约定承担工程的施工监理。

7. 委托人承诺按合同约定的条件、时间和方式向监理人支付合同价款。

8. 监理人计划开始监理日期：_____。实际日期按照合同条款中约定的开始监理日期为准。监理服务期限：_____日历天，其中：施工阶段（含施工准备阶段）监理_____日历天，缺陷责任期阶段监理_____日历天。

9. 本协议书在监理人提供履约保证金后，由双方法定代表人或其委托代理人签署并加盖单位章后生效。全部工程完工后经交工验收合格、缺陷责任期满签发缺陷责任终止证书后失效。

10. 本合同协议书正本二份、副本_____份，合同双方各执正本一份、副本_____份，当正本与副本的内容不一致时，以正本为准。

11. 合同未尽事宜，双方另行签订补充协议，补充协议是合同的组成部分。

委托人：_____（盖章）　　　　监理人：_____（盖章）
法定代表人或其委托代理人：_____（签字）　法定代表人或其委托代理人：_____（签字）
_____年_____月_____日　　　　　　　　_____年_____月_____日

3. 业主和监理单位的分工

为了充分发挥监理的作用，业主应该授予监理单位必要的权力，如技术上的核定权，组织协调的主持权，材料设备与工程质量的确认权与否决权，进度上的确认权与否决权，特别是必须将工程款支付与结算上的确认权与否决权授予监理工程师。为达到合同预期目标，理顺业主与监理单位的工作关系，业主和监理单位应合理分工，无疑将会提高工程建设的效率和水平。

业主把工程项目委托给监理单位监理之后，应当按照合同约定履行相应的职责，为项目实施创造良好的条件。业主的主要精力应放在积极创造实施工程项目基本条件和外部环境方面去，如促使建设投资到位，申请办理征地拆迁，联系水电供应和对外交通，保护和处理历史古迹和文物，决定工程建设的重大变更，协调地方关系等。在这些工作中，如果遇到技术方面的问题等，可以由被委托的监理单位提供咨询或协助，业主只需配备少数工作人员组建一个精干的工作部门。

咨询监理单位的主要精力应放在搞好项目管理上，如协助业主选择承包单位，督促业主、承包人履行合同；审核施工图纸、设计变更和施工技术方案；审批分包组织审核施工组织与协调工程建设的实施，检查验收工程质量，控制工程进度与造价，进行工程计量和掌握工程款项支付，对施工安全进行监督和管理，调解各方争议，处理工程索赔和延期等。

案例分析

【案例1】 监理合同签订、权利与义务。

建设单位对某新建二级公路施工监理进行公开招标，选择了一家监理单位。在发出中标通知书后42天，招标人通知监理单位签订委托合同。签订合同前，要求监理费下浮5%，否则，将严格按监理单位投标文件中所报人员进行考核，不许变更。在监理合同中，有以下几条：

（1）监理应充分发挥其协调作用，加强与地方政府机关、水电公司等部门的协调。

（2）为了监理单位顺利完成合同义务，业主要做好协助工作。将授予监理单位的监理权限，及时书面通知已选定的施工方，并在施工合同中予以明确。

（3）未经监理单位签字确认，业主可以直接支付工程款给施工单位。

问题：

1. 指出订立监理合同中的不正确之处，说明理由。

2. 监理合同中，指出并分析其中的错误之处。

3. 如果监理单位不接受业主要求监理费下浮5%的条件，并导致无法订立合同，对责任人是如何处罚的？

分析：

一般说来，考查订立监理合同方面的内容，主要看订立监理合同的时间是否正确，是否提出招标文件和投标文件之外的实质性内容变动的条件。实质性内容变动考核的内容比较多，要求学生要了解监理合同的内容，尤其要熟悉合同协议书的8个组成部分中的通用合同条款、专用合同条款及附件。只有熟悉了合同中这些内容，才能分析解答有关监理合同方面的各种问题。

答案：

1. 根据交通运输部《公路工程建设项目招标投标管理办法》第57条规定：招标人和中标人应当自中标通知书发出之日起30日内，按照招标文件和中标人的投标文件订立书面合同。招标人和中标人均不得再行订立背离合同实质性内容的其他协议。

可见，在发出中标通知书后42天，招标人才与监理单位签订委托合同是不妥的。另外，业主要求监理费下浮5%，属于提出投标文件之外的条件，而且是实质性内容变动的条件，明显违背了管理办法，是非常恶劣的一种行为。

在项目实施过程中，监理人员的变动，只要符合招标文件的要求，变动就是允许的。

业主以"将严格按监理单位投标文件中所报人员进行考核，不许变更"，胁迫监理单位下浮5%的监理费，如此订立的合同应为无效合同。

2.（1）错误。监理的协调作用是针对业主、施工和监理三方的内层协调。远外层的协调，例如与地方政府机关、水电公司等的外部协调应由业主负责。除非在合同中详细注明，并支付这部分费用，监理方可负责主持与远外层的关系协调。

（2）正确。

（3）错误。未经监理单位签字确认，业主不可以支付工程款给施工单位，计量支付权是监理单位进行工程管理的一个重要的手段。无论何时，业主都不可以绕过监理直接支付工程款给施工单位。

3.《公路工程建设项目招标投标管理办法》规定：签订合同时，招标人和中标人不得再行订立背离合同实质性内容的其他协议。签订合同时向中标人提出附加条件，并导致无法订立合同的行为，无正当理由放弃中标的，除依照有关法律、法规进行处罚外，省级交通运输主管部门还可以扣减其年度信用评价分数或者降低年度信用评价等级。

拓展案例

　　2008年8月12日，某工程建设指挥部（建设方）对本市一条新建一级公路的施工、监理进行公开招标。经过投标、评标，最终A监理公司和B交通工程公司中标。在规定时间内，建设方与施工单位签订了施工总承包合同，A监理公司拟将该工程的施工监理任务交给下属华东分公司监理，提出由华东分公司与建设方签订监理合同，业主未予同意，坚持只能与A监理公司签订监理合同。

　　该条公路全长6000m，B工程公司将任务下达给该公司第二施工队。事后，第二施工队又与某镇建设工程队签订分包合同，由镇建筑工程队分包3000m的施工任务。9月12日正式施工。2008年9月22日，市交委主管部门在检查该工程施工履约情况时，发现该镇建筑工程队承包手续不符合有关规定，责令停工。该镇建设工程队不予理睬。10月7日，B工程公司下达停工文件，某镇建筑工程队不服，以合同经双方自愿签订并有营业执照为由，于10月12日诉至人民法院，要求第二施工队继续履行合同或承担违约责任并赔偿经济损失。

问题：

1.《合同法》规定了合同一般应当包括哪些条款？

2.合同的成立需要经过要约和承诺两个阶段，试说明监理委托合同订立的要约和承诺分别是什么？

3.依法确认总、分包合同的法律效力。

4.该合同的法律效力应由哪个机关（机构）确认？

5.某镇建筑工程队提供的承包工程法定文书完备吗？为什么？

6.合同纠纷的法律责任如何裁决？

7.业主能否与A监理公司华东分公司签订监理合同？为什么？

分析：

1.合同是平等主体的自然人、法人、其他组织之间设立、变更、终止民事权利义务关系的协议。

一般而言，合同的内容由当事人约定，这是合同自由的重要体现。《合同法》虽然规定了合同一般应当包括如下条款，但具备这些条款不是合同成立的必备条件。

（1）当事人的名称或者姓名和住址。

（2）标的。标的是合同当事人双方权利和义务共同指向的对象，标的是合同的首要条款。本例中的工程项目就是标的。

（3）数量。

（4）质量。

（5）价款或者报酬。

（6）履行的期限、地点和方式。

（7）违约责任。

（8）解决争议的方法。

2. 要约是希望和他人订立合同的意思表达。提出要约的一方为要约人，接受要约的一方为被要约人。建设单位（或招标代理机构）发出的招标公告属于要约邀请，投标单位递交的投标文件属于要约。

承诺是受要约人做出的同意要约的意思表达。在工程合同的订立过程中，招标人发出中标通知书的行为是承诺。

3. 合同生效应当具备下列条件：

（1）当事人具有相应的民事权利能力和民事行为能力。

（2）意思表达真实。

（3）不违反法律或者社会公共利益。

总包合同符合上述条件，是有效合同。

分包合同无效，因为：

（1）第二施工队不具备法人资格，无合法授权。该分包行为违背了合同生效条件的第一条。

（2）第二工程队将总体工程的二分之一的施工任务发包给某镇建设工程队施工，依据《建筑法》第29条的规定：主体结构必须由总承包单位自行完成。违背了合同生效条件的第三条。

4. 该合同的法律效力应由人民法院或仲裁机构确认。

5. 不完备，某镇建筑工程队只交验了营业执照，并未交验施工企业资格证书。

6. 从上述分析来看，第二施工队和某镇建筑工程队双方均有过错，分别承担相应的责任。依法宣布分包合同无效，终止合同，由B工程公司按规定支付已完工程量的实际费用（不含利润），不承担违约责任。由于无效合同从订立之时起就没有法律效力，所以双方都谈不上承担违约责任。

7. 业主不能与A监理公司华东分公司签订监理合同。要约行为当事人是A监理公司，业主承诺的对象也是A监理公司，即投标人和中标人都是A监理公司，业主当然只能与A监理公司签订监理合同。即使其华东分公司具有法人资格和相应的资质等级也不行。

案例总结

工程施工监理开标、评标和定标必须遵循相关规定，开标时间为提交投标文件截止时间的同一时间。在招标人的主持下邀请所有投标人参加开标会。评标委员会由招标人代表和评标专家组成，成员为 5 人以上单数，其中技术、经济专家不得少于成员总数的 2/3。评标时可以采用综合评标法、技术评分合理标价法。中标通知书发出之日起 30 天必须签订合同，按照中标人的投标文件和招标文件签订合同，不得背离合同实质性内容签订合同。

拓展案例中增加了一些《合同法》方面的知识，对学生的知识面拓宽有所帮助。要真正全面熟悉合同订立的知识，学生应利用业余时间去认真学习合同法及其管理知识。

本章小结

公路工程施工监理招投标是工程实施过程中十分重要的一个环节，在施工监理招标工作中，招标人应首先合理划分招标标段、确定招标方式，熟练掌握资格预审文件和招标文件范本的有关内容，严格按照施工招标的法定程序，进行开标、评标和定标，发放中标通知书，签订监理合同。监理单位投标时，应严格遵守有关法律法规，同时根据招标文件的要求，认真编制监理投标文件，积极配合招标单位完成项目的招投标工作，直至签订监理合同。

本章的重点内容有：监理招标文件的主要内容；监理投标文件的主要内容；资格预审的方式和方法；监理投标文件评标的主要方法；监理投标主要事项；监理技术文件的编制内容等。

总之，要分别从招标人和投标人的角度，去了解、熟悉、掌握各自的工作。对评标过程做一般了解就行。

自我测评

一、判断题

1. 确定监理单位监理服务质量的高低，最终是看工程质量的好坏。（   ）
2. 凡是依法成立的公路工程监理单位，均能承担任何公路工程施工监理业务。（   ）
3. 一般的公路工程项目，只要报请有关部门批准，就可以采用邀请招标的方式选择施工监理单位。（   ）
4. 在施工监理合同履行中，当合同的通用条件和专用条件出现矛盾和冲突时，应以专用条件为准。（   ）
5. 公路工程项目的施工监理招标，采用何种招标方式由建设单位根据项目的特点自行决定。（   ）
6. 公路工程施工监理招标采用公开招标方式的，招标单位只要在当地的任何报刊、杂志上发布招标公告就可以了。（   ）
7. 公路工程施工监理招标的标的是"监理服务"，因此，招标人选择中标人的基本原则是"基于能力的选择"。（   ）
8. 在考虑费用的监理评标中，工程越复杂越重要，则费用在评标中占有的权重应越重。（   ）
9. 施工监理招投标完成后，中标的监理单位的投标书即成为施工监理合同的组成之一，对监理单位、建设单位及施工单位都具有约束力。（   ）
10. 施工监理评标中，使用招标文件没有规定的评标标准和方法评标的，该评标无效。（   ）

11. 在施工监理过程中，由于监理人员的过失而造成业主的损失，监理单位应赔偿全部损失。（   ）

二、单项选择题

1. 择优选择公路工程监理单位的通常方式有（   ）。
   A. 公开招标　　　B. 邀请招标　　　C. 直接委托　　　D. 议标
2. 抢险救灾紧急工程应采用（   ）方式选择监理单位。
   A. 公开招标　　　B. 邀请招标　　　C. 议标　　　D. 直接委托
3. 技术复杂或者有特殊要求的公路工程项目，经有权审批的部门审批后，可以采用（   ）。
   A. 公开招标　　　B. 邀请招标　　　C. 议标　　　D. 直接委托
4. 对监理单位参加施工监理投标结果产生影响的最主要因素是（   ）。
   A. 费用建议书　　　　　　　B. 监理单位和业主的关系
   C. 技术文件　　　　　　　　D. 监理单位的经济实力
5. 下列有关资格预审程序，说法正确的是（   ）。
   A. 投标单位提交资格预审申请，购买资格预审文件
   B. 批准投标单位参加资格预审
   C. 招标单位进行资格预审，写出资格评审报告，业主在此基础上确定投标单位名单
   D. 招标单位填写和提交资格预审有关文件
6. 在监理投标文件中，（   ）是技术文件的内容。
   A. 派驻现场总监理工程师的人选　　　B. 监理费用报价表
   C. 监理机构的组织形式　　　　　　　D. 监理单位业绩
7. 当监理企业以联合体方式投标的，由同一专业的监理单位组成的联合体，则联合体的资质等级按照（   ）来确定。
   A. 资质等级较高的企业　　　　　　　B. 资质等级较低的企业
   C. 任一个监理企业资质等级　　　　　D. 组成联合体企业的平均资质等级
8. 公路工程施工阶段监理服务费是以建设项目（   ）分档定额计费方式计算。
   A. 工程概算投资额　　　　　　　　　B. 工程概算中的建筑安装工程费
   C. 工程预算投资额　　　　　　　　　D. 工程预算中的建筑安装工程费
9. 招标人允许监理单位以联合体方式投标的，联合体各方应当（   ），以约定各方拟承担的工作和责任。
   A. 与建设单位分别签订投标协议　　　B. 与监理单位分别签订监理协议
   C. 签订共同投标协议　　　　　　　　D. 组建一个公司法人
10. 公路工程施工监理评标采用综合评标法评标时，其中报价文件的评分权值应当不超过（   ）。
    A. 10%　　　B. 15%　　　C. 20%　　　D. 25%

三、多项选择题

1. 监理单位的选择方式有（   ）。
   A. 交通主管部门指定　　　B. 竞争方式选择
   C. 业主直接委托　　　　　D. 承包人聘请
   E. 邀请招标　　　　　　　F. 公开招标

2. 公路工程施工监理服务费用由（　　）三个方面的监理费用组成。
   A. 施工阶段监理服务费用　　　　B. 正常监理服务费用
   C. 施工准备阶段监理服务费用　　D. 附加监理服务费用
   E. 交工验收与缺陷责任期阶段监理服务费用

3. 公路工程施工监理招标的招标人应当对潜在投标人进行资格审查。资格审查方式为（　　）。
   A. 资格后审　　　B. 资格初审　　　C. 资格预审　　　D. 资格终审
   E. 资格自审　　　F. 资格他审

4. 监理单位的选择以（　　）为首要条件。
   A. 管理水平　　　B. 技术水平　　　C. 投标报价
   D. 社会信誉　　　E. 资质等级　　　F. 监理业绩

5. 监理技术文件应主要描述（　　）等方面。
   A. 监理组织机构　　　　　　　　B. 监理人员组成
   C. 具体承担的监理工作　　　　　D. 监理工作的方法
   E. 监理工作范围　　　　　　　　F. 监理工作程序

6. 公路工程施工监理招标中应对拟投标的监理单位进行资格审查。资格审查方法包括（　　）。
   A. 商务文件审查法　　　　　　　B. 强制性条件审查法
   C. 综合评分审查法　　　　　　　D. 文件资料审查法
   E. 资格预审法　　　　　　　　　F. 资格后审法

7. 监理评标中的技术文件评分主要评价（　　）。
   A. 监理大纲和措施　　　　　　　B. 监理设施和设备
   C. 对本工程重点、难点分析　　　D. 对本工程的建议
   E. 监理工作范围　　　　　　　　F. 监理工作程序

8. 公路工程施工监理招标的招标人对投标人进行资格审查的方法可分为（　　）。
   A. 符合性审查法　　　　　　　　B. 强制性条件审查法
   C. 经验审查法　　　　　　　　　D. 综合评分审查法
   E. 定性审查法　　　　　　　　　F. 定量审查法

9. 公路工程施工监理评标可以使用的评标方法有（　　）。
   A. 合理低价法　　　　　　　　　B. 固定标价评分法
   C. 最低评标价法　　　　　　　　D. 技术评分合理标价法
   E. 综合评估法　　　　　　　　　F. 综合评标法

10. 采用技术评分合理标价法评标的项目，其监理投标文件由（　　）组成。
    A. 投标人须知　　B. 商务文件　　C. 工程量清单
    D. 报价文件　　　E. 技术文件　　F. 技术规范

11. 公路工程施工监理合同的组成包括（　　）。
    A. 通用合同条款　　B. 监理规范　　C. 中标通知书　　D. 投标文件
    E. 投标人须知　　　F. 招标公告

四、简答题

1. 为什么说业主能否选择好并聘用合格的监理工程师，在很大程度上决定了工程建设的成败？
2. 施工监理招标应具备哪些条件？
3. 采用公开招标是否投标单位越多越好，为什么？
4. 为什么要编制监理技术方案，它有哪些作用？
5. 对监理单位的技术评价包含哪些内容？
6. 对监理人员的技术评价包含哪些内容？
7. 什么情况下投标文件应作废标处理？
8. 监理的正常服务包含哪些费用？
9. 中标人的投标应符合什么条件？
10. 业主与监理单位应如何合理分工？

启示园地

合同的起源与由来

现代社会，作为法律文书的合同，使用极为广泛。不仅是企业天天要跟合同打交道，对于个人来说，合同也是要经常接触的，大到买房、买车，小到买张电话卡，都要接触合同。不过，合同可不是只在现代社会才出现的。

先秦时期，纸还没有被发明出来，文字都是书写在竹简或者木简上的。而当时的一些契约，如借债的债券，就是在竹简或者木简上书写相关的文书，再在竹简或者木简的侧面刻上特殊的花纹作为记号，然后将竹简或者木简一剖为二，契约的双方各执一半作为证据。收债的时候，债权人和债务人的两半证据要拿到一起，合二为一，"合而相同"后才算验明无误。《战国策》中的《冯谖客孟尝君》，就清楚地记录了这一情况。孟尝君问冯谖："乃有意欲为收责于薛乎？"冯谖曰："愿之。"于是约车治装，载券契而行，冯谖带着"券契"去替孟尝君收债。到了孟尝君的封地"薛"之后，"驱而之薛，使吏召诸民当偿者，悉来合券。"这里的"合券"，就是因为"券契"是两部分，双方各执一半，所以要"合"而验之。

由上可以看出，先秦时期的合同形式就已经比较完备了。《周礼·秋官·朝士》中记载："云判，半分而合者，即质剂、傅别、分支合同，两家各得其一者也。"这里的"质剂""傅别"，都是当时用于交易的券据，订立契约后，交易的双方各执一半，作为证据，互相监督、制约，以保证交易的正常进行。

到了后来，纸被发明出来，人们订立契约不再用竹简、木简，而是用毛笔书写在纸上。但仍然是一式两份，并且沿袭了之前在竹简、木简上做记号的做法，将两张契纸并拢，在骑缝处画上各自独有的记号，也有在骑缝处写上"合同大吉"或者在骑缝处写上合体字"合同"字样的，便于将来双方合对，以验证确属原件。唐宋时期，朝廷规定，凡是典当契约必须为"合同契"一式两份，在骑缝处做好记号或者盖章，当事双方各保留一份。明清时期，朝廷规定凡是商业交易一概使用"合同契"，简称为合同。

到了现代，合同作为当事人之间设立、变更、终止民事关系的协议，已成为正式的法律用语。

参 考 文 献

［1］ 周绪利. 公路工程施工监理规范实施手册［M］. 北京：人民交通出版社，2016.
［2］ 李治平. 监理概论［M］. 北京：人民交通出版社，2007.
［3］ 李治平，王志. 综合考试复习与习题［M］. 北京：人民交通出版社，2009.
［4］ 李治平. 监理理论复习与习题［M］. 北京：人民交通出版社，2011.
［5］ 徐静涛，申建，陈立春. 公路工程施工监理［M］. 北京：北京理工大学出版社，2011.